ROUTE
DE L'INDE.

De l'imprimerie de Dentu, rue Marceau,
(Rohan) n.º 438.

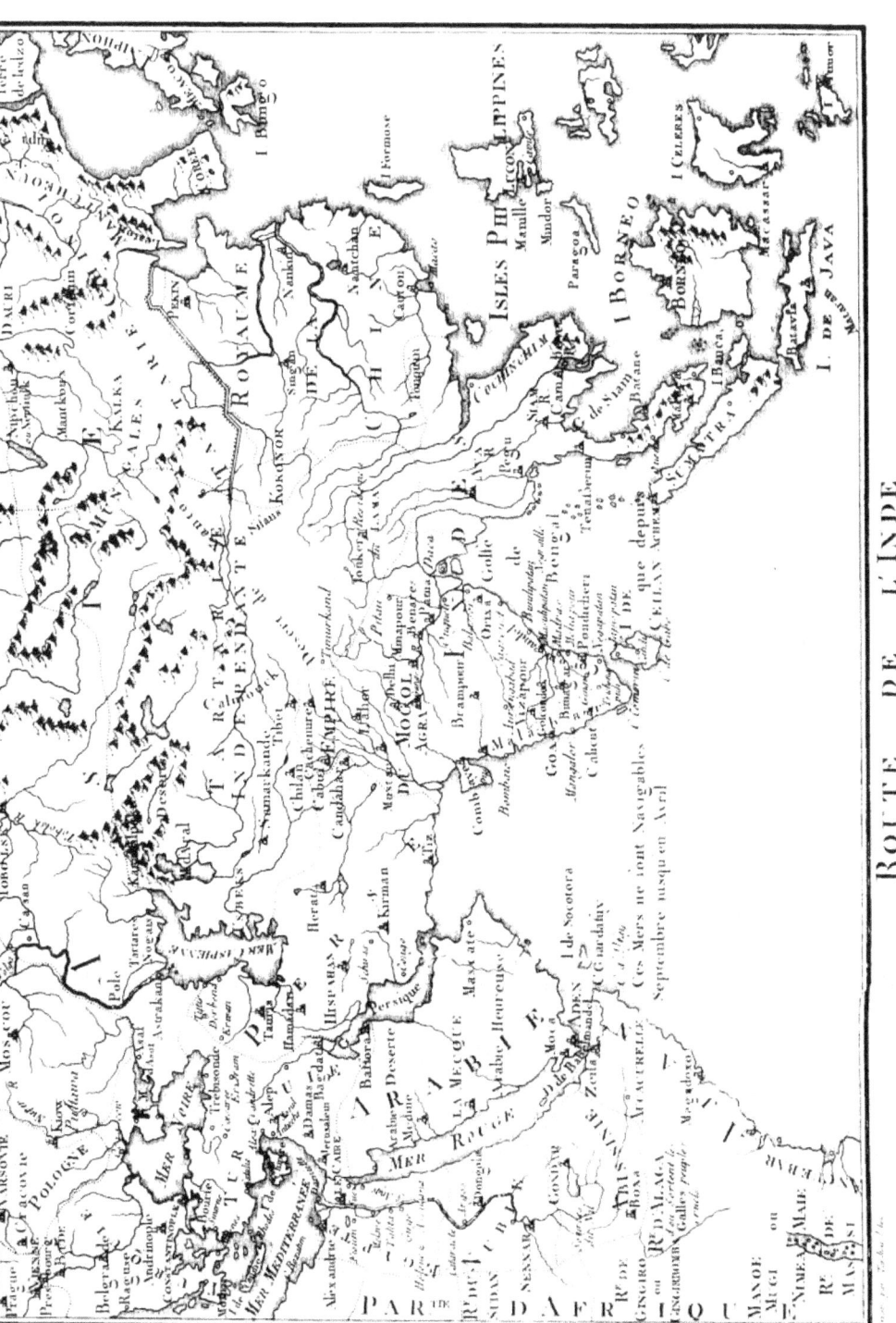

ROUTE DE L'INDE

ROUTE
DE L'INDE,
OU
DESCRIPTION GÉOGRAPHIQUE
DE L'ÉGYPTE, LA SYRIE,
L'ARABIE, LA PERSE ET L'INDE,

Ouvrage dans lequel on a renfermé un précis de l'histoire, et le tableau des mœurs et coutumes des peuples anciens et modernes, qui ont habité ces différentes contrées, depuis les temps les plus reculés, jusqu'à nos jours,

TRADUIT EN PARTIE DE L'ANGLAIS,
ET RÉDIGÉ

PAR P. F. HENRY.

PARIS,

CARTERET, Libraire, rue Pierre-Sarrazin, n.º 13.
DENTU, Imprimeur-Libraire, Palais-Egalité, galeries de bois, n.º 240.

AN VII.

AVIS DES ÉDITEURS.

Il n'est point de contrées plus intéressantes par elles-mêmes, que celles dont la description se trouve renfermée dans ce volume. Combien ne le deviennent-elles pas encore plus, dans un instant, où une armée française, commandée par un chef habile et justement célèbre, semble devoir y opérer des grandes révolutions! Tous les regards sont fixés sur cette belle partie du monde; elle est devenue l'objet de tous les entretiens. L'imagination ne connoissant pas plus de bornes que le génie et le courage de ceux qui sont chargés d'une si importante expédition, on en porte le terme à la plus forte distance. On cherche à calculer quels obstacles, ou quels avantages, pourront être le résultat de la situation des lieux, des dispositions relatives, des habitudes opposées des peuples différens et nombreux qui occupent cette surface immense. On veut savoir ce qu'elle fut autrefois, ce qu'elle est aujourd'hui, pour juger de ce qu'elle peut être à l'avenir; on veut connoître ce qui reste des monumens élevés par de puissans princes; on veut parcourir ces ruines magnifiques, avec les héros qui les ont conquises, ou même les

AVIS DES ÉDITEURS

précéder en idée, dans les pays qu'ils pourront conquérir encore.

L'ouvrage que nous offrons au public, est rédigé de manière à répondre à son empressement. Il nous suffira de dire, que pour le composer, on a consulté les auteurs les plus estimés, tels que *Norden*, *Pockoke*, *Niebuhr*, *Savary*, *Volney*, *Tavernier*, *Chardin*, etc., le savant *Robertson*, le *major Rennel*, auteur d'un excellent mémoire sur la géographie de l'Inde, et M. *Hodges*, célèbre peintre anglais, l'un des compagnons du capitaine Cook, dans son second voyage autour du monde, et qui lui-même en a fait un depuis au Bengale et dans les contrées adjacentes. Ces deux derniers auteurs n'avoient pas encore été traduits.

Les éditeurs de cet ouvrage y ont joint une carte qui réunissant à l'Asie la partie d'Afrique, où se trouve située l'Égypte, facilite la connoissance des lieux, et permet de saisir d'un coup-d'œil, l'ensemble des opérations les plus éloignées.

ROUTE
DE L'INDE, etc.

L'ÉGYPTE.

CHAPITRE I.er
Description géographique de l'Égypte ancienne et moderne.

L'Égipte est située au nord-est de l'Afrique, dont elle fait partie. Ce pays qui a deux cents lieues de long sur cinquante de large, est borné au nord par la Méditerranée, à l'orient par l'Arabie-Pétrée et la mer Rouge, au midi par la Nubie, et à l'occident par la Barbarie. Les Turcs et les Arabes le nomment *Mizir*, nom qui vient de celui de Mesraïm, fils de Cham, et que les Hébreux lui donnent dans l'écriture.

On divise l'Egypte en haute, en basse et en moyenne. La basse Egypte s'étend jusqu'au Caire; la moyenne depuis le Caire, jusqu'à Benesouef; et la haute comprend l'ancienne Thébaïde.

L'Egypte ancienne n'étoit divisée qu'en deux parties, en supérieure et en inférieure.

Les villes principales de la première, étoient Memphis, l'ancienne capitale, Thèbes et Coptos. Memphis étoit située sur le Nil, à cent milles (1) environ de son embouchure, et à quinze au-dessus du lieu où il se partage en différentes branches, près de celui enfin où est placé le Grand-Caire, la capitale actuelle. Thèbes, fameuse par ses cent portes, étoit à deux cent milles au-dessus de Memphis; et au-dessous, Coptos, l'entrepôt du commerce de l'Arabie et de l'Inde.

Près de l'emplacement de Memphis, sont les fameuses pyramides qu'on suppose avoir été destinées à la sépulture des anciens rois d'Egypte. La plus large de toutes couvre, à sa base, environ dix acres de terre. Elle a plus de cinq cents pieds de hauteur perpendiculaire, et de sept cents, si on la mesure obliquement. Près des pyramides sont les catacombes, ou ces voûtes souterraines d'une étendue prodigieuse, dans les murs desquelles on avoit intérieurement pratiqué des niches, destinées à recevoir les corps embaumés des anciens Egyptiens, commu-

---

(1) Le mille contient environ mille pas géométriques, ce qui fait un peu plus du tiers de la lieue commune.

nément appellés *Momies*. On dit que quelques-uns de ces corps sont parfaitement entiers, quoique conservés depuis deux ou trois mille ans.

Plusieurs auteurs pensent que les différens canaux qui séparoient Memphis des pyramides, et des autres lieux de sépulture, ont fourni aux Grecs l'idée de leurs fleuves des enfers, le Styx, l'Achéron, le Cocyte et le Lethé.

Au-dessus de Memphis, ou sur le bord occidental du fleuve, étoient la ville d'*Acanthus* et celle d'Arsinoë, ou la ville des Crocodiles. La dernière donnoit son nom à un district, qui renfermoit le lac Mœris. Ce lac, d'une immense étendue, avoit été creusé par ordre d'un roi d'Egypte, pour recevoir les eaux du Nil, lorsqu'il montoit trop haut; et il communiquoit avec ce fleuve, par des canaux et des fossés : l'un de ceux-ci subsiste toujours.

Près de ce lac étoit le fameux labyrinthe, ouvrage de Psammitichus, ou des douze rois réunis. Hérodote et d'autres auteurs, disent qu'il consistoit en douze palais et trois mille maisons, bâtis de marbre, tous sous terre ou recouverts, communiquant les uns aux autres par d'innombrables passages dont les inextricables détours lui valurent son nom. Pline prétend que le labyrinthe étoit truit dans le lac Mœris.

Il y a plusieurs opinions sur la situation de celui-ci. M. Savary suppose qu'il étoit sur le bord du fleuve, où se trouve maintenant le lac nommé *Birket-Caroun* qui a plus de cent cinquante milles de circonférence, et près duquel sont des ruines qu'il prend pour celles du labyrinthe. Le grand canal de cent vingt milles de long et de trois cent pieds de large qui y conduisoit les eaux du Nil, et qui subsiste toujours en entier, est maintenant connu sous le nom de *Bahr Jauseph*, ou de rivière de Joseph.

Les villes frontières d'Egypte, vers l'Ethiopie, étoient *Syène*, *Eléphantine*, *Philæ*, *Ombi* et *Tentyra*. Syène se trouvant presque sous le tropique, le solstice d'été y étoit, dit-on, positivement indiqué par une muraille; et alors l'aiguille d'un cadran ne faisoit point d'ombre. Eléphantine étoit située dans une île formée par le Nil. Lucain désigne la ville de Philæ, comme frontière d'Arabie. Au-dessous de Syène étoient Ombi et Tentyra: les habitans de ces deux dernières villes avoient souvent de sanglants débats entre eux pour des points de religion. A quatre milles environ au-dessus de l'emplacement d'Eléphantine, ou l'île de l'Eléphant, est la cataracte la plus basse du Nil. Ce fleuve en a plusieurs autres ensuite.

La partie principale de la Basse-Egypte étoit renfermée entre les branches orientale et occidentale du Nil. Les Grecs l'appelloient *Delta*, à cause de la ressemblance qui se trouve entre sa forme pyramidale, et la figure de cette lettre dans leur alphabet, △.

Près de l'embouchure du canal, ou de la branche orientale étoit Peluse, maintenant Damiette, l'ancienne clef de l'Egypte; et à l'embouchure de la branche orientale, à cent milles environ de la première, se trouvoit Canope, près de l'emplacement de laquelle est maintenant Rosette. La capitale du Delta, dans les temps anciens, étoit Saïs. A peu de distance de cette ville, étoit située celle de Naucratis.

A trente milles environ, à l'ouest de cette capitale, et à l'opposite de l'île de Pharos, qui étoit jointe au continent par une chaussée, ou un môle, de près d'un mille de longueur, avec un pont à chaque bout, ou selon quelques-uns, seulement au milieu, étoit située la célèbre ville d'Alexandrie, maintenant *Scanderoun*. Le fameux phare, l'une des sept merveilles du monde, et qui étoit si élevé qu'on le voyoit à la distance de cent milles, étoit construit sur cette même île qui lui avoit donné son nom.

L'Egypte est souvent appelée, par les anciens, du nom de sa capitale, terre de Memphis; et ses autres villes, du nom du fleuve fameux qui l'arrose, étoient dites villes du Nil.

Au sud d'Alexandrie étoit le lac Mareotis, près duquel on faisoit d'excellent vin, appelé *vinum mareoticum*.

La partie occidentale de la Basse-Egypte renfermoit la terre de Goshen, que les Israélites habitèrent.

L'Egypte étoit le grenier de l'empire romain. Sa fertilité n'est point due à la pluie, puisqu'il n'en tombe que très-peu dans ce pays; mais elle l'est aux inondations annuelles du Nil, inondations causées par les pluies périodiques, qui, lorsque le soleil est vertical, tombent en Ethiopie ou en Abyssinie, depuis la fin de mai jusqu'au mois de septembre, et quelquefois d'octobre. La crue du Nil est ordinairement de seize coudées (1).

---

(1) La coudée faisoit un pied et demi.

Sur ses bords croît le jonc *papyrus* dont on fit le premier papier qui en retint le nom. L'hippopotame, ou le cheval de rivière, et le crocodile, animaux amphibies d'une grandeur extraordinaire, habitent les eaux de ce fleuve. Le dernier, quoique extrêmement destructeur, étoit regardé comme sacré par les anciens Egyptiens qui adoroient aussi d'autres animaux, tels que le bœuf, le chien, le cheval, etc., et même les oignons et d'autres végétaux. Un bœuf d'une certaine forme, appelé Apis, étoit l'objet d'une vénération particulière.

CHAPITRE II.

Notice historique sur l'Égypte. Religion, mœurs et coutumes de ses anciens habitans.

L'ÉGYPTE, dans les temps anciens, fut regardée comme le séjour des sciences. Les hommes les plus illustres de la Grèce, tels qu'Homère, Pytaghore, Lycurgue, Solon, Hérodote, Platon, etc., allèrent y chercher de l'instruction. L'histoire des premiers temps de cette contrée, est enveloppée d'une grande obscurité. Ses propres historiens prétendent qu'elle fut d'abord gouvernée par les dieux et les héros, puis par des hommes, pendant l'espace de trente mille ans. Les magnifiques ouvrages, entrepris par les rois d'Egypte, prouvent leur pouvoir et leur opulence ; mais leur histoire, telle qu'elle est rapportée par Hérodote, se trouve si mélangée avec la fable, qu'elle mérite peu d'attention. Mœris, en faisant creuser le lac qui portoit son nom, rendit à l'Egypte le service le plus important. Hérodote donne 3,600 stades, ou 450 milles de circonférence à ce lac. Méla la porte à 500 milles, et Pline à 250, mais ces dimensions sont exagérées au-delà de toute croyance. On ne sait pas avec certitude dans quel tems vivoit Mœris. Le premier qui régna sur l'Egypte fut, dit-on, Ménes. Il bâtit Memphis. Les pyramides furent construites par différens rois.

Le plus illustre des monarques Egyptiens, fut Sésostris. On dit qu'il conquit l'Arabie, l'Ethiopie, la Lybie, et toute l'Asie, depuis le Tanaïs, jusqu'à l'Océan oriental, au-delà du Gange. Hérodote prétend qu'il soumit aussi les Thraces et les Scythes en Europe.

Du temps de cet historien, on voyoit plusieurs piliers sur lesquels étoient inscrits ces mots : Sésostris, roi des rois, seigneur des seigneurs, a subjugué ce pays par ses armes. Strabon parle de quelques monumens élevés dans l'Ethiopie, par Sésostris, monumens qui subsistoient encore de son temps. Ce prince traitoit, dit-on, avec humanité, les rois et les chefs qu'il avoit vaincus ; mais quand il alloit à quelque temple, ou qu'il entroit dans sa capitale, il en faisoit atteler quatre de front, au lieu de chevaux, à son char. Sésostris étant devenu aveugle, dans sa vieillesse, se fit périr lui-même. Il avoit régné trente-trois ans. Son empire fut démembré peu de temps après sa mort ; mais Tacite prétend que les monumens de sa grandeur, existoient encore sous Tibère.

L'Egypte fut à-la-fois gouvernée aussi par douze rois, choisis par le peuple, et qui bâtirent le labyrinthe. Ils vécurent quelque temps dans une grande harmonie ; mais s'étant divisés, ils furent tous tués ou expulsés par Psammitichus l'un d'entr'eux, à l'aide d'un corps d'Ioniens et de Cariens, que la tempête jeta sur la côte d'Egypte. Psammitichus en reconnoissance d'un tel service, accorda des établissemens à ses auxiliaires, qui, selon Hérodote, furent les premiers étrangers auxquels on permit de s'établir dans ce pays. Il leur étoit défendu à tous, et sur-tout aux Grecs, d'entrer dans aucun port Egyptien. La reconnoissance de Psammitichus produisit des relations entre les Grecs et les Egyptiens ; et l'histoire de ceux-ci devient plus authentique depuis cette période. Ils confièrent plusieurs de leurs enfans aux Ioniens, pour leur apprendre la langue grecque. Avant ce tems, ils avoient coutume d'appeler *barbares*, tous ceux dont le langage étoit différent du leur. Les Grecs firent de même depuis : car cette dénomination, comme Strabon l'observe, d'après Thucydide, leur étoit inconnue du tems d'Homère.

Psammitichus régna cinquante-quatre ans. Il en employa vingt-neuf au siége *d'Azotus*, ville frontière de Syrie, qu'il prit à la fin. Hérodote dit que ce fut le siége le plus long dont il ait entendu parler.

Necus, fils de Psammitichus, fut le premier qui entreprit de creuser un canal, depuis le Nil jusqu'à la mer rouge. Ce canal fut dans la suite achevé par Darius, roi de Perse. Sa largeur étoit telle que deux vaisseaux (*triremes*) pouvoient aisément y faire voile ensemble. Il commençoit un peu au-dessus de Bubaste, non loin du lieu où le grand Caire est situé, et aboutissoit à *Patumos*, ville d'Arabie, sur la mer rouge, près de l'endroit où se trouve la ville de Suez. Il falloit quatre jours à un vaisseau pour le parcourir. Strabon dit qu'il fut d'abord ouvert par Sésostris, avant la guerre de Troie, et qu'il finissoit à la ville d'*Arsinoë* ou de *Cléopatris*. Il lui donne une largeur de cinquante coudées. Selon Pline, elle étoit de cent pieds, et sa profondeur de trente. Ces deux auteurs disent que Darius ne voulut point le faire achever, craignant que la mer rouge, étant plus haute que la terre d'Egypte, (comme il pouvoit le croire) elle n'inondât tout ce pays, et n'entraînât les eaux du Nil, qui font l'unique boisson de ses habitans; car il n'y a point de fontaine d'eau douce dans cette contrée. Ce canal fut terminé ou creusé de nouveau, sous les Ptolémées. Trajan le fit nétoyer. Il fut aussi rétabli par les Arabes, du tems d'Omar. Maintenant il est fermé, et le commerce entre le Caire et Suez, se fait par des caravanes.

Hérodote assure que cent vingt mille

hommes périrent en creusant ce canal sous Nécus. Ce roi, qu'un oracle empêcha de le finir, fit construire un grand nombre de vaisseaux, partie sur la Méditerranée, qu'Hérodote nomme la mer du nord, et partie sur le golfe Arabique. Apries, son fils, après avoir d'abord heureusement régné vingt-cinq ans, fut détrôné par Amasis, qu'il avoit envoyé pour étouffer une insurrection du peuple qui le déclara roi. Il s'ensuivit une bataille, dans laquelle Apries fut défait. Amasis le traita avec douceur; mais les Egyptiens ayant obtenu de lui qu'il le leur livrât, ils le mirent cruellement à mort.

Ce fut, dit-on, sous Amasis, contre qui Cambyse fit la guerre, que l'Egypte fut la plus heureuse. Elle contenoit, selon Hérodote, dix mille et vingt villes; Pline et Méla disent vingt mille. Amasis étoit né d'une famille obscure de Saïs. Ayant appris que, pour cette raison, ses sujets le traitoient avec peu de respect, il fit couler la statue d'une divinité, avec l'or même d'un bassin, dans lequel ses hôtes et lui se lavoient les pieds. On vint en foule adorer cette statue; et le roi ayant convoqué l'assemblée du peuple, il lui déclara à quel usage cet or avoit servi : faisant ensuite l'application à lui même, il changea le mépris des Egyptiens en vénération pour sa personne.

Ce prince avoit coutume de donner la première partie du jour aux affaires, et le soir aux plaisirs qu'il partageoit avec ses hôtes. Ses amis pensant qu'il poussoit trop loin les derniers, lui représentèrent qu'une telle conduite ne convenoit pas à la dignité d'un roi. Il répondit que de même qu'un arc, tendu trop long-temps, ne tarderoit pas à rompre, de même aussi l'esprit, constamment occupé d'affaires sérieuses, s'affoibliroit bientôt.

Ce prince fit une loi par laquelle chacun étoit obligé de déclarer tous les ans au magistrat quels étoient ses moyens de subsistance. Celui qui n'obéissoit pas, ou qui faisoit une fausse déclaration, étoit mis à mort. Solon inséra cette loi parmi celles d'Athènes.

Amasis bâtit des temples magnifiques, sur-tout à Saïs, lieu de sa naissance. A l'entrée de l'un, on voyoit une sorte de chapelle, qu'Hérodote admire fort. Elle étoit d'une seule pierre de vingt et une coudées de long, de quatorze de large, et de huit de haut à l'extérieur. Dans l'intérieur, ces dimensions étoient de dix-huit, douze et cinq coudées. Cette pierre fut apportée de l'île d'*Eléphantine*, et deux cent hommes choisis, tous pilotes, furent employés pendant trois ans, à la transporter sur le Nil. Ce fut du temps d'Amasis que Pythagore visita l'Egypte.

Les rois de ce pays n'étoient pas investis d'un pouvoir absolu, la loi leur prescrivoit des limites. Les livres sacrés contenoient des règles pour leur conduite, non-seulement dans l'administration des affaires publiques, mais encore dans leur vie privée. Immédiatement après la mort du roi, ses actions étoient soumises à une procédure solemnelle, instruite devant une nombreuse assemblée de ses sujets, dans laquelle il étoit permis de l'accuser, à quiconque le vouloit. Les prêtres étoient ses défenseurs. Si la multitude approuvoit, elle le manifestoit par des acclamations; et les funérailles du roi étoient célébrées avec la plus grande pompe : dans le cas contraire, elle signifioit son mécontentement par ses murmures; et le corps du prince condamné étoit privé des honneurs funèbres. On suppose que cette coutume a été imitée par les Israëlites, qui ne déposoient pas les mauvais rois dans le sépulchre de leurs ancêtres.

L'ancienne Egypte étoit très-peuplée. Sous les Ptolémées, le nombre de ses habitans se montoit à 7,000,000 d'individus. Joseph le porte à 7,700,000, sous Vespasien, sans y comprendre celui des habitans d'Alexandrie, que Diodore évalue de son tems, à 300,000 personnes libres, non compris les esclaves. Le nombre total étoit donc de plus de 8,000,000 d'ames, et surpasse de beaucoup plus du double la population actuelle que Volney n'évalue qu'à 2,300,000. Sous les anciens rois égyptiens, elle doit avoir été plus forte.

L'Egypte étoit divisée en un certain nombre de districts, chacun desquels avoit un chef particulier. Les districts l'étoient en de plus petites sections, et celles-ci se trouvoient sous-divisées encore. Ces dernières n'étoient que des champs. Cette division infinie étoit nécessaire à cause de l'extrême confusion des bornes, qu'occasionnoit le débordement du Nil, confusion qui forçoit fréquemment à mesurer le terrain. De là, dit-on, la géométrie fut inventée par les Egyptiens; comme l'arithmétique, ou le calcul,

transactions c

Tout le territoire de l'
en trois parties. La première ét
à l'entretien des prêtres, dont les fo
étoient héréditaires, et auxquels on
gnoit le respect le plus grand, à cause
leur savoir. La seconde partie étoit assignée
au roi, pour son revenu particulier, et les
besoins de l'État. La troisième appartenoit
aux militaires dont les places étoient aussi
héréditaires, et qui embrassoient le métier
des armes dès leur enfance. Le corps du
peuple étoit également partagé en trois classes,
en pasteurs, en agriculteurs et en artisans.
Dans tout métier, le fils succédoit au père,
comme parmi les Indiens. Ainsi, joignant sa
propre expérience à celle de ses ancêtres,
chacun pouvoit porter son art, ou son métier, au plus haut dégré de perfection. Les
Egyptiens avoient une méthode de faire
éclore des poulets, sans que les œufs eussent été couvés par une poule. Ils les enfermoient dans un four modérément échauffé.
Ce même moyen est toujours employé dans
cette contrée. Jadis, il y en avoit encore un
autre, on déposoit les œufs dans du fumier.

La cour principale de judicature, consistoit en trente et un membres, choisis par les trois villes les plus importantes, c'est-à-dire, par Héliopolis, ou la ville du Soleil, par Thèbes et Memphis. Chacune en nommoit dix. Lorsque tous étoient réunis, ils élisoient un d'entre eux pour président; et la ville qui avoit envoyé celui-ci, lui donnoit un successeur dans la place de simple juge. Tous recevoient des appointemens du roi; mais le président en avoit de bien plus considérables que les autres. Ce premier magistrat portoit au cou, et suspendue par une chaîne d'or, une figure de la justice ou de la vérité, entourée de pierres précieuses. Les prêtres remplissoient anciennement les fonctions de juges, comme parmi les Hébreux, les Germains et les Romains. Quelques auteurs ont pensé que l'*Urim* et le *Thurim*, (la manifestation et la vérité) placés sur la poitrine du grand-prêtre des juifs, l'étoient à l'imitation de cette décoration du premier juge des Egyptiens : la description qu'on en donne, est cependant fort différente. Il n'étoit pas permis aux orateurs de plaider devant la cour de judicature. Les parties présentoient leurs moyens par écrit; et les juges décidoient. Elle s'est distinguée par la sagesse de ses jugemens, comme l'Aréopage d'Athènes ou le sénat de Lacédémone.

Les lois d'Egypte infligeoient la même peine pour le parjure, que pour le meurtre d'un homme. La désertion ou la désobéissance dans un soldat, n'étoit pas punie par la mort, mais par l'infamie. On arrachoit la langue à ceux qui révéloient quelque secret à l'ennemi. Les faux monnoyeurs, ou ceux qui altéroient le coin, avoient les deux poings coupés. Personne ne pouvoit emprunter de l'argent, sans déposer le corps embaumé de son père ; et c'étoit le comble de l'infamie de ne pas le retirer. Celui qui ne le faisoit pas, étoit lui-même privé des honneurs de la sépulture. La polygamie étoit permise, excepté aux prêtres. Quelle que fût la condition de la femme, libre ou esclave, les enfans étoient regardés comme légitimes et libres. On élevoit les jeunes-gens durement, et on les habituoit à la frugalité. Dès qu'ils pouvoient lire, on leur apprenoit l'arithmétique et la géométrie, avec le plus grand soin. Les prêtres, outre les fonctions sacerdotales, étoient chargés d'instruire la jeunesse. Ils avoient deux espèces de lettres ;

l'une propre aux livres sacrés, et qui n'étoit connue que de ceux de leur ordre; l'autre qui étoit commune à tous les Egyptiens. On nommoit *hiérogliphes*, les lettres ou caractères de la première espèce, parce qu'ils exprimoient la pensée, par la figure de certains animaux, ou par quelque parties du corps humain. Ainsi, un épervier, désignoit la vélocité; un lièvre, l'attention la plus soutenue; un crocodile, toute espèce de malice; la main droite, avec les doigts étendus, la libéralité; et la main gauche, avec les doigts fermés, l'avarice. La vieillesse étoit aussi respectée en Egypte qu'à Lacédémone. Les jeunes-gens se rangeoient, quand ils rencontroient un vieillard, ou bien ils se levoient de leurs siéges, lorsqu'un personnage âgé entroit quelque part.

Il y avoit un grand nombre de médecins en Egypte. Chacun d'eux étoit borné à la guérison de quelque maladie particulière, ou du moins à celle des maux qui affligent quelqu'une des parties du corps.

Nulle nation ne fut plus superstitieuse que les Egyptiens. Non-seulement ils avoient un grand nombre de divinités, telles qu'Isis, Osiris, Anubis, Serapis, etc., mais encore

ils adoroient beaucoup d'animaux, comme le bœuf, le chien, le chat, l'épervier, l'ibis, ou la cicogne d'Egypte, le loup, le crocodile, et même certains végétaux, tels que les poireaux et les oignons. C'est de là que Juvenal s'écrie : *Sanctas gentes, quibus hæc nascantur in hortis numina !* Il n'étoit pas permis de tuer aucun de ces animaux, ni de manger aucun de ces végétaux, quoiqu'ils fussent nourris, ou cultivés, avec le plus grand soin. Faire mourir de dessein prémédité, l'un des premiers, étoit un crime capital. Si quelqu'un, soit par intention, soit par accident, ôtoit la vie à un chat, à un ibis, Hérodote ajoute, même à un faucon, il étoit inévitablement puni de mort. L'intercession du roi n'eût pas même obtenu son pardon. Dans la plus terrible famine, lorsqu'on étoit réduit quelquefois à immoler des hommes, pour faire subsister les autres, jamais on ne touchoit aux animaux déifiés. Si un chien ou un chat, mouroit dans une maison, c'étoit un grand deuil. Les voisins se rasoient les sourcils ; et les personnes de la maison, la tête et tout le poil du corps. Quelques Egyptiens, cependant, ne regardoient pas le crocodile comme sacré, et par tous moyens, ils cherchoient à le détruire. Hérodote parle d'un oiseau nommé Phénix, qu'on tenoit aussi pour sacré, et qui ne paroissoit qu'au bout de cinq cents ans. En conséquence, Juvenal dit de lui: *Rara avis in terris*. On prétend qu'on en a vu un sous Tibère (*Tacit. Ann. VI.* 28.), et dans d'autres temps. Mille fables ont été débitées à ce sujet. Le fanatisme se joint d'ordinaire à la superstition. Une ville souvent révéroit telle espèce d'animal, tandis que la ville voisine l'avoit en abomination, ce qui étoit la source de guerres continuelles et d'une grande effusion de sang. Juvenal qui résida long-temps en Egypte, comme préfet d'une cohorte, a fait d'une telle conduite, l'objet de sa vive satire (XV. 27.). Diodore donne différens motifs au culte des Egyptiens pour certains animaux ; le principal est leur utilité ; c'est le seul dont parle Cicéron. Ainsi, l'ibis étoit révéré, parce qu'il détruit les serpens; le crocodile, parce qu'il défendoit l'Egypte des incursions des Arabes ; l'ichneumon, parce qu'il empêchoit la trop grande multiplication des crocodiles.

On a déja dit que le bœuf Apis étoit l'objet de la plus grande adoration. Cambyse, lorsqu'il vint à Memphis, ayant trouvé la ville pleine de réjouissances, et célébrant une fête, il en fut extrêmement courroucé, croyant que cette allégresse avoit lieu à cause de ses revers. Les magistrats lui ayant déclaré que cette joie provenoit de ce qu'on avoit retrouvé le dieu Apis, il ne voulut pas les croire, et s'imaginant qu'ils lui en imposoient, il les fit mettre à mort. Ayant ensuite envoyé chercher les prêtres, il en reçut la même réponse, et il leur ordonna de lui amener immédiatement leur dieu, disant que puisqu'il étoit assez familier pour paroître au milieu d'eux, il souhaitoit le voir.

Lorsque l'animal déifié lui fut amené, Cambyse, toujours plus furieux, tira son épée pour lui en percer le flanc, mais il ne le frappa qu'à la cuisse. Ridiculisant alors la stupidité de ces prêtres qui adoroient une brute, il les fit fustiger cruellement, et donna ordre que tout égyptien qu'on trouveroit célébrant la fête d'Apis, fût mis à mort. Le dieu ayant été remené dans son temple, il y mourut de sa blessure, et les prêtres l'enterrèrent secrettement.

Ce bœuf, Apis que les Grecs nommoient *Épaphos*, étoit d'abord un veau, distingué par certaines marques peu communes. Il devoit avoir le corps tout noir, à l'exception d'une tache blanche et carrée sur le front, la figure d'un aigle sur le dos, et un escarbot sur la langue. Pline cependant lui désigne d'autres caractères distinctifs Lorsqu'on avoit trouvé un tel veau, les prêtres l'amenoient à Memphis, ils le plaçoient dans un temple magnifique, et les superstitieux Egyptiens lui rendoient des honneurs extraordinaires. Après sa mort il étoit inhumé avec une pompe incroyable, et toute la nation prenoit le deuil.

Les habitans de *Tentyra* avoient le crocodile dans une juste horreur, et le poursuivoient sans relâche. On dit qu'ils possédoient un secret pour l'empêcher de leur faire aucun mal. Les seuls dieux que tous les Egyptiens, en général, adorassent, étoient Isis et Osiris. Quelques-uns d'entre eux, s'abstenoient de la chair de chèvre, d'autres de celle de mouton. Tous abhorroient le porc, et n'eussent point voulu communiquer avec un porcher. A la pleine lune, cependant, ils sacrifioient cet animal à Diane et à Bacchus, et alors ils mangeoient de sa chair. La féve étoit regardée comme

impur ; en conséquen͏͏
ôit pas, et même les prêtres ne
pas y porter la vue. La circoncision
générale chez les Egyptiens. Leurs vêtemens
étoient de lin, et il les lavoient souvent.
Leur attention à la propreté étoit extrême.
Les prêtres se baignoient trois fois le jour
et deux fois la nuit. Tous les trois jours,
ils se rasoient le corps en entier. Quand ils
offroient une victime aux dieux, ils lui coupoient la tête, qu'ils portoient sur la place
du marché, et ils la vendoient aux étrangers, s'il s'en trouvoit. Dans le cas contraire, ils la jetoient dans la rivière, en
priant leur divinité de détourner sur elle,
tout malheur qui pourroit les menacer
eux-mêmes, ou l'Egypte en général. C'est
par cette raison, qu'aucun égyptien n'eût
voulu goûter de la tête d'aucun animal. La
vache étoit consacrée à Isis, qu'on représentoit toujours sous sa forme : on n'en
sacrifioit aucune.

Les Egyptiens embaumoient leurs parens
décédés. Plusieurs de ces corps se sont conservés entiers jusqu'aujourd'hui. On sait
qu'on les nomme *momies*, et à ce qu'on
présume, du mot *amomum*, qui étoit le nom

d'un riche parfum dont on se servoit dans cette occasion. Avant que le corps fût déposé dans le sépulchre, on examinoit solemnellement devant un certain nombre de juges choisis, le caractère et la conduite du défunt. Si les juges le condamnoient, le corps étoit privé de la sépulture ordinaire et inhumé dans sa maison.

Les prêtres Egyptiens enseignoient la transmigration des âmes ; et l'on pense que c'est dans la leur que Pythagore a puisé sa doctrine. Les connoissances des Egyptiens dans l'astronomie, sont principalement remarquables. Ils divisoient l'année en douze mois, composés chacun de trente jours ; ils y ajoutoient cinq jours intercalaires, et six tous les quatre ans. Leur année commençoit en septembre (*Hérod. II.* 4. *Diod. XLIII.* 26. *Strab. XVII.* 816.). Hérodote trouve cet ordre plus sage que celui des Grecs. Strabon prétend que ceux-ci ignorèrent la longueur précise de l'année, de même que plusieurs points de sciences, jusqu'à qu'ils les eussent appris des Egyptiens et des Caldéens (*X. XII.* 856.). Ce fut par le secours de Sorigènes, célèbre astronome d'Alexandrie, que César ajusta ce qu'on nomme l'année julienne, ou l'ancien style. La division de l'année égyptienne a été dernièrement adoptée, avec peu, ou point de changements, par les Français.

CHAPITRE II.

Invasion de l'Egypte par les Mahométans. Puissance des Mamlouks jusqu'à nos jours.

L'ÉGYPTE fut une province romaine et demeura sujette aux empereurs de Constantinople, jusqu'à ce qu'elle fût conquise par les Arabes sous Amrou, général d'Omar, second calife des Sarrasins ou des Mahométans. Ce général prit sa capitale, Alexandrie, d'assaut, l'an 642, après un siége de quatorze mois, dans lequel il perdit vingt-trois mille hommes. Cette ville étoit sur-tout célèbre par son école d'astronomie et par sa bibliothèque. Le philosophe Philoponus ayant conjuré Amrou de la conserver, celui-ci consulta le calife Omar, qui répondit : Si ces livres sont conformes à l'alcoran, ils sont inutiles; s'ils y sont contraires, ils sont mauvais. Cette précieuse collection servit, pendant six mois, à chauffer les bains d'Alexandrie. Les sciences et les arts périrent pour long-temps avec elle.

L'Egypte demeura sous l'obéissance des califes de Bagdad, qui la gouvernoient par les vice-rois, jusques l'an 969, ou 982. Le vaste empire des califes étant alors démembré par suite de l'incapacité de ses souverains, l'Egypte devint un état indépendant, sous une dynastie de princes, appelés les califes Fatimites, qui la possédèrent jusques l'an 1171, où le dernier de cette race, nommé *Adhad-el-Din* fut détrôné par *Selah-el-Din*, ou *Salah-Addin*, communément nommé *Saladin*, général des Turcomans dont il avoit imploré l'assistance contre les croisés. Saladin établit une nouvelle dynastie de princes, appelés *Aïoubites*, sous qui l'Egypte fut plus florissante qu'elle ne l'eût jamais été.

L'an 1218, *Djenkiz* ou *Gengiskan* (1),

---

(1) Ce chef des Tartares, Monguls ou Mongales, fut peut-être le plus grand conquérant qui ait existé. Il parcourut la Russie, la Tartarie, une grande partie de la Chine, l'Indostan, en un mot, presque toute l'Asie. Il mourut dans un âge avancé, l'an 1226.

après avoir conquis la plus grande partie du midi de l'Asie, tourna ses armes vers le nord. Ses soldats y exercèrent les plus terribles dévastations dont il soit parlé dans l'histoire. Ils pillèrent, brûlèrent et massacrèrent sans distinction d'âge ni de sexe, non-seulement dans toutes les provinces au sud de la mer caspienne, mais aussi dans celles au nord, pendant toute leur route jusqu'à la Russie. A la fin, fatigués de massacres, ils emmenèrent une quantité prodigieuse de jeunes esclaves des deux sexes, qu'ils mirent en vente dans tous les marchés de l'Asie. *Nejim-Eddin*, l'un des successeurs de Saladin, jugeant que par ce moyen il pouvoit former, à bon marché, un corps de soldats remarquables par leur beauté et leur courage, acheta, en 1270, douze mille de ces jeunes-gens, soit circassiens, georgiens ou mingreliens, etc., qui furent instruits soigneusement dans tous les exercices militaires. Ils se montrèrent bons soldats ; mais comme les prétoriens de Rome, ils devinrent bientôt séditieux et prescrivirent des lois à leur maître. En 1250, ils déposèrent et tuèrent *Touran-Chab*, fils de *Nejim-Eddin* leur bienfaiteur, et le dernier prince de la race des

Aïoubites, qu'ils remplacèrent par l'un d'eux, avec le titre de *Sultan*, de *Soldan* ou de *Soudan*, c'est-à-dire, de prince souverain. Ils retinrent eux-mêmes le nom de *Mamalouks* ou *Mamlouks*, c'est-à-dire, possédés par un autre, ou la propriété d'un autre, et comme étant des esclaves militaires. Il convient d'observer que ceux-ci sont différens des esclaves domestiques, appelés *Abd*. Le premier soudan des Mamlouks conquit aussi la Syrie. Ses successeurs continuèrent à posséder cette contrée et l'Egypte, pendant près de trois siècles.

Le gouvernement des Mamloucks fut une des plus singulières institutions dont il soit parlé dans l'histoire. C'étoit une aristocratie pure et militaire. Le Soudan avoit un grand pouvoir, qui étoit restreint, cependant, par un conseil, ou divan, de vingt-quatre officiers nommés *Beys*. Ceux-ci avoient toujours pour successeurs, non leurs propres descendans, mais des esclaves militaires, achetés dans les mêmes contrées, et élevés de la même manière qu'eux. Les soudans Mamlouks régnoient despotiquement; peu de leurs soldats périssoient de mort naturelle. Dans l'espace de 257 ans, on compte quarante-sept de ces tyrans qui parvinrent à la suprême puissance, en renversant ou en immolant leurs prédécesseurs.

Sélim, empereur des Turcs, ayant en, 1517, vaincu les Mamlouks, mit fin à leur domination; mais, au lieu de les exterminer, il les laissa en possession d'une partie considérable de leur première puissance. Ils reconnurent l'autorité de la Porte, et se soumirent aux ordres d'un pacha envoyé de Constantinople, à qui ils payèrent un certain tribut, qu'ils levoient sur le peuple. Dans cette transaction (le vainqueur cependant prescrivit formellement certaines conditions), le corps des habitans n'entra pour rien, et en conséquence, il demeura comme auparavant, soumis à toutes les rigueurs d'un despotisme militaire. L'Egypte fut divisée en vingt-quatre départemens, gouvernée par vingt-quatre chefs ou beys, qui choisirent l'un d'eux, désigné sous le titre de *Shaik-el-beled*, ou *Scheik-el-balad*, qui résidoit au Caire, comme gouverneur de la ville. Ces beys devoient recevoir les ordres d'un pacha, et de son divan, ou conseil, nommé par la Porte; mais s'il leur paroissoit abuser de son pouvoir, ils avoient le droit de le suspendre de son office, et alors ils portoient au souverain leurs plaintes contre lui. Chaque bey entretenoit un certain nombre de soldats ou de janissaires, et aussi de mamlouks qui étoient toujours recrutés parmi de jeunes esclaves, et qui s'élevoient par dégrés, selon leur mérite, jusqu'à succéder à leurs maîtres. Les Mamlouks ont augmenté leur puissance dans ces derniers tems, au point que le pacha n'a plus qu'une ombre d'autorité. En l'année 1766, *Aly Bey*, l'un de leurs chefs, refusa l'obéissance à la Porte; et peut-être fût-il parvenu à établir un gouvernement indépendant en Egypte, s'il n'eût été trahi par *Mohammad*, son principal confident, par qui il fut défait en avril 1772, et tué, dit-on, l'année suivante. Mohammad prétendant avoir agi par attachement pour la sublime Porte, envoya à Constantinople le tribut qui n'étoit plus payé depuis six ans, et prêta le serment ordinaire d'obéissance absolue. Pour plus grande preuve de sa loyauté, il demanda la permission de faire la guerre à *Daher*, prince d'Acre, ami d'Aly-Bey, qui s'étoit aussi soustrait à la dépendance de la Porte. Sa demande lui fut promptement accordée; et en même tems, il reçut le titre de pacha du Caire. Mohammád réussit à renverser Daher, par les mêmes moyens de trahison qu'il avoit employés contre son maître Aly-Bey. Mais il ne jouit pas long-temps des fruits de ses succès; il fut emporté par une fièvre maligne, en juin 1776. De sanglants débats s'élevèrent après sa mort, pour la possession de sa puissance. En mars 1785, deux beys, Ibrahim et Mourad, convinrent de la partager entr'eux. Quelque divisés que soient les beys, ils se réunissent toujours pour s'opposer au rétablissement de l'autorité de la Porte. Tout se fait cependant au nom du sultan. On lui paye le tribut accoutumé, quoiqu'avec quelques déductions. Il envoye un pacha au Caire, mais ordinairement il le change tous les trois ans; et celui-ci n'a le pouvoir que de nom. Confiné et gardé même dans le château du Caire, il est plutôt le prisonnier des Mamlouks que l'officier du sultan. Ils le déposent, l'exilent ou le chassent selon leur bon plaisir. Quelques pachas se sont efforcés, il est vrai, de recouvrer la puissance primitivement affectée à leur titre, mais les beys ont rendu ces essais si dangereux, que maintenant ils se soumettent tranquillement à leurs trois ans de captivité, et se restreignent d'eux-mêmes à la jouissance paisible de leurs émolumens.

CHAPITRE IV.

Habitans actuels de l'Egypte, et principalement les Mamlouks.

Les révolutions fréquentes et les convulsions auxquelles a été exposée l'Egypte, jointes au malheureux gouvernement auquel elle est depuis long-temps assujétie, ont fait de cette contrée un désert, en comparaison de ce qu'elle étoit dans les temps anciens. Elle renferme aujourd'hui quatre sortes principales d'habitans : 1°. Les Arabes (1) qui sont

---

(1) Volney divise en trois classes les Arabes, ou plutôt les descendans d'Arabes, qui habitent l'Egypte. La première, forme la postérité de ceux, qui, l'an 640, lors de l'invasion de ce pays par Amrou, accoururent de toutes les parties de l'Arabie, s'établir dans ce pays, si justement vanté pour son abondance. Cette première race a conservée sa physionomie originelle ; mais elle a pris une taille plus forte et plus élevée, effet naturel d'une nourriture plus abondante que celle des déserts. En général, les habitans d'Egypte atteignent cinq pieds

les plus nombreux, et sont employés comme agriculteurs, pasteurs et artisans. 2°. Les Coptes (appelés en arabe *el-kobt*), qu'on suppose descendus des anciens Égyptiens, et dont le nom est une abréviation du mot grec, qui signifioit ceux-ci. On en trouve plusieurs

---

quatre pouces : plusieurs vont à cinq pieds six et sept. Leur corps est musculeux, sans être gras, et robuste, comme il convient à des hommes endurcis à la fatigue. Leur peau hâlée par le soleil, est presque noire, mais leur visage n'a rien de choquant. La plupart ont la tête d'un bel ovale, le front large et avancé, et sous un sourcil noir; un œil noir, enfoncé et brillant; le nez assez grand, sans être aquilin; la bouche bien taillée, et toujours de belles dents. Les habitans des villes, plus mélangés, ont une physionomie moins uniforme, moins prononcée. Ceux des villages, au contraire, ne s'alliant jamais que dans leurs familles, ont des caractères plus généraux, plus constans, et quelque chose de rude dans l'aspect, qui tire sa cause des passions d'une ame sans cesse aigrie par l'état de guerre et de tyrannie qui les environne.

Une deuxième classe d'Arabes est celle des Africains, ou occidentaux, venus à diverses reprises se réunir à la première. Ils exercent aussi l'agriculture et les métiers; mais ils sont plus spécialement répandus dans le Saïd. Ils ont des villages, et même des princes particuliers.

La troisième classe est celle des Bédouins, ou hommes des déserts. Les uns, dispersés par familles, habitent les

familles dans le Delta ; mais le grand nombre habite le Saïd, où des villages entiers en sont peuplés. Les Coptes professent le christianisme, et sont de la secte des Jacobites ou des Entychéens. Leurs opinions religieuses leur ont attiré de la part des autres Grecs, des persécutions qui les ont rendus

---

rochers, les cavernes, les ruines et les lieux écartés où il y a de l'eau. Les autres, réunis par tribus, campent sous des tentes basses et enfumées, et passent leur vie dans un voyage perpétuel. Tantôt dans le désert, tantôt sur les bords du fleuve, ils ne tiennent à la terre qu'autant que l'intérêt de leur sûreté, ou la subsistance de leurs troupeaux les y attache. Il est des tribus, qui, chaque année, après l'inondation, arrivent du sein de l'Afrique, pour profiter des herbes nouvelles, et qui au printemps se renfoncent dans le désert. D'autres sont stables en Egypte. Elles y louent des terrains qu'elles ensemencent; et elles en changent annuellement. Toutes ces tribus observent entre elles des limites convenues, qu'elles ne franchissent point, sous peine de guerre. Elles ont, à-peu-près, le même genre de vie, les mêmes usages, les mêmes mœurs. Ignorans et pauvres, les Bédouins conservent un caractère original, distinct des nations qui les environnent. Pacifiques dans leur camp, ils sont par-tout ailleurs dans un état habituel de guerre. On estime que leurs tribus en Egypte pourroient former 30,000 cavaliers. (*Voyage en Egypte et en Syrie, chap. VI.*)

ennemis irréconciliables. Ils ont un patriarche qui réside au Caire, et qui prend le titre de patriarche d'Alexandrie. Les dominateurs du pays les emploient comme scribes, secrétaires, intendans et collecteurs des taxes. 3°. Les Turcs, qui furent autrefois maîtres de l'Egypte, mais qui maintenant n'y sont qu'en petit nombre, excepté au Caire, où ils exercent les arts, et occupent les emplois religieux et militaires. 4°. Les Mamlouks, qui possèdent aujourd'hui presque tout le pouvoir. En conséquence, nous entrerons dans quelques détails sur ce qui les concerne.

En s'emparant du gouvernement de l'Egypte, les Mamlouks ont pris des mesures qui sembloient devoir leur en assurer la possession. La plus efficace fut d'avilir les azabs et les janissaires. Ces deux corps, qui jadis étoient la terreur du pacha, ne sont plus que des simulacres, aussi vains que lui-même. C'est donc véritablement dans le corps des mamlouks, que consiste toute la force militaire de l'Egypte. Quelques centaines d'entr'eux sont répandus dans le pays et les villages, pour y maintenir l'autorité, y recevoir les tributs, etc.; mais la masse est rassemblée au Caire. On ne croit pas que leur nombre excède dix mille hommes, tant beys, officiers, simples affranchis, et esclaves destinés à l'être, que serradjes, ou porteurs d'ordres. Tous sont cavaliers, l'infanterie n'étant point estimée chez les Turcs.

L'habit des Mamlouks, quoiqu'il ne diffère pas, pour la forme, de celui des gens aisés en Turquie, est assez curieux, cependant, pour mériter d'être décrit. D'abord c'est, dit Volney, une ample chemise de toile de coton, claire et jaunâtre, pardessus laquelle on revêt une espèce de robe-de-chambre en toile des Indes, ou en étoffe légère d'Alep ou de Damas. Cette robe, appelée *Antari*, tombe du cou aux chevilles, et croise sur le devant du corps jusques vers les hanches, où elle se fixe par deux cordons. Sur cette première enveloppe, il en vient une seconde de la même forme, de la même ampleur, et dont les larges manches tombent également jusqu'au bout des doigts. Celle-ci est ordinairement d'étoffe de soie, plus riche que la précédente, et on la nomme *Coftan*. Une longue ceinture serre ces deux vêtemens à la taille, et partage le corps en deux. Par-dessus ces deux pièces, on en met une troisième que l'on appelle *djoube*. Elle est de drap, sans doublure, et de la même forme que les autres, excepté que ses manches sont coupées au coude. Dans l'hiver, et souvent même dans l'été, cette robe est garnie d'une fourrure, et devient pelisse. Enfin, par-dessus ces trois enveloppes, on en revêt une dernière nommée la *beniche*, qui fait le manteau ou l'habit de cérémonie. Elle couvre exactement tout le corps, même le bout des doigts, qu'il seroit très-indécent de laisser paroître devant les grands.

Le turban des Mamlouks est un cylindre jaune, garnie en dehors d'un rouleau de mousseline artistement arrangé. Leurs pieds sont couverts d'un chausson de cuir jaune qui remonte jusqu'aux talons, et d'une pantoufle sans quartier, toujours prête à rester en chemin. La pièce la plus singulière de tout l'habillement, est une espèce de pantalon, tellement ample, que dans sa hauteur, il arrive au menton, et que chacune de ses jambes pourroit recevoir le corps en entier. Les Mamlouks le font de ce drap de Venise qu'on appelle *saille*, et qui, quoique moëlleux, est plus épais que la bure. Pour marcher plus à l'aise, ils y renferment, sous une ceinture à coulisse, toute la partie pendante des vêtemens dont on a parlé. Ainsi emmaillotés, ils ne sont pas des piétons fort agiles, et cependant ils regardent leur habillement comme très-commode.

Leur équipage de cheval n'est pas mieux raisonné. Toujours guidés par l'usage, ils se servent d'une selle, dont la charpente grossière est chargée de fer, de bois et de cuir. Sur cette selle, s'élève un housse-quin, de huit pouces de hauteur, qui couvre le cavalier jusqu'aux reins, pendant que sur le devant, un pommeau, saillant de quatre à cinq pouces, menace sa poitrine, quand il se penche. Sous la selle, au lieu de coussins, sont étendues trois épaisses couvertures de laine; et le tout est fixé par une sangle qui s'attache par des nœuds de courroie peu solide, et très-compliqués. Cette selle a d'ailleurs un large poitrail et manque de croupières, ce qui la jette trop sur les épaules du cheval. Les étriers sont une plaque de cuivre, plus longue et plus large que le pied, et dont les côtés, relevés d'un pouce, viennent mourir à l'anse, d'où ils pendent. Les angles de cette plaque sont tranchans, et servant d'éperons, ils ouvrent les flancs du cheval par de longues blessures. Le poids ordinaire de ces étriers est de neuf à dix livres, et souvent ils passent douze et treize. La selle et les couvertures, n'en pèsent pas moins de vingt-cinq. Cette charge est d'autant plus ridicule, que les chevaux d'Egypte sont très-petits. La bride est aussi mal conçue dans son genre. Elle est de l'espèce qu'on appelle *à la genette*, sans articulation. La gourmette qui n'est qu'un anneau de fer, serre le menton, au point d'en couper la peau : aussi tous ces chevaux ont les barres brisées, et manquent absolument de *bouche*.

Les Mamlouks ont une manœuvre particulière, qui consiste à lancer le cheval à bride abattue, puis à l'arrêter subitement, au plus fort de la course. Saisi par le mords, l'animal roidit les jambes, plie les jarrets, et termine sa carrière en glissant d'une seule pièce. On conçoit tous les inconvéniens d'une telle manœuvre, lorsque sur-tout elle est répétée; mais les Mamlouks lui trouvent de la grace, et elle convient à leur manière de combattre. Au reste, malgré leurs jambes en crochets et les mouvemens perpétuels de leur corps, on ne peut nier qu'ils ne soient des cavaliers fermes et vigoureux, qui ont quelque chose de guerrier dont est flatté l'œil même d'un étranger.

Ils ont mieux raisonné le choix de leurs armes que le harnois de leur cheval. La première est une carabine anglaise d'environ trente pouces de longueur, et d'un calibre tel, qu'elle peut lancer à-la-fois dix ou douze balles, dont l'effet, même sans adresse, est toujours meurtrier. Chaque homme, en outre, porte à la ceinture deux grands pistolets qui tiennent au vêtement par un cordon de soie. A l'arçon, pend quelquefois une masse d'armes, qui sert pour assommer. Enfin, sur la cuisse gauche, est suspendu, par une bandoulière, un sabre courbe, d'une espèce peu connue en Europe. Prise en ligne droite, la lame de ce sabre n'a pas plus de vingt-quatre pouces; mais, mesurée dans sa courbure, elle en a trente : cette arme est aussi très-dangereuse.

L'art de se servir de ces armes fait le sujet de l'éducation des Mamlouks, et l'occupation de leur vie. Chaque jour, de grand matin, la plupart se rendent dans une plaine, non loin du Caire. Là, courant à toute bride, ils s'exercent à sortir prestement la carabine de la bandoulière, à viser juste, à jeter cette carabine sous la cuisse, pour saisir un pistolet, qu'ils tirent et jetent par-dessus l'épaule. Ils prennent ensuite le second pistolet, et font la même manœuvre, se fiant au cordon qui les attache tous deux, sans perdre de temps à les replacer. Les beys présents, les encouragent, et quiconque brise un vase de terre qui sert de but, reçoit des éloges et de l'argent. Les Mamlouks s'exercent aussi à bien manier le sabre, et sur-tout à donner le coup de revers qui prend de bas en haut, et qui est le plus difficile à parer. Leur adresse est très-grande à cet exercice, et le tranchant de leurs armes ne lui est pas inférieur. Ils tirent aussi de l'arc, quoiqu'il soit banni des combats. Ils ont un jeu de bâtons, appelé *djerid*, qui, quelquefois devient dangereux; car il y a des bras qui lancent avec tant de roideur, que souvent le coup blesse et devient mortel.

Les Mamlouks ne connoissent rien de

notre art militaire. Ils n'ont ni uniforme, ni ordonnance, ni formation, ni discipline, ni subordination. Leur réunion est un attroupement, leur marche, une cohue, leur combat un duel, leur guerre un brigandage. Ordinairement elle se fait dans la ville du Caire. Au moment où l'on y pense le moins, une cabale éclate, les beys montent à cheval, les adversaires sont en présence, quelques meurtres décident la querelle, et le plus foible est exilé. Souvent alors la populace pille les maisons des vaincus, et les vainqueurs n'y mettent pas d'obstacles.

Quelquefois la guerre est transportée à la campagne, mais les combattans n'y déploient pas plus d'art. Sans faire attention à l'avantage des positions, les deux troupes ennemies s'approchent par pelotons. Les plus hardis marchent en tête; on s'aborde, on se défie, on s'attaque. Chacun choisit son homme; on tire si l'on peut, et l'on passe vite au sabre. Si le cheval tombe, le cavalier est perdu. Dans le désordre, les valets toujours présens, relèvent leurs maîtres; et s'il n'y a pas de témoins, ils les assomment pour prendre la ceinture de sequins qu'ils ont soin de porter. Souvent la bataille se décide par la mort de deux ou trois personnes. Depuis quelque temps, les Mamlouks ont compris que leurs patrons étant les principaux intéressés, devoient courir les plus grands risques, et ils leur en laissent l'honneur. Au reste, ils sont toujours sûrs de s'arranger avec le vainqueur.

Le luxe des Mamlouks est extrême. Il n'y en a point dont l'entretien ne coûte 2,500 liv. par an ; celui d'un grand nombre est de plus du double. A chaque ramadan, il leur faut un habillement neuf ; il leur faut des pistolets et des sabres damasquinés, des étriers dorés d'or moulu, des selles et des brides plaquées d'argent. Il faut aux chefs, des bijoux, des pierres précieuses, des chevaux arabes de deux ou trois cents louis, des chales de cachemire de vingt-cinq et de cinquante louis, et une foule de pelisses dont les moindres coûtent cinq cents livres. Leurs femmes ont rejeté l'ancien usage des garnitures de sequins sur la tête et sur la poitrine. Elles ont des diamans, des émeraudes, des rubis et des perles fines. Elles portent aussi des chales, des fourrures, et principalement des galons et des étoffes de Lyon.

La plupart des Mamlouks, nés dans le rit grec, et circoncis, au moment où on les achète, ne sont aux yeux des Turcs mêmes, que des renégats, sans religion et sans foi. Etrangers entr'eux, ils ne sont point liés par ces sentimens naturels qui unissent les autres hommes. Sans parens et sans enfans, le passé n'a rien fait pour eux, et ils ne font rien pour l'avenir. Ignorans et superstitieux par éducation, les meurtres les rendent farouches. Ils deviennent séditieux par les tumultes, perfides par les cabales, cachés par la dissimulation, et corrompus par toute espèce de débauche.

CHAPITRE. V.

Le Nil et ses inondations. Climat de l'Egypte.

Parmi les curiosités naturelles de l'Egypte, la plus remarquable est le Nil (1) ; et l'exis-

---

(1) C'est à juste titre que les Egyptiens ont eu dans tous les temps, et conservent de nos jours, un respect religieux pour le Nil. Ceux d'aujourd'hui l'appelent

en dépend.

Le langue de terre, dite la Saïd, a, selon Hérodote, é...ar la vase que le Nil apporte de l'Ethi...ie ou de l'Abyssinie, et des parties intérieures de l'Afrique. Cette conjecture paroît fondée sur la nature du sol de l'Egypte, qui est un terreau noir et gras, et diffère absolument du sol de la Lybie, qui est sabloneux et rouge, et de celui de l'Arabie, qui est argilleux et pierreux. D'après les coquilles trouvées dans le désert, le même auteur suppose aussi que tout ce pays est sorti de la mer. On dit que le Nil traversoit anciennement les sables de la

---

saint, béni, sacré. Lors des nouvelles eaux, c'est-à-dire, de l'ouverture des canaux, on voit les mères plonger leurs enfans dans le courant, avec le préjugé que ces eaux ont une vertu purifiante et divine.

Il ne faut pas, cependant, que l'imagination s'égare trop sur les eaux de ce fleuve bienfaisant, ni qu'il les compare à celles des ruisseaux limpides. L'eau du Nil est trouble et fangeuse, et pendant six mois de l'année, si bourbeuse, qu'il faut la faire déposer pour la boire. On se sert, à cet effet, d'amandes amères, dont on frotte le vase, et alors elle est réellement légère et bonne. Mais il n'y a que la soif, ou la prévention, qui puisse la mettre au-dessus de celle de nos fontaines et de nos

Lybie, et que Ménes, le premier roi d'Egypte, le renferma dans son lit actuel. On voyoit encore l'ancien, du temps d'Hérodote. Cet historien dit que les Perses entretenoient avec le plus grand soin, la barre ou la digue qui en fermoit l'entrée. Savary assure que les vestiges en sont toujours visibles.

« Pour se peindre en deux mots l'Egyte,
» dit Volney (1), que l'on se représente d'un
» côté une mer étroite et des rochers, c'est-
» à-dire, (la mer Rouge et les déserts d'A-
» rabie); de l'autre, d'immenses plaines de
» sable (les déserts de Lybie); et au milieu

---

grandes rivières, telles que la Seine et la Loire. Pendant les trois mois qui précèdent l'inondation, l'eau du Nil, réduite à une petite profondeur, s'échauffe dans son lit, devient verdâtre, fétide et remplie de vers. Il faut recourir à celle que l'on a reçue et conservée dans les citernes. Dans toutes les saisons, les gens délicats ont soin de la parfumer. Au reste, on ne fait dans aucun pays, un aussi grand usage d'eau. Dans les maisons, dans les rues, et par-tout, le premier objet qui se présente est un vase qui en est plein; et le premier mouvement d'un Egyptien, est de le saisir et d'en boire un grand trait qui n'incommode point, graces à l'extrême transpiration. (*Volney, chap. II.*)

(1) *Chap. I. T. I.*

» un fleuve (le Nil) coulant dans une vallée
» longue de cent cinquante lieues, large de
» trois à sept; lequel, parvenu à trente lieues
» de la mer, se divise en deux branches,
» dont les rameaux s'égarent sur un terrain
» libre d'obstacles et presque sans pente ».
Cette pente est si foible, que l'eau ne fait pas
plus de trois milles en une heure. La largeur
du Delta, à sa base, est d'environ 160 milles.

La plus basse des cataractes du Nil, est toujours la même que celle qui est décrite par Strabon. Le rocher qui barre le milieu du fleuve est à découvert pendant six mois de l'année. Les bateaux alors remontent et descendent par les côtés. Pendant l'inondation, les eaux amassées entre les montagnes, forment une grande nappe, et renversant tout obstacle, elles couvrent le sol à la hauteur de onze pieds. Les bateaux ne pouvant plus remonter le courant, il faut transporter les marchandises par terre, pendant six milles, au-dessus de la cataracte. Ils le descendent, cependant, et se précipitent dans l'abyme, où ils tombent avec la rapidité d'une flèche, et en un instant, ils sont hors de vue. Quand l'eau devient plus calme, ils reparoissent au grand étonnement des spectateurs. Il est nécessaire que ces bateaux ne soient que modérément chargés, et que les bateliers embrassent fortement la poupe, pour être bien en équilibre, sans quoi, ils seroient infailliblement engloutis.

Le Nil prend sa source sur une montagne d'Afrique, au royaume de Goyam, dans un terrain appellé *Agous*, en Abyssinie, entre les deux tropiques, et traverse depuis le dixième jusqu'au trente-deuxième degré de latitude septentrionale, c'est-à-dire, l'Abyssinie, la Nubie et l'Egypte. On a déja dit que le débordement du Nil vient des grandes pluies qui tombent régulièrement en Abyssinie, quelque temps auparavant. Les vents étésiens qui, alors, soufflent de la mer méditerranée, le facilitent.

La crue du Nil commence donc tous les ans vers la mi-juin, et continue toujours progressivement pendant quarante ou cinquante jours, après quoi ses eaux s'abaissent par degrés jusqu'à la fin de mai de l'année suivante, où elles sont au plus bas. Ces mêmes eaux ne s'élèvent pas à une hauteur égale dans toute l'Egypte. Au Caire, où le Nil est renfermé dans un canal, entre des bords élevés, sa crue est au moins de vingt-quatre pieds au-dessus de son niveau ordinaire. A Rosette et à Damiette, elle n'est que de quatre.

Aussi-tôt que le Nil commence à s'élever, on bouche et on nettoie les canaux qui conduisent l'eau dans tout le pays.

Quand le fleuve s'élève à certaine hauteur, qu'on mesure sur une colonne appelée *mekias*, ou *nilomètre*, élevée au milieu d'un bassin, qui communique au Nil, et qui est creusé dans une mosquée de l'île de *Raouda*, à peu de distance du Caire, alors on ouvre les canaux, et l'on paye au sultan les taxes ordinaires pour les eaux. Sous les Romains, elles étoient proportionnées à la hauteur de l'inondation; et maintenant, à moins que celle-ci ne parvienne à certain point désigné, l'Egypte ne paye aucun tribut au grand seigneur. La largeur du Nil près du Caire, est de 2,946 pieds. La branche de ce fleuve, sur laquelle est située Damiette, n'en a pas plus de 100. Ni les anciens, ni les modernes, ne sont d'accord sur la hauteur précise à laquelle parviennent les eaux du Nil. Pline la porte à seize coudées, ou vingt quatre pieds. Il dit que lorsqu'elle est de douze coudées et au-dessous, ou de dix-huit et au-dessus, il y a famine. Dans les années 1783 et 1784, il y en eut une des plus terribles, le Nil ne s'étant pas élevé à la hauteur favorable (1). Dans la saison précédente, l'Egypte avoit été affligée d'une peste si destructive, qu'on emporta du Caire en un jour, plus de quinze cents corps morts.

Pendant l'inondation, on ne voit rien que des villes et des villages, qui tous sont bâtis sur des éminences naturelles ou factices. Quand les eaux se sont retirées, et que la

---

(1) Dès que les eaux du Nil commencent à croître, on ferme l'embouchure du calisch, ou canal, qui doit les conduire au Grand-Caire, et qui dans la campagne, ne ressemble qu'à un fossé mal entretenu; car il n'a ni revêtement de maçonnerie, ni même de bord marqué. Pour fermer cette embouchure, on élève une petite digue de terre, sur laquelle on pose une marque qui doit indiquer le temps de l'ouverture de ce canal, et de tous les autres.

Lorsque le jour est arrivé, le pacha et les beys se rendent en grand cortége à la cérémonie de l'ouverture de la digue. Ils se placent sous un assez mauvais pavillon qui est à côté. Les Coptes et les Juifs sont employés à couper la digue. Quelques misérables qui sont dans une méchante barque, jetent des noisettes, des melons et autres choses semblables, dans l'eau qui entre,

terre est suffisamment desséchée, le travail des cultivateurs commence. Il est des plus faciles. On n'a besoin que de retourner la terre et de la mêler d'un peu de sable pour la rendre moins compacte; ensuite on y jete la semence; et peu de temps après, tout le pays est couvert de la plus riche verdure. La même campagne produit deux, trois et quelquefois quatre récoltes différentes. A celle des grains, succède celle des légumes, qui est suivie de celle des plantes potagères. La végétation est si forte, que quelques plantes, en vingt-quatre heures, lèvent et

---

tandis que le pacha fait distribuer quelques patats, et allumer un mauvais feu d'artifice, d'une vingtaine de fusées. Telles sont toutes ces réjouissances tant vantées, par quelques voyageurs. Ce qui pourroit absolument exciter la curiosité, c'est le cortége des grands, qui, dans son espèce, ne laisse pas d'avoir quelque chose de magnifique.

Le peuple dans ces rencontres, fait mille folies pour témoigner la joie qu'il a de ce que l'accroissement du Nil lui promet l'abondance. Les danses les plus lascives sont les moindres marques de son allégresse. Il ne se passe guère d'année, que quelqu'un ne perde la vie au milieu de ces réjouissances tumultueuses. (*Norden. Voyage en Egypte et en Nubie.*)

s'élancent de quatre pouces. Mais toutes les plantes exotiques dégénèrent rapidement sur ce sol. En conséquence, ceux qui les cultivent sont forcés de renouveller la semence tous les ans. Il semble que le climat d'Egypte soit aussi défavorable à la conservation de certaines races d'individus, qu'à la propagation des plantes étrangères. C'est un fait remarquable que, quoique les Mamlouks y soient établis depuis plus de cinq cent cinquante ans, aucun d'eux n'a laissé de race subsistante. Il n'existe pas une seule de leurs familles à la seconde génération ; tous leurs enfans périssent à celle-ci, ou à la première. La même chose, à-peu-près, arrive aux Turcs ; et l'on a observé qu'ils ne peuvent s'assurer de la continuité de leurs familles, qu'en épousant des égyptiennes, ce que les Mamlouks ont toujours dédaigné, s'alliant constamment à des femmes esclaves de leur propre pays, c'est-à-dire, de la Circassie, de la Georgie et de la Mingrelie, etc.

L'Egypte a des vents réguliers. Ceux du nord et du nord-est apportent, de la Méditerranée dans l'Abyssinie, une prodigieuse quantité de nuages. Au printemps, on les voit monter vers le sud, et quelquefois, ils menacent de se dissoudre. Mais il ne pleut jamais, en été, dans le Delta; et il n'y tombe que rarement et en petite quantité de l'eau, pendant le reste de l'année. La pluie est encore moins fréquente dans la Haute-Egypte. Il y tombe cependant quelques rosées, quand le vent souffle du nord ou de l'ouest. Comme les pluies, elles sont plus ou moins abondantes, à mesure qu'on est plus ou moins près de la mer. Elles en diffèrent, cependant, en ce qu'elles le sont bien plus en été qu'en hiver. Quelquefois il souffle du sud-sud-est des vents d'une chaleur si insoutenable, que fréquemment, ils deviennent funestes à ceux qui y sont exposés. On les nomme *vents de cinquante jours*, non qu'ils durent cinquante jours de suite, mais à cause qu'ils règnent le plus souvent pendant le même espace de temps qui suit et précède l'équinoxe. On les appelle aussi *vents chauds du désert* (1), parce qu'ils

---

(1) Les voyageurs les ont aussi fait connoître sous le nom de *vents empoisonnés*. On ne peut, dit Volney, comparer l'impression qu'on en reçoit, qu'à celle de la bouche d'un four banal, au moment qu'on en tire le

traversent les déserts de Lybie. Ces vents amènent des nuages de poussière, ou de sable fin, qui attaque la vue. Les Egyptiens,

___

pain. Quand ces vents commencent à souffler, l'air prend un aspect inquiétant; le ciel, toujours si pur en ces climats, devient trouble; le soleil perd son éclat, et n'offre plus qu'un disque violacé. L'air n'est pas nébuleux, mais gris et poudreux; et réellement, il est plein d'une poussière très-déliée qui ne se dépose pas et qui pénètre par-tout. Ce vent, toujours léger et rapide, n'est pas d'abord très-chaud; mais à mesure qu'il prend de la durée, il croît en intensité. Les corps animés le reconnoissent promptement aux changemens qu'ils éprouvent. La respiration devient courte et laborieuse. La peau est sèche, et l'on est dévoré d'une chaleur interne. On a beau se gorger d'eau, rien ne rétablit la transpiration. On cherche en vain la fraîcheur; les corps qui avoient coutume de la donner, trompent la main qui les touche. Le marbre, le fer, l'eau, quoique le soleil soit voilé, sont chauds. Alors on déserte les rues, et le silence règne comme pendant la nuit. Les habitans des villes et des villages s'enferment dans leurs maisons, et ceux du désert, dans leurs tentes, ou dans des puits creusés en terre, où ils attendent la fin de ce genre de tempête. Communément, elle dure trois jours. Si elle passe, elle devient insupportable. Malheur aux voyageurs qu'un tel vent surprend en route, loin de tout asyle, ils en subissent tout l'effet, qui est quelquefois porté jusqu'à la mort. Le danger est sur-tout au moment

soit par la nature de leur climat, soit par la qualité de leurs alimens, sont très-sujets à la perdre totalement. La petite vérole fait aussi de grands ravages parmi eux, soit

---

des rafales; alors la vîtesse accroît la chaleur au point de tuer subitement. Cette mort est une vraie suffocation; le poumon respirant à vide, entre en convulsion; la circulation redouble dans les vaisseaux; tout le sang chassé par le cœur afflue à la tête et à la poitrine; et de là cette hémorragie par le nez et la bouche, qui arrive après la mort. Ce vent attaque sur-tout les gens replets et ceux en qui la fatigue a brisé le ressort des muscles et des vaisseaux. Le cadavre reste long-temps chaud; il enfle, devient bleu, et se déchire aisément: accidens, qui tous dénotent la fermentation putride qui s'établit dans les corps des animaux, lorsque les humeurs y deviennent stagnantes. On se dérobe à ces accidens, en se bouchant le nez et la bouche avec des mouchoirs; un moyen efficace, est celui des chameaux qui enfoncent le nez dans le sable, et y attendent que la rafale s'appaise.

Une autre qualité de ce vent est son extrême siccité elle est telle, que l'eau dont on arrose un appartement, s'évapore, en peu de minutes; par cette extrême aridité, il flétrit et dépouille les plantes; et en pompant trop subitement l'émanation des corps animés, il crispe la peau, ferme les pores et cause cette chaleur fébrile qui accompagne toute transpiration supprimée. (*Voyage en Égypte et en Syrie. Chap. IV.*)

parce qu'ils la soignent mal, soit parce qu'ils négligent l'inoculation.

CHAPITRE VI.

Alexandrie ancienne et moderne. Obélisque de Cléopatre. Grottes sépulcrales. Colonne dite de Pompée.

L'ANCIENNE ALEXANDRIE avoit une lieue et demie de long sur un tiers de large, ce qui donnoit à ses murailles environ quatre lieues de circuit. Le lac Maréotis la baignoit au midi, et la Mediterranée au nord. Des rues droites la coupoient parallèlement dans sa longueur. Cette direction laissoit un libre passage au vent du nord, le seul qui porte en Egypte la fraîcheur et la salubrité. Une rue de deux mille pieds de large, commençoit à la porte de la Marine et finissoit à celle de Canope. Des maisons magnifiques, des édifices publics, des temples la décoroient. C'étoit une longue place, où l'œil ne pouvoit se lasser d'admirer le marbre, le porphire et les obélisques qui devoient un jour embellir Rome et Constantinople. Cette rue, la plus belle qu'il y ait eu dans l'univers, étoit coupée par une autre égale en largeur, ce qui formoit, en cet endroit, un carré d'une demi-lieue de circonférence. Du milieu de cette grande place, on voyoit les deux portes, et les vaisseaux arriver à pleines voiles du nord et du midi.

Un môle d'un mille de long fut jeté du continent à l'île de Pharos, et divisa le grand port en deux. Celui qui est au nord conserva son nom. Une digue tirée de l'île au rocher où l'on bâtit le phare, le mit à l'abri des vents d'ouest. L'autre port fut appelé *Eunoste* ou de Bon-Retour. Le premier se nomme aujourd'hui le port Neuf; le second, le port Vieux : un pont qui joignoit le môle à la ville, leur servoit de communication. Il étoit élevé sur de hautes colonnes enfoncées dans la mer, et laissoit un libre passage aux navires. Le palais, qui commençoit bien avant le promontoire *Lochias*, se prolongeoit presque jusqu'à la digue. Il occupoit plus d'un quart de la ville. Chacun des Ptolémées avoit ajouté à sa magnificence. Il renfermoit dans son enceinte le Musée, asyle des savans, des bosquets, des édifices dignes de la majesté royale, et un temple où le corps d'Alexandre avoit été déposé dans un cercueil d'or. L'infâme Seleucus-Cybiosactes viola ce monument, enleva le cercueil, et en mit un de verre à la place. Dans ce grand port, on trouvoit la petite île d'Anti-Rhode, où l'on avoit élevé un théâtre et une maison royale. Le port Eunoste en contepoit un petit nommé Kibotos, et creusé de main d'homme : il communiquoit avec le lac Maréotis par un canal. Entre ce canal et le palais, on admiroit le temple de Serapis, et celui de Neptune bâti près de la grande place où se tenoit le marché. Alexandrie s'étendoit encore sur les bords du lac du côté du midi. Sa partie orientale offroit le gymnase avec des portiques de plus de six cents pieds de long, soutenus par plusieurs rangs de colonnes de marbre. En sortant de la porte de Canope, on rencontroit un cirque spacieux, destiné à la course des chars. Plus loin, le fauxbourg de Nicopolis bordoit le rivage de la mer et sembloit une seconde Alexandrie. On y avoit construit un superbe amphitéâtre avec un stade pour la célébration des quinquennales.

Lorsqu'Amrou se fut emparé d'Alexandrie, étonné de sa conquête, il écrivit au calife :

« J'ai pris la ville de l'occident. Elle est
« d'une immense étendue. Je ne puis vous
« décrire combien elle renferme de mer-
« veilles. Il s'y trouve 4000 bains, 12000
« vendeurs de légumes, 4000 juifs qui payent
« tribut, 4000 comédiens, etc. »

Alexandrie soumise à la domination des Arabes, perdit peu à peu de son éclat. L'an 857 de notre ère, on abattit les anciens murs, on en resserra l'enceinte de moitié, et l'on construisit ceux qui subsistent encore de nos jours. Leur solidité, leur épaisseur, les cent tours dont ils sont flanqués, les ont conservés contre les efforts des hommes, et les ravages du temps. Cette seconde Alexandrie, que l'on peut nommer celle des Arabes, étoit encore florissante au treizième siècle. L'alignement de ses rues offroit l'image d'un échiquier. Elle avoit conservé une partie de ses places et de ses monumens. Son commerce s'étendoit depuis l'Espagne jusques dans l'Inde. Les canaux étoient entretenus, les marchandises remontoient dans la haute Egypte, par le lac Maréotis, et dans le Delta, par le canal de Faoué. Le phare (1)

---

(1) Ptolémée-Philadelphe l'avoit fait bâtir par l'architecte Sostrate. Il avoit coûté huit cents talents.

subsistoit encore. Cette tour merveillleuse, comme l'appelle César, avoit plusieurs étages, qui étoient entourés de galeries, soutenues par des colonnes de marbre. Elle s'élevoit à près de quatre cents pieds. On avoit placé au sommet, un grand miroir d'acier poli, disposé de manière qu'on y appercevoit l'image des vaisseaux éloignés, avant qu'ils fussent visibles à l'œil. Cet édifice admirable leur servoit de signal. On y allumoit des feux pour les avertir pendant la nuit, de l'approche des côtes de l'Egypte qui sont si basses, qu'on court risque d'échouer avant d'avoir pu les distinguer. Alexandrie, dans sa décadence, conservoit encore un air de grandeur et de magnificence qui attiroit l'admiration.

Au quinzième siècle, les Turcs s'emparèrent de l'Egypte : ce fut le terme de sa gloire. L'astronomie, la géométrie, la poésie, la grammaire y étoient encore cultivées. La verge des pachas chassa ces restes des beaux arts. La défense de transporter au dehors les blés de la Thébaïde, porta le coup mortel à l'agriculture. Les canaux se comblèrent, le commerce languit ; l'Alexandrie des Arabes fut tellement dépeuplée, que dans sa vaste enceinte, il ne se trouva pas un seul habitant. Les Alexandrins avoient abandonnés de grands bâtimens qui tomboient en ruines, que l'on n'osoit réparer sous un gouvernement, où c'est un crime que de paroître riche, et ils avoient élevé des masures sur le rivage de la mer. Le Phare étoit détruit. On l'avoit remplacé par un château carré, construit sans goût, et incapable de soutenir le feu d'un vaisseau de ligne. Aujourd'hui, dans l'espace de deux lieues fermées de murailles, on ne voit que des colonnes de marbre, les unes renversées dans la poussière et sciées par tronçons, les autres debout, affermies sur leur base par l'énormité de leur poids; on ne voit que des débris de pilastres, de chapiteaux, d'obélisques, que montagnes de ruines entassées les unes sur les autres.

La moderne Alexandrie est une bourgade de peu d'étendue, contenant à peine six mille habitans, mais très-commerçante, avantage qu'elle doit uniquement à sa situation. Elle est bâtie sur le terrain qu'occupoit le grand port, et que la mer en se retirant a laissé à découvert. Le môle qui joignoit le continent à l'île de Pharos, s'est élargi, et est devenu terre ferme. L'île d'Anti-Rhode se trouve au milieu de la nouvelle ville. Un hauteur couverte de ruines la fait reconnoître. Le port *Kibotos* est comblé. Le canal qui y conduisoit les eaux du lac Maréotis a disparu. Ce lac lui-même dont les bords étoient couverts de papyrus et de dattiers ne subsiste plus, parce que les Turcs ont négligé d'entretenir les canaux qui y portoient les eaux du Nil. Belon, qui voyageoit en Egypte quinze ans après la conquête de ce pays par les Turcs sous Selim, c'est-à-dire, il y a environ 250 ans, assure que de son temps, le lac Maréotis n'étoit éloigné que d'une demi-lieue des murs d'Alexandrie, et qu'il étoit entouré de forêts de palmiers. Les sables de la Lybie en occupent aujourd'hui la place.

Le canal de Faoué, le seul qui communique maintenant avec Alexandrie, et sans lequel cette ville ne pourroit subsister, puisqu'elle n'a pas une goutte d'eau douce, est à moitié rempli de cailloux et de sable. L'eau n'y coule que vers la fin d'août, et y reste à peine assez de temps pour remplir les citernes de la ville. Les campagnes dont ils entretenoit l'abondance sont désertes. Les bosquets, les jardins qui environnoient Alexandrie, ont disparu avec l'eau qui les fertilisoit. Hors des murs, on apperçoit seulement quelques arbres clair-semés, des sycomores (1), des figuiers dont le fruit est délicieux, des dattiers, des capriers et la soude qui tapisse des sables brûlans, dont la vue est insupportable.

La vaste étendue de l'ancienne ville est donc bornée dans la nouvelle, à une petite langue de terre entre les deux ports. Les plus superbes temples sont changés en des mosquées assez simples, les plus magnifiques palais en des maisons d'une mauvaise construction. Le siége royal est devenu une prison d'esclaves. Un peuple opulent et nombreux a cédé la place à un petit nombre d'étrangers intéressés, et à une troupe de misérables qui sont les valets de ceux dont ils dépendent.

―――――――――――――――――――

(1) Le sycomore d'Egypte produit une figue qui croît sur le tronc de l'arbre, et non à l'extrémité des rameaux. On la mange, mais elle est un peu sèche. Cet arbre devient fort gros et très-touffu. Rarement il s'élève droit; ordinairement il se courbe et devient tortueux. Ses branches s'étendant horizontalement et fort loin, donnent un bel ombrage. Sa feuille est découpée, et son bois imprégné d'un suc amer n'est point sujet à la piqûre des insectes. Le sycomore vit plusieurs siècles.

Le vieux et le nouveau port à Alexandrie sont ce qu'on appeloit autrefois les ports d'Afrique et d'Asie. Le premier est réservé pour les Turcs, le second est abandonné aux Européens. Ils diffèrent l'un de l'autre, en ce que le vieux est bien plus net et bien plus profond que le nouveau, où on est obligé de mettre, de distance en distance, des tonneaux vides sur les cables, afin qu'ils ne soient pas rongés par le fond qui est pierreux. Mais, si cette précaution les garantit, les vaisseaux ne laissent pas d'être toujours exposés aux risques de se perdre. L'ancre ne tenant pas si bien de cette façon, un gros vent détache aisément le bâtiment, qui, se trouvant une fois à la dérive, périt dans le port même, parce qu'il n'a, ni assez d'espace, ni assez de profondeur, pour faire tenir de nouveau ses ancres.

L'entrée du nouveau port est défendue par deux châteaux d'une mauvaise construction turque, et qui n'ont rien de remarquable que leur situation. On sait qu'ils ont succédé à des édifices renommés dans l'histoire.

Au milieu de celui qu'on appelle le grand pharillon, est une petite tour, dont le sommet se termine par une lanterne qu'on allume toutes les nuits, mais qui n'éclaire pas beaucoup, parce que les lampes y sont mal entretenues. Ce château a été bâti sur l'île de Pharos, qu'il occupe tellement, que s'il y a encore quelques restes de cette merveille du monde que Ptolémée avoit fait élever, ils demeurent entièrement cachés pour les curieux. Il en est de même de l'autre château, connu sous le nom de petit pharillon. Il ne présente aucun vestige de la célèbre bibliothèque, qui, du temps des Ptolémées, étoit regardée comme la plus belle qu'on eût jamais vue.

Chacune des deux îles est attachée à la terre ferme par un môle. Celui de l'île de Pharos est extrêmement long. Il paroît avoir trois milles d'étendue, et il est fait, partie de briques, partie de pierres de taille. Il est voûté dans toute sa longueur. Ses ceintres sont à la gothique, et l'eau peut passer dessous.

Le môle qui donne le passage au petit pharillon, n'a rien de particulier que deux ziczacs, qui, en cas de besoin, peuvent servir à sa défense.

Les pharillons et leurs môles, l'un à la droite, l'autre à la gauche du port, conduisent insensiblement à terre; mais il est bon d'avertir que, précisément à l'entrée de ce port. Il y a des rochers, dont les uns sont au-dessous, et les autres au-dessus de l'eau. Il faut les éviter soigneusement. Pour cet effet, on prend des pilotes turcs, qui viennent à la rencontre des bâtimens hors du port. On est assuré alors d'y arriver, et d'y mouiller avec les autres vaisseaux, qui sont affourchés tout le long du grand môle, comme dans l'endroit le plus profond.

Rien n'est plus beau que de voir delà ce mélange de monumens antiques et modernes, qui, de quelque côté qu'on se tourne, s'offrent à la vue. Quand on a passé le petit pharillon, on découvre une file de grandes tours, jointes l'une à l'autre, par les ruines d'une épaisse muraille. Un seul obélisque debout, a assez de hauteur pour se faire remarquer dans un endroit où la muraille est abattue. Si on se tourne un peu plus, on apperçoit que les tours recommencent, mais elles ne se présentent que dans une espèce d'éloignement. La nouvelle Alexandrie figure ensuite avec ses minarets; et au-dessus de cette ville, mais, dans le lointain, s'élève la colonne de Pompée, monument des plus majestueux. On découvre aussi des collines qui semblent être de cendres, et quelques autres tours. Enfin, la vue se termine à un grand bâtiment carré qui sert de magasin à poudre, et qui joint le grand môle.

Les objets d'antiquité les plus remarquables près d'Alexandrie, sont deux obélisques de pierre de Thèbes, couverts d'hiérogliphes, et vulgairement nommés *Aiguilles de Cléopâtre*. L'un d'eux est renversé, brisé, et couché sur le sable. L'autre est resté sur son piédestal. Celui-ci indique l'emplacement du palais de cette fameuse reine d'Egypte, que nous venons de nommer. On ne voit aucun autre vestige de ce superbe bâtiment.

L'obélisque de Cléopâtre est placé presqu'au milieu, entre la nouvelle ville et le petit pharilon. Sa base, dont une partie est enterrée, se trouve élevée de vingt pieds au-dessus du niveau de la mer. Entre ce monument et le port, règne une grosse muraille, flanquée, à chaque côté de l'obélisque, d'une grande tour. Mais cette muraille a été tellement ruinée que sa hauteur ne s'élève que de peu au-dessus de la base de l'obélisque. La partie intérieure de la muraille n'est qu'à dix pieds de ce monument; et la partie extérieure n'est qu'à quatre ou cinq pas de la mer. Tout le devant, jusques bien avant dans le port, est rempli d'une infinité de débris de colonnes, de pierres, ou d'autres pièces d'architecture, qui ont appartenu à un édifice superbe. Ils sont de diverses sortes de marbre. On y apperçoit du granit et du vert antique. Du côté de la terre, l'obélisque domine sur une assez grande plaine, qu'on a si souvent fouillée que tout le terrain semble avoir été passé au crible. Il n'y vient, par-ci, par-là, qu'un peu d'herbe qui se sèche d'abord.

Quant à l'obélisque en lui-même, il est d'une seule pièce de marbre granit. Il a quatre faces, dont deux seulement sont bien conservées; les deux autres sont frustes; et on y voit à peine les hiéroglyphes dont elles ont été couvertes anciennement.

L'obélisque renversé paroît avoir été cassé; mais ce qu'on déchiffre de ses hiérogliphes fait juger qu'il offroit les mêmes figures, et dans le même ordre que celles de l'obélisque qui est debout.

Les deux côtés d'une pierre si dure, gâtés et effacés, font connoître la grande différence qu'il y a entre le climat d'Alexandrie, et celui de tout le reste de l'Egypte ; car ce n'est ni le feu, ni une main brutale qui a endommagé cette pierre. On voit clairement qu'il n'y a que l'injure du temps qui a rongé quelques-unes des figures, et qui en a effacé d'autres, quoiqu'elles fussent gravées assez profondément.

On a dit qu'au devant de l'obélisque, on trouve une grande quantité de divers marbres qui paroissent avoir été employés à quelque édifice superbe. Il est facile de juger que ce sont les débris du palais qui étoit situé dans l'endroit où l'on trouve cet obélisque. Ce n'est que parce qu'ils sont dans la mer, qu'ils restent là. L'accès en est trop difficile pour les en retirer et pour les emporter. Il n'en a pas été de même de ceux qui, en tombant, demeurèrent sur la terre. On en a enlevé une partie pour les transporter ailleurs, et le reste a été employé dans la nouvelle Alexandrie. Il n'y a donc pas lieu d'être surpris, si, au-delà, on ne trouve plus de ruines d'une matière si rare. On n'y apperçoit effectivement que des ouvrages de briques cuites au feu et très-dures.

Près de l'obélisque de Cléopâtre sont les deux églises de Saint-Marc et de Sainte-Catherine. Elles appartiennent aux chrétiens et sont maintenant desservies par des prêtres Grecs et des prêtres Coptes.

L'église de Saint-Marc, n'a rien de particulier qu'une vieille chaire de bois, qu'on fait passer pour celle dans laquelle prêchoit cet évangéliste. On peut assurer que ce saint est infiniment mieux logé dans son église à Venise, que dans celle d'Alexandrie.

Dans l'église de Sainte-Catherine, on montre, avec une grande vénération, un morceau de la colonne, sur laquelle on prétend que cette sainte eut la tête coupée ; et quelques taches rouges qu'on y fait remarquer, sont, dit-on, des gouttes de son sang.

Les grottes sépulcrales commencent dès l'endroit où les ruines de l'ancienne ville finissent. Elles suivent à une grande distance le long des bords de la mer. Toutes sont creusées dans le roc, quelquefois les unes sur les autres, quelquefois l'une à côté de l'autre, selon que la situation du terrain l'a permis. L'avarice, ou l'espérance d'y trouver quelque chose, les a fait ouvrir. Elles ne renferment donc rien. On peut juger aisément, par leur forme et par leur grand nombre, de l'usage auquel on les avoit destinées. En général, elles n'ont que la largeur qu'il faut pour contenir deux corps morts l'un à côté de l'autre. Leur longueur va tant soit peu au-delà de celle d'un homme ; et elles ont plus ou moins de hauteur, selon la disposition de la roche. La plus grande partie a été ouverte avec violence ; et ce qui en reste d'entier n'est orné, ni de sculpture, ni de peinture.

Ce qui fixe le plus l'attention des voyageurs, dit M. Savary, c'est la colonne de granit rouge, nommée improprement *Colonne de Pompée*, qu'on trouve près d'Alexandrie, à un quart de lieue de la porte du midi. Cette colonne ne doit pas être absolument un monument égyptien, quoique la matière dont elle est faite, ait été tiré des carrières du pays. Selon toute apparence, elle est la plus grande et la plus magnifique qu'ait produit l'ordre corinthien. Le fût et le tore supérieur sont d'un morceau de granit de quatre-vingt-dix pieds de long et de neuf de diamètre. Le chapiteau, formé d'un autre morceau de marbre, est à feuilles de palmier, unies et sans dentelures. Il a neuf pied de haut. Sa base est un carré d'environ vingt pieds sur chaque face. Ce bloc de marbre (1), de soixante pieds de circonférence, repose sur deux assises de pierres liées ensemble avec du plomb. Un arabe, dit on, ayant creusé sous ce fondement, y mit une boëte de poudre, afin de faire sauter la colonne en l'air, et de se rendre maître des trésors qu'il croyoit enterrés dessous. Son entreprise échoua. La mine s'éventa, et ne dérangea qu'un des côtés du fondement. On put découvrir alors quelles pierres on y avoit employées. Norden y a remarqué un morceau de marbre blanc oriental, tout chargé d'hiéroglyphes, très-bien conservés. Un autre grand morceau qui n'est pas sorti de sa place, et qui demeure cependant à découvert, est d'un marbre de Sicile, jaunâtre et taché de rouge. Il a également ses hiéroglyphes, mais très-endommagés.

La colonne entière a cent quatorze pieds

---

(1) Norden dit qu'il est d'une pierre grise qui approche du caillou pour la dureté et pour le grain.

de hauteur, elle est parfaitement bien polie. Rien n'égale la majesté de ce monument. De loin, il domine sur la ville, et sert de signal aux vaisseaux. De près, il cause un étonnement mêlé de respect. L'arabe Abufelda le nomme colonne de Sévère; et l'histoire nous apprend que ce prince visita l'Egypte, qu'il donna un sénat à la ville d'Alexandrie, et mérita bien de ses habitans.

A quatres lieues d'Alexandrie est le Bequiers, place qui ne fait point de commerce, et où l'on n'aborde que lorsque le vent ne permet pas de gagner le port de cette première ville, ou d'entrer dans le Nil. Le port du Bequiers est petit, mais excellent, et les vaisseaux de guerre y seroient en sûreté, même en hiver.

CHAPITRE VII.

Autres villes principales d'Egypte, Rosette, Damiette, le Caire.

La route d'Alexandrie à Rosette, court à travers un désert qui ne produit que le *kali*, ou le salicornin, l'herbe qui donne la sonde. Après une marche de six heures, on rencontre *la Madié,* où l'on passe un bac. Cette bourgade est l'ancienne Canope (1), et son nom en arabe signifie passage d'un lac ou d'un fleuve.

Après avoir passé le bac, on trouve un caravanserai, seul asyle contre les feux d'un ciel brûlant, pendant une marche de quatorze lieues. Au-delà s'étend une plaine stérile, où l'on n'aperçoit ni arbre, ni buisson, ni verdure. Les yeux y sont fatigués par un torrent de lumière; la peau est brûlée par l'ardeur du soleil. Onze colonnes, placées de distance en distance, servent à diriger le voyageur à travers ce désert, dont le vent fait mouvoir les monticules de sable, comme les vagues de l'océan. Le parti le plus sage est de faire cette route la nuit.

___

(1) L'agrément de la situation de Canope, son temple de Serapis, l'industrie de ses prêtres en firent un des plus fameux pélérinages de l'Egypte. On s'y rendoit en foule des provinces les plus éloignées, et sur-tout d'Alexandrie. La licence présidoit aux fêtes; le plaisir, plus encore que la religion, y conduisoit les adorateurs du dieu. Les prêtres n'étoient pas moins consultés comme médecins que comme interprètes de l'oracle.

On découvre, au point du jour, les palmiers et les sycomores qui couronnent les bords du Nil, et l'on arrive à Rosette, baigné de sueur et de rosée.

Rosette (1) est une des plus jolies villes d'Egypte. Elle s'étend sur la rive occidentale du Nil, et a près d'une lieue de long sur un quart de large. On n'y voit point de place remarquable, point de rues parfaitement alignées, mais toutes les maisons bâties en terrasse, bien percées, bien entretenues, ont un air d'élégance qui plaît. Leur intérieur renferme de vastes appartemens, où l'air se renouvelle sans cesse. Les jalousies et les toiles claires qu'on y tend, arrêtent les rayons du soleil, y entretiennent un jour doux, et tempèrent l'excès des chaleurs. Les seuls édifices publics qui se fassent re-

---

« (1) Ce n'est qu'à Rosette, appellée dans ce pays
« *Rachid*, que l'on entre vraiment en Egypte : on y
« quitte les sables qui sont l'attribut de l'Afrique, pour
« entrer sur un terrain noir, gras et léger, qui fait le
« caractère distinctif de l'Egypte. Alors aussi, pour la
« première fois, on voit les eaux de ce Nil, si fameux.
« Son lit encaissé dans deux rives à pic, ressemble assez
« bien à la Seine entre Auteuil et Passy. » (*Voyage de Volney.*)

marquer, sont les mosquées, accompagnées de hauts minarets, construits avec beaucoup de hardiesse et de légèreté. Ils produisent un effet pittoresque dans une ville où tous les toîts sont planes. La plupart des maisons ont la vue du Nil et du Delta, ce qui forme un magnifique spectacle. Le fleuve est toujours couvert de bâtimens qui montent et descendent à la rame et à la voile. Le Delta, cet immense jardin, où la terre ne se lasse jamais de produire, présente toute l'année des moissons, des légumes, etc. Il y naît diverses espèces de concombres et des fruits délicieux. La figue, l'orange, la banane y sont d'un goût exquis.

Au nord de la ville on trouve des jardins, où les citronniers, les orangers, les dattiers, les sycomores, sont plantés au hasard.

Le commerce fait la principale richesses des habitans de Rosette. Le transport des marchandises étrangères au Caire, et des productions de l'Egypte dans le port d'Alexandrie, occupe un grand nombre de mariniers.

Rosette est une habitation curieuse pour un européen. Il se voit transporté dans un autre univers. Dans la ville règne un vaste silence. Les chameaux y servent de voiture. Les habitans marchent posément, sans qu'aucun évènement puisse déranger leur gravité. Leur tête est chargée d'un lourd turban, ou ceinte d'un chale. Ils se coupent les cheveux et se laissent croître la barbe. La ceinture est commune aux deux sexes. Le citadin est armé d'un couteau, le soldat d'un damas et de deux pistolets. Les femmes du peuple, dont le vêtement consiste en une ample chemise bleue et un long caleçon, ont le visage couvert d'un morceau de toile percé vis-à-vis des yeux. Les femmes riches portent un grand voile blanc, avec un manteau de soie noire qui leur enveloppe tout le corps. Un étranger ose à peine les regarder. Ce seroit un crime que de leur adresser la parole. Mais ces masques n'empêchent ni leurs signes, ni leurs regards. Ce langage est en Egypte plus expressif, plus étendu, plus perfectionné qu'en Europe.

La campagne des environs de Rosette offre une surface immense, sans montagnes, sans collines, coupée de canaux innombrables et couverte de moissons. On y voit des sycomores touffus, dont le bois indestructible protége la cabane de terre, où le laboureur se retire l'hiver, car l'été, il dort sous l'ombrage. Les dattiers y sont rassemblés en forêts, ou épars dans la plaine et couronnés au sommet de grappes énormes, dont le fruit offre un aliment salutaire et sucré. On y trouve des cassiers dont les rameaux fléxibles se parent de fleurs jaunes, et portent une silique, connue dans la médecine (1); des orangers, des citronniers, que le ciseau n'a point mutilés, et qui forment des routes impénétrables aux rayons du soleil. Tels sont les principaux arbres que l'on rencontre dans le Delta. L'hiver ne les dépouille point. Ils sont parés toute l'année comme aux jours du printemps.

Le riz des environs de Rosette est connu sous le nom de *sultani*. Destiné à l'approvisionnement de Constantinople, des défenses rigoureuses en empêchent l'exportation chez l'étranger. C'est à Damiette que les provençaux vont chercher leurs chargemens.

---

(1) La casse d'Egypte est préférable à celle d'Amérique; mais comme elle est plus chère les droguistes la négligent. Les Egyptiens se purgent avec la fleur du cassier.

La ville de Rosette a des manufactures de toiles. Le lin du pays, long, doux, soyeux, feroit de très-beau linge, si on savoit l'employer; mais les fileuses d'Egypte sont peu habiles. Leur fil, fait au fuseau, est gros, dur, inégal. Les toiles que l'on blanchit à la rosée, servent pour la table ; les autres, teintes en bleu, sont employées à l'habillement du peuple.

A la distance de trente-une lieues de Rosette, est la ville moderne de Damiette, qu'il ne faut pas confondre avec l'ancienne, célèbre dans l'histoire de Saint-Louis, ou de Louis IX. Celle-ci étoit située à l'embouchure de la branche orientale du Nil. Les Arabes, fatigués de garder une place qui leur attiroit sur les bras les nations les plus belliqueuses de l'Europe, la renversèrent de fond en comble, et rebâtirent l'autre plus avant dans les terres, mais du même côté. Cette ville, plus grande que Rosette, et non moins agréable, s'arrondit en demi-cercle sur la rive du fleuve, à deux lieues et demie de son embouchure. On y compte quatre-vingt mille ames. Elle a plusieurs places. Les bazards sont remplis de marchands, qui font commerce des étoffes de l'Inde et des soies du Mont-Liban, etc. Les maisons, surtout celles qui bordent le fleuve, sont fort élevées. La plupart ont de jolis salons construits sur le haut des terrasses, d'où l'on voit d'un côté la mer qui borne l'horizon; de l'autre, le grand lac de *Menzalé*, et au milieu le Nil qui traverse de riches campagnes. Plusieurs grandes mosquées, ornées de hauts minarets, sont répandues dans la ville.

Une multitude de barques et de petits navires remplissent sans cesse le port, ou plutôt la rade de Damiette. Cette ville entretient un grand commerce avec la Syrie, Chypre et Marseille. Le riz *Mezellaoni*, le plus beau de l'Égypte, croît dans les plaines d'alentour. On en exporte pour près de six millions par an. Les autres objets de commerce, que produit le pays, sont les toiles, le sel ammoniac, le bled, etc. Une politique ruineuse a prohibé l'exportation de cette dernière denrée; mais on la fait passer pour du riz, et l'on enfreint ainsi la loi.

Depuis plusieurs siècles, les Chrétiens d'Alep et de Damas, établis à Damiette (1),

---

(1) Il y a un évêque Copte, suffragant de celui d'Alexandrie.

en font le principal négoce. Les Turcs contens de les préssurer de temps en temps, les laissent s'enrichir. L'exportation du riz est aussi défendue pour l'étranger; mais moyennant quelques arrangemens avec le douanier, les provençaux en chargent tous les ans plusieurs bâtimens. Mille vexations qu'il faut éviter, font de ce commerce une sorte de brigandage. Ce qui nuit davantage à celui de Damiette, est le défaut de port. La rade où les vaisseaux se tiennent étant ouverte à tous les vents, la moindre tempête qui s'élève, oblige les capitaines de couper leurs cables et de se réfugier à Chypre, ou de tenir la haute mer. Il seroit facile, en tirant un canal d'une demi-lieue seulement, d'ouvrir aux navires une entrée dans le Nil, dont les eaux sont profondes. Cet ouvrage peu dispendieux donneroit à Damiette un port superbe.

La langue de terre où cette ville est située, se trouve resserrée d'un côté par le fleuve, et de l'autre par l'extrémité occidentale du lac Menzalé. En conséquence, elle n'a que depuis deux milles, jusqu'à six de largeur, d'orient en occident. Des ruisseaux sans nombre la coupent en tout sens, et la rendent la partie la plus féconde de l'Egypte. Le sol y donne, année commune, quatre-vingts boisseaux de riz pour un. Les autres productions y croissent dans la même proportion. C'est-là sur-tout que la nature étalant avec profusion sa pompe et sa richesse, offre dans toutes les saisons, les fleurs, les fruits et les moissons. L'hiver ne la dépouille point de sa parure, l'été ne flétrit point son éclat. On n'y connoît ni les chaleurs dévorantes, ni les frimats glacés. Le thermomètre ne varie que neuf degrés au-dessus du point de congellation, jusqu'à vingt-quatre. Damiette doit cette heureuse température à l'immense quantité des eaux dont elle est environnée. Au grand Caire, le thermomètre monte de douze degrés plus haut.

Les villages sont fréquens autour de cette ville. La plupart possèdent des manufactures où l'on fabrique les plus belles toiles du pays. On y fait sur-tout des serviettes recherchées, aux extrémités desquelles pendent des franges de soie. Ces villages sont ordinairement entourés de petits bois, où les arbres plantés pêle-mêle, forment un assemblage pittoresque et bizarre.

Le lac de Menzalé dont on vient de parler, est appelé *Tanis* par les Arabes, à cause de la ville de ce nom. L'eau en est douce pendant l'inondation, mais elle devient salée, à mesure que le fleuve rentre dans son lit. Ce lac est rempli d'îles, qu'aucun voyageur moderne n'a visitées. On dit qu'elles sont couvertes de ruines, et peut-être y trouveroit-on des manuscrits et des monumens précieux.

Douze cents bateaux sont continuellement occupés à pêcher sur le Menzalé. Parmi les diverses espèces de poissons qu'il fournit, il s'en trouve d'excellens, tels que le *queïage*, le *gemal*, le *sourd*, la *sole*, et la *dorade*. La qualité des eaux leur donne une chair blanche, un goût fin et délicat. On en vend quantité de frais à Damiette et dans les villes voisines.

Le Menzalé ayant plusieurs communications avec le Nil et la Méditerranée, étant rempli de joncs, d'herbes et d'insectes, les poissons de mer et de rivière y affluent de toutes parts, et s'y multiplient à l'infini. Deux mille personnes y pêchent toute l'année; des milliers d'oiseaux s'y nourrissent, sans qu'on s'aperçoive d'aucune diminution.

La nature a tellement placé l'Egypte, que la terre et les eaux y sont d'une inconcevable fécondité.

Celles du Menzalé sont couvertes d'oies sauvages, de canards, de sarcelles, de plongeons et d'ibis. Ces derniers ont les pattes longues, le corps mince, alternativement blanc et noir, et le cou allongé. Ils vivent de poissons, de grenouilles et de reptiles. Le même lac nourrit aussi beaucoup de cormorans, de hérons gris, de hérons blancs, de bécassines dorées, de poules de riz, de grues, etc. Mais les oiseaux qui fixent le plus les regards sont, le cygne au plumage d'argent, naviguant avec orgueil sur la surface des ondes, le flamand aux ailes de couleur rouge et noire, et le superbe pélican. Celui-ci surpasse les autres par la majesté de son port et l'élévation de sa taille. Il le dispute au cygne même pour la blancheur du plumage. Lorsqu'il se promène au milieu de cette foule d'oiseaux, rassemblés sur le lac, il élève au-dessus d'eux sa tête couronnée d'une aigrette. La nature l'a pourvu d'un bec extrêmement fort, avec lequel il enlève les gros poissons. Les Arabes ont l'art de l'apprivoiser et de le dresser à la pêche.

Il est impossible de dépeindre la variété des couleurs, la diversité des cris des oiseaux dont les flots de ce lac sont couverts. On en voit à chaque instant des troupes immenses décrire de vastes circuits dans les airs, s'abaisser, peu à peu, et se poser sur les eaux. D'autres se lèvent par milliers, et fuient l'approche des pêcheurs. Ceux-ci nagent, entourés de leur nombreuse famille : ceux-là s'envolent, emportant dans leur bec la proie qu'ils ont saisie. Ce mouvement continuel, cette immense plaine liquide que sillonne un vent léger, ces îles dont la tête éclairée par le soleil se découvre dans le lointain, ces bateaux qui voguent de l'une à l'autre, ces rivages ombragés d'arbres, bordés de villages, et parés d'une verdure éternelle, tous ces objets réunis forment un spectacle dont l'œil est enchanté.

A la distance de quarante lieues de Damiette, et en remontant le Nil, on trouve le grand Caire, capitale actuelle de l'Egypte. Cette ville est située à un mille, et sur le côté oriental du fleuve d'où sort un canal qui la traverse. Elle est d'une grande étendue, ayant environ trois lieues de circonférence. Les rues en sont étroites, tortueuses et sans pavé. Ses maisons, comme dans la plupart des villes turques, sont mal construites; mais, contrairement à la coutume de l'orient, elles ont deux ou trois étages. La plupart sont bâties en terre et en briques mal cuites; les autres sont de pierre molle, tirée d'un mont voisin, le mont *Mokattam*. Au haut de chacune d'elles est une terrasse, aussi de pierres ou de briques. Toutes ressemblent à des prisons, car elles ne reçoivent pas le jour de la rue: il est trop dangereux d'y ouvrir des fenêtres dans cette contrée. Par cette même raison, on a la précaution de faire la porte d'entrée fort étroite. La lumière vient des cours intérieures, où les sycomores réfléchissent une verdure agréable à la vue. Une ouverture au nord, ou pratiquée au sommet du toît, procure un air rafraîchissant.

Quoique toutes les maisons du Caire soient mal distribuées, néanmoins on trouve dans celles des grands, de vastes salles où l'eau jaillit dans des bassins de marbre. Sur un pavé formé de marqueterie en couleur, de marbre et de fayence, sont étendus des nattes, des matelas, couverts de riches tapis sur lesquels on s'assied jambes croisées.

Autour du mur règne une espèce de sopha, chargé de coussins mobiles, propres à appuyer le dos, ou les coudes. A sept ou huit pieds de hauteur, est un rayon chargé de porcelaines de la Chine et du Japon. Les murs, d'ailleurs nus, sont bigarrés de sentences prises dans le coran, et d'arabesques en couleur, dont on charge aussi le portail des maisons des beys. Les fenêtres n'ont point de verres, ni de chassis mobiles, mais seulement un treillage à jour, fort coûteux.

La ville du grand Caire a été fondée par *Jauhar*, général de Moaz, issu des princes du Kirouan. Il lui donna le nom d'*el-Qâhera*, qui signifie la victorieuse, et dont nous avons fait le Caire. Jauhar y fit élever un palais pour loger le prince. La capitale de l'Egypte étoit auparavant *Fostat*, qui fut fondée la vingtième année de l'hégire, par le conquérant Amrou. Il la bâtit au lieu même où il avoit dressé son camp, avant d'aller assiéger Alexandrie. Le nom de *Fostat* signifie tente en arabe : on y ajouta celui de *Masr*, que Memphis portoit jadis, et que les Arabes ont toujours donné à la capitale de l'Egypte. Sa situation sur les bords du Nil et sur un canal qui communiquoit à la mer rouge, la rendit en peu de temps florissante. Elle avoit environ deux lieues de circuit, lorsque 500 ans après sa fondation, *Schaouar* la livra aux flammes, pour la soustraire à la domination des français. Cette époque fut le terme de sa puissance. Le grand Caire, devenu le séjour des souverains, reçut le sur-nom glorieux de *Masr*, et Fostat, celui d'*Elatik*, qui signifie l'ancien.

La situation du grand Caire n'est point aussi avantageuse que celle de Fostat. Son éloignement du Nil n'est pas le seul désagrément qu'on y éprouve : la chaîne stérile du Mokattam l'environne du côté de l'orient, et, lorsque le vent de nord ne souffle pas, elle réfléchit sur cette ville une chaleur étouffante. On y respire un air embrasé, et il faut attendre la nuit, pour y jouir de quelque fraîcheur.

Saladin fit construire sur le mont Mokattam un château qui subsiste encore, et autour duquel la ville du grand Caire forme un immense croissant. On ne peut de là distinguer les rues, à cause de leurs sinuosités ; on remarque seulement de grands vides, ou des places qui deviennent des lacs pendant la crue du Nil, et sont des jardins pendant tout le reste de l'année. Parmi les nombreuses mosquées dont la ville du Caire est remplie, et qui sont au nombre de près de trois cents, quelques-unes s'élèvent comme des citadelles. Telle est celle du sultan Hassan, grand édifice, surmonté d'un vaste dôme, et dont la façade est incrustée de marbres précieux. Presque toutes ces mosquées ont plusieurs minarets très-hauts. Ces espèces de clochers, construits avec beaucoup de légèreté, et entourés de galeries, varient agréablement l'uniformité d'une ville dont tous les toîts sont en terrasse. C'est de là que les crieurs publics invitent le peuple à prier aux heures prescrites par la loi, c'est-à-dire, au lever de l'aurore, à midi, à trois heures, au coucher du soleil, et environ deux heures après. Huit cents voix (1) se font entendre au même instant dans tous les quartiers de la ville, et rappellent à l'homme ses devoirs envers la Divinité.

---

(1) On sait que le bruit des cloches est odieux aux Turcs.

Le château du Caire, placé sur un rocher escarpé, et environné de murs très-épais, soutenus de grosses tours, étoit très-fort avant l'invention de la poudre. Mais comme il est commandé par la montagne voisine, il ne soutiendroit pas pendant deux heures, le feu d'une batterie qui y seroit établie. Il a plus d'un quart de lieue de circonférence. On y monte par deux chemins rapides et taillés dans le roc. C'est de ce fort, qu'avec six mauvaises pièces de canon tournées vers l'appartement du pacha, les beys le forcent à se retirer, aussitôt qu'ils lui en ont signifié l'ordre.

L'intérieur du château renferme les palais des sultans d'Egypte, presque ensevelis sous leurs ruines. Des dômes renversés, des morceaux de décombres, des dorures et des peintures, dont les couleurs ont bravé l'injure des temps, de superbes colonnes de marbre, encore debout, mais la plupart sans chapiteau, voilà ce qui reste de leur ancienne magnificence.

Un des monumens le plus curieux que l'on admire dans ce château, est le puits de Joseph, taillé dans le roc. Il a deux cent quatre-vingts pieds de profondeur, sur quarante-deux de circonférence. Deux coupes, qui ne sont pas perpendiculaires l'une à l'autre, le composent. Un escalier d'une pente extrêmement douce, règne à l'entour. La cloison qui le sépare du puits, est formée d'une portion du rocher, à laquelle on n'a laissé que six pouces d'épaisseur : des fenêtres qui y sont pratiquées de distance en distance, éclairent cette rampe. Arrivé au bas de la première coupe, on trouve une esplanade avec un bassin. C'est-là que des bœufs tournent une roue à chapelets de cruches de terre, qui fait monter l'eau du fond du premier puits. D'autres bœufs placés au haut, l'y élèvent de ce réservoir par le même mécanisme. Cette eau vient du Nil, et comme elle filtre à travers un sable imprégné de sel de nitre, elle est jaunâtre : aussi ne s'en sert-on pour boire qu'en cas de siége, ou de quelqu'autre nécessité. Ce puits est un ouvrage des Arabes; et les Egyptiens disent que c'est à Saladin qu'on en doit la construction.

Le pacha du Caire habite un grand bâtiment qui n'a rien de remarquable, et dont les fenêtres donnent sur la place nommée *Cara - Meïdan*. La salle d'audience, où le divan se tient trois fois par semaine, est aussi longue, mais moins large que celle du palais à Paris. Elle est teinte du sang des beys, massacrés autrefois par ordre de la Porte.

A l'extrémité du Cara-Maïdan est l'hôtel de la monnoie, où l'on fabrique une prodigieuse quantité de medins et de sequins. Ils sont frappés au coin du *Cheik el-Beled*, ou du bey gouverneur.

Le quartier des janissaires offre les ruines du palais de Saladin. On y voit le divan de Joseph, dont le dôme et une partie des murs sont tombés. Il y reste encore debout trente colonnes de granit rouge, dont le fût d'une seule pierre a près de quarante-cinq pieds de haut. Il paroît qu'elles ont été tirées d'anciens monumens.

Le grand Caire a été jusqu'au quinzième siècle, une ville des plus riches et des plus florissantes. Elle étoit l'entrepôt de l'Europe et de l'Asie. Son commerce s'étendoit du détroit de Gibraltar au fond de l'Inde. La découverte du Cap de Bonne-Espérance, et la conquête des Ottomans lui ont enlevé une grande partie de son éclat et de son opulence.

Le port du grand Caire est *Boulak*, ville

qui n'est éloignée de cette capitale que d'environ une demi-lieue. Elle renferme de superbes bains publics et des magasins. Le long de ses maisons on voit à l'ancre des milliers de bâteaux de toute forme et de toute grandeur. A une demi-lieue au nord-est de Boulak, est le château d'Hellé qui tombe en ruines, et qui vraisemblablement tire son nom d'Héliopolis, dont il est voisin. C'est-là que les beys entourés d'un brillant cortége, vont recevoir le nouveau pacha, pour le conduire en pompe à la prison d'où il viennent souvent de chasser son prédécesseur.

Quelques auteurs portent la population du Caire à sept cent mille ames. D'autres ne la font monter qu'à la moitié de ce nombre. Tous les calculs de cette sorte sont arbitraires en Turquie, parce qu'on n'y tient pas de registres des naissances, des mariages, ni des morts. Les Mahométans ont même des préjugés superstitieux contre le dénombrement du peuple.

Un étranger, à son arrivée au Caire, est frappé de l'air malheureux et déguenillé des habitans. Les Mamlouks, il est vrai, sont magnifiquement vêtus; mais l'étalage de leur luxe ne fait que rendre l'indigence du peuple plus frappante. Ils paroissent toujours à cheval, car nul qu'eux n'a le droit d'y monter en Egypte. Les autres vont à pied, ou sur des mulets ou des ânes. Il en est de même des étrangers ; ceux de distinction, obtiennent cependant quelquefois la permission d'aller à cheval.

Il y a au Caire, outre le cadi, un officier de police qui surveille les marchés publics, les poids et les mesures, etc. Si quelqu'un tombe en contravention, ses satellites savent rendre une prompte justice. Cet officier se promène souvent, tant de jour que de nuit, par la ville, et accompagné d'une cinquantaine de bourreaux. Comme il a droit de vie et de mort, sans être tenu à rendre compte de ses actions, sa présence impose un très-grand respect. Heureusement, on peut le voir venir de fort loin. Chacun alors a soin de se cacher, ou de se glisser dans une autre rue.

La vie, au grand Caire, est plus passive qu'active. Le corps, pendant neuf mois de l'année, est accablé sous le poids des chaleurs, et l'ame se ressent de cet état d'inertie. Le souhait le plus fréquent que l'on fait en s'abordant, en se quittant, est celui-ci : *La paix soit avec vous !*

Voici quel est le genre de vie d'un égyptien qui jouit de quelque aisance. Le matin, il se lève avec le soleil, il se purifie et fait sa prière. On lui présente ensuite et sa pipe et le café. Pendant qu'il reste mollement assis sur un sopha, des esclaves, les mains croisées sur la poitrine, se tiennent en silence à l'extrémité de l'appartement. Ses enfans sont là, et demeurent debout, à moins qu'il ne leur permette de s'asseoir. Après les avoir caressés gravement, il les bénit et les renvoie au harem.

Lorsque le déjeûner est fini, il se livre aux soins de son commerce ou de sa place. S'il survient des visites, il les reçoit sans beaucoup de complimens, mais d'une manière affectueuse : ses égaux vont s'asseoir auprès de lui, les jambes croisées : ses inférieurs se tiennent assis sur leurs talons : les personnes d'une haute distinction occupent un sopha élevé d'où elles dominent l'assemblée. Aussitôt que chacun est placé, les esclaves apportent les pipes, le café, et posent au milieu du salon une cassolette avec des parfums, dont la vapeur suave remplit l'appartement. Ils présentent ensuite les confitures et le sorbet. Le tabac dont on fait usage en Egypte vient de Syrie, et n'a point l'âcreté de celui d'Amérique. Pour le rendre plus agréable, on y mêle du bois d'aloès. Les pipes faites ordinairement de bois de jasmin, ont le bout garni d'ambre. Souvent on les enrichit de pierres précieuses, et comme elles sont extrêmement longues, la vapeur que l'on respire est douce.

Vers la fin d'une visite, un esclave tenant un plat d'argent où brûlent des essences, l'approche du visage des assistans, et chacun à son tour s'en parfume la barbe. On jette ensuite de l'eau rose sur la tête et les mains. Après cette dernière cérémonie, il est permis de se retirer.

Vers midi on dresse la table. Un grand plateau de cuivre étamé reçoit les plats. Leur variété ne se fait pas remarquer, mais les mets sont abondans. Au milieu s'élève une montagne de riz, cuit avec de la volaille et assaisonné de safran et de beaucoup d'épices. On place à l'entour des viandes hachées, des pigeons, des concombres farcis, des melons délicieux et des fruits. Le rôti est formé de viandes coupées en petits morceaux, embrochés, recouverts de la graisse de l'animal, et cuits sur des charbons. Ce rôti est tendre et succulent. Les convives s'asseient sur un tapis autour de la table. Un esclave donne à laver, cérémonie indispensable dans un pays où chacun porte la main au plat, dans un pays où l'usage des fourchettes est inconnu.

Après dîner, les Egyptiens se retirent dans le harem, où ils sommeillent pendant quelques heures au milieu de leurs enfans et de leurs femmes. C'est pour eux une grande volupté que d'avoir un lieu commode pour reposer : les pauvres qui n'ont ni sopha, ni harem, s'étendent sur la natte où ils ont dîné. Le soir on va se promener en bateau, ou respirer la fraîcheur sur les rives du Nil, à l'ombre des orangers et des sycomores. On soupe une heure après le coucher du soleil. Les tables sont servies de riz, de volailles, de légumes et de fruits. Ces alimens sont salutaires pendant les chaleurs. D'ailleurs, on mange peu en Egypte; la sobriété y est une vertu du climat.

La vieillesse est aussi respectée dans ce pays que dans tout l'orient. L'homme le plus âgé tient le sceptre dans sa famille.

et pour tout ce qui concerne l'intérieur, il se conduit suivant la loi des usages antiques.

Les enfans élevés dans l'appartement des femmes, ne descendent point dans le salon, sur-tout quand il s'y trouve des étrangers. Lorsque les jeunes gens y paroissent, ils gardent le silence. Les hommes faits peuvent se mêler à la conversation, mais dès que le *cheik* (le vieillard) parle, ils se taisent et écoutent attentivement. Une nombreuse postérité loge souvent sous un même toît. Chaque jour, les enfans et les petits enfans viennent payer à leur père ou leur aïeul, leur tribut de tendresse et de vénération. Le plaisir d'être toujours plus aimé et respecté, à mesure qu'il avance en âge, lui fait oublier qu'il vieillit. Il est gracieux, enjoué, et tandis que la jeunesse ne porte que des couleurs modestes, il se pare des plus éclatantes. Telle est la coutume de l'Egypte. Les jeunes gens dont les mœurs sont corrompus, osent seuls s'y revêtir d'habits brillans. Le vieillard égyptien, heureux au sein de sa famille, n'apperçoit point la mort qui vient le frapper, et il s'endort d'un sommeil éternel, au milieu des embrassemens de ses enfans.

Ceux-ci le pleurent long-temps. Chaque semaine ils vont jeter des fleurs sur sa tombe, et y réciter des hymnes funèbres. Les Egyptiens ont perdu l'usage d'embaumer les corps, mais ils ont conservé les sentimens qui lui donnèrent naissance. Ce peuple, dans son ignorance, montre du moins la simplicité des mœurs anciennes.

Le sort des femmes n'est pas aussi heureux en Egypte que celui des hommes. Condamnées en quelque sorte à la servitude, elles n'ont aucune influence dans les affaires publiques. Leur empire se borne aux murs du harem. Confinées au sein de la famille, le cercle de leur vie ne s'étend pas au-delà des occupations domestiques. L'éducation des enfans est leur premier devoir. Leur vœu le plus ardent est d'en avoir un grand nombre, parce que la considération publique et la tendresse de l'époux, sont attachées à la fécondité. Le pauvre même demande au ciel une nombreuse postérité ; et la femme stérile seroit inconsolable, si l'adoption ne la dédommageoit du tort de la nature. Selon le précepte du prophète, chaque mère donne la mamelle à l'enfant qu'elle a mis au jour. Lorsque les circonstances forcent d'appeller une nourrice, on ne la regarde point comme une étrangère. Elle devient membre de la famille, et passe ses jours au milieu des enfans qu'elle a allaités.

Le harem est le berceau et l'école de l'enfance. L'être qui vient de naître étendu, nu sur une natte, exposé à l'air pur dans un vaste appartement, respire sans gêne, et déploie à volonté ses membres délicats. Baigné tous les jours, élevé sous les yeux de sa mère, l'enfant croît avec vîtesse. Il est vrai qu'il acquiert peu de connoissances. Son éducation se borne souvent à savoir lire et écrire ; mais il jouit d'une santé robuste ; mais la crainte de la divinité, le respect pour la vieillesse, la piété filiale, l'amour de l'hospitalité, restent profondément gravés dans son cœur.

Les filles sont élevées de la même manière. On les laisse nues, ou simplement couvertes d'une chemise jusqu'à l'âge de six ans. Les habits qu'elles portent le reste de leur vie, permettent à tout le corps de prendre sa véritable structure. Rien n'est plus rare en Egypte que de voir des enfans cacochymes et des personnes contrefaites. C'est dans les contrées orientales que l'homme s'élève dans toute la majesté, et que la femme déploie tous les charmes de son sexe.

Les femmes ne s'occupent pas seulement de l'éducation des enfans, tous les soins domestiques sont de leur ressort. Elles ne croient point s'avilir en apprêtant de leurs mains, leur nourriture et celle de leur époux. Soumises à la coutume dont les lois immuables gouvernent l'Orient, elles ne font point société avec les hommes, pas même à table. Lorsque les grands ont envie de dîner avec quelqu'une de leurs épouses, ils la font avertir. Elle dispose son appartement, le parfume d'essences précieuses, prépare les mets les plus délicats, et reçoit son seigneur avec le respect et les attentions les plus recherchées. Les femmes du peuple restent ordinairement debout ou assises dans un coin de la chambre, tandis que leur mari dîne. Souvent elles lui présentent à laver et le servent à table.

Les soins domestiques laissent cependant aux Egyptiennes bien des momens de loisir. Elles les emploient, au milieu de leurs esclaves, à broder ou à tourner le fuseau. Le travail a ses intermèdes, et la joie n'est point bannie de l'intérieur du harem. La nourrice raconte les histoires du temps passé. On chante des airs tendres ou gais, que les asclaves accompagnent du tambour de basque ou des castagnettes. Les *almés* (1) viennent quelque fois égayer la scène par leurs danses et leurs accens touchans. On sert une collation où les parfums et les fruits exquis sont prodigués. Les femmes Égyptiennes ne sont pas entièrement prisonnières. Une ou

---

(1) Ce sont des femmes qui forment une société célèbre dans le pays. Pour en être membre, il faut avoir une belle voix, bien posséder sa langue, connoître les règles de la poésie (les vers arabes ont la quantité des latins, avec la mesure variée et la rime des français), et pouvoir, sur-le-champ, composer et chanter des couplets adaptés aux circonstances. Il n'est point de fêtes sans les almés. On les place dans une tribune d'où elles chantent pendant le repas. Elles descendent ensuite dans le salon et y exécutent des danses, des pantomimes, par lesquelles elles représentent des actions de la vie commune. Les mystères de l'amour leur en fournissent ordinairement le sujet. La souplesse de leur corps est inconcevable, et l'on est étonné de la mobilité de leurs traits. Souvent l'indécence de leurs attitudes est portée à l'excès. Au commencement de la danse, elles quittent, avec leurs voiles, la pudeur de leur sexe. Une robe longue de soie très-légère, que serre mollement

deux fois par semaine, elles vont au bain ou visiter leurs parens et leurs amies. Elles se traitent d'une manière affectueuse dans leurs visites. Des esclaves présentent le café, le sorbet, des confitures et des fruits. La fille de la maison, tenant une aiguière remplie d'eau rose, avec un plat d'argent, donne à laver. Le bois d'Aloès brûle dans une cassolette et parfume l'appartement. Après la collation, les esclaves dansent au bruit

---

une riche ceinture, descend sur leurs talons. De longs cheveux noirs, tressés et parfumés, tombent sur leurs épaules. Une chemise transparante, comme la gaze, voile à peine leur sein. A mesure qu'elles se mettent en mouvement, les formes, les contours de leur corps semblent se détacher successivement.

Les almés assistent aux cérémonies de mariage, et marchent devant la mariée en jouant des instrumens. Elles figurent aussi dans les enterremens, et accompagnent le convoi, en chantant des airs funèbres. Ces femmes se font payer fort cher, et ne vont guère que chez les gens riches.

Le peuple a aussi ses almés. Ce sont des filles du second ordre qui tachent d'imiter les premières. Elles n'ont ni leur élégance, ni leurs grâces, ni leurs connoissances. Les places publiques et les promenades qui entourent le Caire en sont remplies. La licence de leurs gestes et de leurs attitudes est extrême.

des cimbales, et souvent les dames se mêlent à leurs jeux. Pendant tout le temps qu'une étrangère est dans le harem, il est défendu au mari d'en approcher. C'est l'asyle de l'hospitalité, et il ne pourroit le violer sans occasionner des suites funestes. Les femmes turques vont aussi sous la garde des eunuques, se promener sur le Nil. Leurs bateaux renferment de jolis appartemens, richement décorés. On les reconnoît aux jalousies abaissées sur les fenêtres, et à la musique qui les accompagne. Lorsque ces dames ne peuvent sortir, elles tâchent d'égayer leur prison. Vers le coucher du soleil, elles montent sur la terrasse et prennent le frais au milieu des fleurs qu'on y entretient avec soin. Souvent elles s'y baignent et jouissent à-la-fois de la fraîcheur de l'eau, d'un air pur et du parfum des fleurs odoriférantes. Les Turcs, pour empêcher qu'on ne voie leurs femmes du haut des minarets, obligent les crieurs publics de jurer qu'ils fermeront les yeux, en annonçant la prière. Souvent ils choisissent des aveugles pour remplir cette fonction.

Les jours de bain sont des jours de fêtes pour les Egyptiennes. Elles se parent magnifiquement pour s'y rendre, et sous voile et ce manteau qui les dérobent aux regards du public, elles portent les étoffes les plus riches. Leur coquetterie s'étend jusqu'à leurs caleçons. L'été, ils sont faits de mousseline brodée ; l'hiver, d'étoffes tissues en or et en soie. Les dames égyptiennes mènent avec elles au bain, des esclaves accoutumées à les servir. Tous les raffinemens du luxe sont épuisés pour leur toilette, et, lorsqu'elle est finie, elles restent dans l'appartement extérieur, où elles passent le jour dans les plaisirs.

La première pièce que l'on trouve en entrant dans un bain, est une grande salle qui s'élève en forme de rotonde. Elle est ouverte au sommet, afin que l'air pur y circule librement. Une large estrade couverte d'un tapis, et divisée en compartimens, règne à l'entour ; c'est là qu'on dépose ses vêtemens.

Quand on est deshabillé, on se ceint les reins d'une serviette, on prend des sandales, et l'on entre dans une allée étroite, où la chaleur commence à se faire sentir. La porte se referme. A vingt pas, on en ouvre une seconde, et l'on suit une allée qui forme un angle droit avec la première. La chaleur augmente. Ceux qui craignent un degré plus fort, s'arrêtent dans une salle de marbre, qui précède le bain proprement dit. Ce bain est un appartement spacieux, pavé, revêtu de marbre et voûté. Quatre cabinets l'environnent. La vapeur sans cesse renaissante d'une fontaine et d'un bassin d'eau chaude, s'y mêle aux parfums qu'on y brûle. On se couche sur un drap étendu, la tête appuyée sur un petit coussin, et l'on prend librement toutes les postures qui conviennent.

Lorsque l'on a reposé quelque temps et qu'une douce moiteur s'est répandue dans tout le corps, un serviteur vient, vous presse mollement, vous retourne, et quand les membres sont devenus souples et fléxibles, il fait craquer les jointures sans effort. Il masse, c'est-à-dire, il touche la chair d'une manière délicate, et semble la pîtrir, sans que l'on éprouve la plus légère douleur.

Cette opération finie, il s'arme d'un gant d'étoffe, et frotte long-temps. Pendant ce travail, il détache du corps que la sueur inonde, des espèces d'écailles, et enlève jusqu'aux saletés imperceptibles qui bouchent les pores. On passe ensuite dans un cabinet, où le même serviteur verse sur la tête de l'écume de savon parfumé et se retire. Ce cabinet offre deux bassins avec deux robinets, l'un pour l'eau froide, l'autre pour l'eau chaude. On s'y lave soi-même. Bientôt le serviteur revient avec une pomade épilatoire qui produit son effet en un instant. Les hommes et les femmes en font un usage général en Egypte.

Quand on est bien lavé, bien purifié, on s'enveloppe de linges chauds, et l'on suit le guide à travers les détours qui conduisent à l'appartement extérieur. Ce passage insensible du chaud au froid, empêche qu'on ne soit incommodé par une transition trop brusque. Arrivé sur l'estrade, on trouve un lit préparé. On y est à peine couché, qu'un enfant vient presser de ses doigts délicats toutes les parties du corps, afin de les sécher parfaitement. Il rape légèrement avec la pierre-ponce les calus des pieds, il apporte la pipe et le café moka.

Sorti d'une étuve où l'on étoit environné d'un brouillard humide et chaud, où la sueur ruisseloit de tous les membres, pour passer avec précaution dans un appartement spacieux et ouvert à l'air extérieur, la poitrine se dilate et l'on respire avec volupté. Le sang circule avec facilité, et l'on se trouve dégagé d'un poids énorme. On sent un bien-être universel, on éprouve une souplesse, une légèreté jusqu'alors inconnues. Il semble que l'on vient de naître et que l'on vit pour la première fois. Un sentiment vif de l'existence pénètre jusqu'aux extrémités du corps, et même passe à l'ame qu'il flatte agréablement.

C'est au bain que l'on négocie la plupart des mariages. Les parentes d'un jeune homme, ordinairement prennent soin de le pourvoir. Ayant vu au bain la plupart des filles de la ville, elles lui en font le portrait au naturel. Lorsque son choix est fixé, on parle d'alliance au beau-père de la future, on règle la dot et l'on fait des présens. Les premiers arrangemens terminés, les parentes et les amies de la jeune vierge la conduisent au bain, et la journée se passe en festins, en danses, en chansons. Le lendemain, les mêmes personnes se rendent chez la future, et l'arrachent comme par violence des bras de sa mère, pour la conduire en triomphe à la maison de l'époux. C'est ordinairement le soir que la marche commence. Des baladins la précèdent. De nombreux esclaves étalent aux yeux du peuple, les effets, les meubles, les bijoux destinés à l'usage de la mariée. Des troupes de danseuses s'avancent en cadence au son des instrumens. Des matrones richemens vêtues marchent gravement. La jeune fiancée paroît sous un dais magnifique, porté par quatre esclaves. Sa mère et ses sœurs la soutiennent; un voile d'or enrichi de perles et de diamans la couvre entièrement. Une longue suite de flambeaux éclaire le cortége qui prend toujours la route la plus longue. Des chœurs d'almés chantent des couplets à la louange des nouveaux époux.

Lorsqu'on est arrivé à la maison du mari, les femmes montent au premier étage, où elles aperçoivent à travers les jalousies d'une galerie tout ce qui se passe en bas. Les hommes, rassemblés dans une salle, ne se mêlent point avec elles. Ils y passent une partie de la nuit, en festins, à boire le sorbet, à entendre de la musique. Les danseuses descendent dans cette salle. Elles y quittent leurs voiles et font briller leur légèreté et leur adresse. Lorsque les danses sont finies, les almés commencent une sorte d'épithalame. Pendant tout ce temps, on fait passer plusieurs fois la mariée devant son époux, toujours sous des habits nouveaux pour montrer sa grâce et sa richesse. Enfin, quand l'assemblée est retirée, le mari entre dans la chambre nuptiale; le voile se lève, et il voit sa femme pour la première fois. Si c'est une fille, il faut que les preuves de la virginité paroissent, autrement l'époux est en droit de la renvoyer le lendemain à ses parens; et c'est le plus grand déshonneur que puisse recevoir une famille. Aussi, il n'y a point de pays sur la terre où les jeunes filles soient gardées avec plus de soin.

Telles sont les cérémonies du mariage parmi les Egyptiens, et le pauvre comme le riche, les observe scrupuleusement. La fille de l'artisan est conduite de la même manière à son époux. Toute la différence consiste dans l'appareil qui l'entoure.

Les Coptes ont à-peu-près les mêmes usages; mais ils ont coutume de fiancer de jeunes filles de six ou sept ans. Un anneau, qu'ils leur passent au doigt, est le signe de cette alliance; et souvent ils obtiennent des parens la permission de les élever chez eux, jusqu'à ce qu'elle soient nubiles. La répudiation, les bains, la conduite pompeuse de la mariée, sont aussi d'usage chez ces Chrétiens schismatiques : mais ils ne peuvent avoir qu'une femme à-la-fois.

Lorsqu'un mari veut se séparer de la sienne, chez les Egyptiens comme chez tous les Mahométans, il fait venir le juge, et déclare en sa présence qu'il la répudie. Après cette formalité, il a quatre mois de délai, pendant lesquels la réconciliation peut avoir lieu. Passé ce terme, la femme devient libre et peut former de nouveaux nœuds. Ces quatre mois de grace expirés, le mari lui remet la dot portée dans le contrat de mariage, et les biens qu'il en a reçus. S'ils ont des enfans, il retient les garçons et la mère emmène ses filles. Les femmes ne sont point asservies à un esclavage éternel. Lorsqu'elles ont des causes graves de séparation, elles implorent la protection des lois et brisent leurs chaînes. Elles perdent, dans cette occasion leur dot, et les richesses qu'elles ont fait entrer dans la maison de leur époux.

CHAPITRE VIII.

Pyramides.

On sait que les pyramides ont été mises autrefois au nombre des sept merveilles du monde. Les auteurs anciens diffèrent extrêmement sur leur hauteur. Hérodote porte celle de la plus élevée à huit *plehra*, ou 800 pieds. Selon Strabon, elle est d'un stade, ou de 625 pieds. Diodore lui donne plus de six *plehera*, ou de 600 pieds, et Pline, 783. Ce dernier auteur dit que trois cent soixante mille hommes ont été employés pendant vingt ans à la construire. Hérodote assure que cent mille hommes y travailloient constamment, et qu'on les changeoit tous les trois mois. La dépense en oignons, en poireaux etc., pour la nourriture des ouvriers, se monta à la somme de 1,600 talens. On peut calculer de-là, quelle fut celle de tout l'ouvrage. Pline observe que, par un sort bien mérité, le nom (1) des princes qui

---

(1) Volney prétend avec Hérodote que la plus grande doit être attribuée à *Cheops*, et qu'elle fut construite

ont élevé de tels monumens de leur orgueil, est enseveli dans l'oubli.

La même différence existe dans les calculs des auteurs modernes, sur les dimensions de la grande pyramide, que dans ceux des auteurs anciens. Forcé de nous en rapporter à quelqu'un, nous allons, dans la description suivante, prendre Norden (1) pour guide. Le mérite de ce voyageur est connu.

On ne voit de pyramides que depuis le Caire jusqu'à Maïdoun. Ces immenses bâ-

---

vers les années 140 et 160 de la fondation du temple de Salomon, c'est-à-dire, 850 ans avant l'ère chrétienne.

« Je ne connois rien de plus propre à figurer les pyra-
« mides (continue le même auteur) que l'hôtel des In-
« valides à Paris. La longueur du bâtiment étant de
« 600 pieds, égale précisément la base de la grande
« pyramide ; mais, pour s'en figurer la hauteur et la
« solidité, il faut supposer que la face mentionnée s'é-
« lève en un triangle dont la pointe excède la hauteur
« du dôme, des deux tiers de ce dôme même (il a trois
« cents pieds) : de plus que la même face doit se ré-
« péter sur quatre côtés en carré, et que tout le massif
« qui en résulte, est plein, et n'offre à l'extérieur qu'un
« talus immense et disposé par gradins. »

(1) Frédéric-Louis Norden, capitaine des vaisseaux du roi de Dannemarck, visita l'Egypte, par ordre de ce prince.

timens ne sont point fondés dans des plaines, mais sur le roc, au pied des hautes montagnes qui accompagnent le Nil dans son cours et qui font la séparation entre l'Egypte et la Lybie. Ils ont été tous élevés dans la même intention, c'est-à-dire, pour servir de sépulture ; mais leur architecture tant intérieure qu'extérieure, est bien différente, soit pour la distribution, la matière, la grandeur. Quelques-unes des pyramides sont ouvertes, d'autres ruinées ; et la plus grande partie est fermée ; mais il n'en est point qui n'ait été plus ou moins endommagée.

On conçoit aisément qu'elles n'ont pu être élevées dans le même temps. La prodigieuse quantité de matériaux que chacune d'elle exigeoit, en fait absolument sentir l'impossibilité. La perfection avec laquelle les dernières sont construites, l'indiquent pareillement, car elles surpassent de beaucoup les premières en grandeur et en magnificence. Tout ce qu'on peut avancer de plus positif, c'est que leur construction est de l'antiquité la plus reculée, et qu'elle remonte même au-delà des temps des plus anciens historiens dont les écrits nous aient été transmis.

Il paroît probable que l'origine des pyramides a précédé celle des hiéroglyphes; car les Egyptiens les prodiguoient sur tous les édifices de quelque importance, et l'on n'en apperçoit aucun, ni au dedans, ni au dehors des pyramides, pas même sur les ruines des temples de la seconde et de la troisième. Il règne, dans le peuple qui habite aujourd'hui l'Egypte, une tradition qui veut qu'il y ait eu anciennement dans ce pays des géans (1); et que ce furent eux qui élevèrent sans beaucoup de peine, les pyramides, les vastes palais et les temples dont les restes causent aujourd'hui notre admiration.

Cette fable ne mérite guère d'être réfutée; mais, pour détruire absolument ce qu'on pourroit objecter en sa faveur, il suffit d'observer que si ce pays avoit été autrefois peuplé de géans, les entrées des grottes d'où l'on a tiré les pierres pour les pyramides auroient dû être plus grandes qu'elles ne le sont; que les portes des édifices, dont il s'agit, portes qui subsistent encore de nos

---

(1) On a vu au chap. II, que les anciens Egyptiens prétendoient avoir été gouvernés par les héros et les dieux. Ces deux fables ont peut-être la même source.

jours, auroient dû pareillement avoir plus de hauteur et de largeur, et que les canaux des pyramides, si étroits, qu'à peine un homme de la taille ordinaire peut s'y traîner, couché sur le ventre, n'auroient été nullement propres pour des hommes d'une stature telle qu'on la suppose. D'ailleurs, rien ne nous donne une plus juste idée de la taille des hommes de ce temps-là, que l'urne ou le sarcophage qu'on voit dans la dernière pyramide qui est aussi la plus grande et la plus proche du Caire. Elle détermine la mesure du corps du prince pour qui cette pyramide a été batie; et les canaux font connoître que les ouvriers n'ont pas été plus grands que lui, puisque l'entrée et la sortie suffisent à peine pour donner passage à des hommes de la taille de ceux d'aujourd'hui.

Les principales pyramides sont à l'est-sud-est de Gizé, village situé sur la rive occidentale du Nil. Plusieurs auteurs ayant prétendu que la ville de Memphis avoit été bâtie dans cet endroit, cela est cause qu'elles sont communément appelées *pyramides de Memphis*.

Il y en a quatre qui méritent toute l'attention des curieux. On en voit sept à huit autres, aux environs, mais elles ne sont rien en comparaison des premières, surtout depuis qu'elles ont été ouvertes, et peu s'en faut, entièrement ruinées. Les quatre principales sont presque sur une même ligne diagonale, et distantes l'une de l'autre d'environ quatre cents pas. Leurs quatre faces répondent aux quatre points cardinaux, le nord, le sud, l'est et l'ouest.

Les deux pyramides septentrionales sont les plus grandes, et ont 900 pieds de hauteur perpendiculaire. Les deux autres sont bien moindres; mais elles offrent quelques particularités qui sont cause qu'on les examine et qu'on les admire.

La plus septentrionale de ces grandes pyramides, est la seule qui soit ouverte. Il est bon d'observer que la forme pyramidale est la plus solide qu'il soit possible de donner à un corps de bâtiment. Il n'y a pas moyen de le ruiner, si on ne commence par le dessus. La base est trop ferme pour l'attaquer par-là; et quiconque l'entreprendroit, y trouveroit autant de peine qu'il en a coûté pour l'élever.

Il faut être bien près de la première pyramide septentrionale, pour pouvoir discerner l'étendue de cette masse énorme. Elle est ainsi que les autres, tant grandes que petites, sans fondemens artificiels. La nature les lui fournit par le moyen du roc qui en lui-même est assez fort, pour supporter ce poids, qui véritablement est immense.

L'extérieur de la pyramide est, pour la plus grande partie, construit de grandes pierres carrées, taillées dans le roc qui est le long du Nil, et dans lequel on voit encore aujourd'hui, les grottes dont elles ont été tirées. La grandeur de ces quartiers n'est pas égale, mais ils ont tous la figure d'un prisme. L'architecte les a fait tailler de la sorte, pour être mis l'un sur l'autre, et comme collés ensemble. On diroit que chaque rang doit former un degré autour de la pyramide. Mais il n'en est pas ainsi en effet. L'architecte a seulement observé la figure pyramidale, sans s'embarrasser de la régularité des degrés.

Ces pierres ne sont pas, à beaucoup près, aussi dures qu'on pourroit se l'imaginer, quoiqu'elles aient subsisté si long-temps. Elles doivent proprement leur conservation au climat où elles se trouvent, climat qui n'est pas sujet à des pluies fréquentes (1). Malgré cet avantage, on observe principalement du côté du Nord, qu'elles sont vermoulues. Leurs diverses assises extérieures, ne sont jointes que par le propre poids des pierres, sans chaux, sans plomb, et sans ancres d'aucun métal. Mais, quant au corps de la pyramide, qui est rempli de pierres irrégulières, on a été obligé d'y employer un mortier mêlé de chaux, de terre et d'argile. On le remarque clairement à l'entrée du second canal de cette première pyramide, qu'on a forcé pour l'ouvrir.

On n'aperçoit pas la moindre marque qui prouve qu'elle ait été revêtue de marbre. Certains voyageurs l'avoient conjecturé, en voyant le sommet de la seconde pyramide revêtu de granit. Leur conjecture paroît d'autant plus dénuée de fondement, qu'on

―――――

(1) Les pyramides sont élevées sur une plaine de roc que l'art a achevé de niveler. Cette plaine peut avoir quatre-vingts pieds d'élévation perpendiculaire au-dessus de l'horizon des terres, qui sont toujours inondées par le Nil, qui ne monte jamais jusqu'à cette hauteur. Quoiqu'elle soit un roc continuel, elle est couverte d'un sable volant que le vent y apporte des hautes montagnes des environs, et dans lequel on trouve quantité de coquillages et d'huîtres pétrifiées.

ne trouve pas aux degrés le moindre reste du granit ou du marbre, et qu'il n'auroit pas été possible de l'enlever, de manière qu'il n'en demeurât rien. Il est vrai qu'autour de cette pyramide et autour des autres, on apperçoit quantité de petits morceaux de granit et de marbre blanc : mais cela ne prouve pas que les pyramides en aient été revêtues. On avoit employé ces sortes de matériaux au dedans, et à des temples qui étoient au dehors. Ainsi, il est naturel de présumer que ces restes viennent plutôt du travail des pierres pour les employer, ou de la ruine des temples, que des marbres qu'on auroit détachés par force du revêtement des pyramides.

Celle dont il est maintenant question, se trouve à trois lieues de chemin du vieux Caire. Pour y aller, lorsque le Nil est bas, on prend une barque à l'île de Rouada, et l'on va jusqu'à Gizé. On fait le reste du chemin par terre, et la distance n'est que d'un coup de fusil. Mais quand l'inondation du Nil est montée à son plus haut degré, on peut aller par eau du vieux Caire même jusqu'au roc, sur lequel sont bâtis ces grands monumens.

L'entrée de la première pyramide septentrionale, est du côté du nord. A ses quatre angles on reconnoît aisément, que les pierres les plus basses sont les premières pierres angulaires et fondamentales ; mais delà jusqu'au milieu de chaque face, le vent a formé un glacis de sable qui, du côté du nord, monte si haut, qu'il donne la facilité de parvenir commodément jusqu'à l'entrée de l'édifice.

Cette entrée, de même que celles de toutes les autres, a été pratiquée sous la doucine du bâtiment, environ à quarante-huit pieds au-dessus de l'horizon, et un peu plus à l'est qu'à l'ouest. Pour la découvrir, on a coupé jusqu'à la pente de la pyramide.

L'architrave du premier canal, qui commence à cette ouverture, semble promettre un portail ; mais après avoir fait couper, sans trouver par derrière que des pierres semblables à celles dont on s'est servi pour bâtir la pyramide, on a renoncé au dessein de chercher une autre ouverture que celle qu'on avoit déja découverte.

Cette ouverture conduit successivement à cinq canaux différens qui, quoique courant en haut, en bas, et horisontalement, vont pourtant tous vers le midi, et aboutissent à deux chambres, l'une au-dessous et l'autre au milieu de la pyramide.

Tous ces canaux, à l'exception du quatrième, sont presque de même grandeur, savoir de trois pieds et demi en carré. Ils sont aussi tous d'une même fabrique, et revêtus des quatre côtés, de grandes pierres de marbre blanc, tellement polies, qu'ils seroient impraticables, sans l'artifice dont on s'est servi ; et même quoiqu'on y trouve présentement, de pas en pas, des petits trous coupés pour y assurer les pieds, il en coûte encore assez de peine pour y avancer : celui qui fait un faux pas, peut compter qu'il retournera à reculons malgré lui, jusqu'à l'endroit d'où il est parti.

On prétend que tous ces canaux ont été fermés et remplis de grandes pierres carrées, qu'on y avoit fait glisser après que tout l'ouvrage avoit été achevé. Ce qu'il y a de bien certain, c'est que le bout du deuxième canal a été fermé ; car on voit encore deux grands carreaux de marbre, qui lui ôtent la communication avec le premier canal. Mais, à dire vrai, il n'est pas assez grand à l'entrée pour y faire passer un homme, et encore moins pour y faire glisser une aussi grande quantité de grosses pierres, nécessaires pour boucher les autres canaux.

Quand on a passé les deux premiers, on rencontre un reposoir qui, à main droite, a une ouverture pour un petit canal ou puits, dans lequel, à l'exception d'un autre petit reposoir, on ne rencontre que des chauve-souris. Après y avoir essuyé beaucoup d'incommodités, on a le désagrément de ne point voir sa dernière sortie, à cause du sable qui la bouche.

Du premier reposoir dont on vient de parler, le premier canal mène à une chambre d'une grandeur médiocre, remplie à moitié de pierres, qu'on a tirées de la muraille à droite, pour y ouvrir un autre canal, qui aboutit près de-là à une niche. Cette chambre a une voûte en dos d'âne, et est par-tout revêtue de granit, autrefois parfaitement poli, mais aujourd'hui extrêmement noirci par la fumée des flambeaux dont on se sert pour visiter ce lieu.

Après être retourné par le même chemin, on grimpe jusqu'au quatrième canal, pourvu de banquettes de chaque côté. Il est très-haut, et sa voûte est aussi presque en dos d'âne.

Le cinquième canal conduit jusqu'à la chambre supérieure ; et à moitié chemin, on rencontre un petit appartement un peu plus élevé que le canal, mais qui n'est pas plus large. Il a de chaque côté une incision pratiquée dans la pierre, apparemment pour y faire couler celles destinées à fermer l'entrée de la chambre qui, comme la précédente, est revêtue et couverte de grand morceaux de granit.

On trouve au côté gauche, une grande urne, ou pour mieux dire, un sarcophage de granit, qui a simplement la figure d'un parallélepipède, sans aucun ornement d'ailleurs. Tout ce qu'on en peut dire, c'est que cette pièce est fort bien creusée, et qu'elle sonne comme une cloche, quand on la frappe avec une clef.

Au nord du sarcophage on apperçoit un trou assez profond, fait depuis que le bâtiment de la pyramide est achevé. La raison n'en est pas connue. Il est à présumer, cependant, qu'il y avoit au-dessous quelque cavité, car il semble que le pavé est tombé de lui même, après que le fondement de la chambre aura été enfoncé.

Il n'y a pas autre chose à voir dans cette

chambre, si ce n'est deux forts petits canaux, l'un du côté du septentrion, l'autre du côté du midi. On ne détermine ni leur usage ni leur profondeur, parce qu'ils sont bouchés de pierres et d'autres choses que les curieux y ont jetées, pour tâcher de connoître jusqu'où ils vont.

Les trois autres grandes pyramides, comme on l'a remarqué ci-dessus, sont situées presque sur la même ligne que la précédente, et peuvent être à cinq à six cents pas l'une de l'autre.

Celle qui est la plus proche de la première, et qu'on appelle communément la seconde, paroît plus haute que cette première; mais cela vient du fondement qui se trouve plus élevé; car, d'ailleurs, elles sont toutes deux de la même grandeur. Elles sont aussi entièrement semblables et ne diffèrent guère entr'elles, qu'en ce que la seconde est si bien fermée, qu'on n'y apperçoit pas le moindre indice qui témoigne qu'elle ait été ouverte. Son sommet est revêtu des quatre côtés de granit, si bien joint et si bien poli, que l'homme le plus hardi n'entreprendroit pas d'y monter. On voit, il est vrai, çà et là des incisions dans les pierres;

mais comme elles ne sont pas pratiquées à des distances égales, et ne continuent pas assez haut, c'en est assez pour faire perdre l'envie qu'on auroit d'essayer d'escalader cette seconde pyramide.

Du côté de l'orient, on voit les ruines d'un temple dont les pierres sont d'une grandeur prodigieuse; et, du côté de l'occident, à trente pieds environ de profondeur, il y a un canal creusé dans le roc sur lequel pose la pyramide; ce qui fait connoître qu'il a fallu baisser le roc d'autant, pour former la plaine.

La troisième pyramide est moins haute de cent pieds que les deux premières; mais elle leur ressemble entièrement pour la construction. Elle est fermée comme la seconde, et elle est sans revêtement. On trouve au nord-est quantité de grandes pierres; mais il est à croire qu'elles ont plutôt servi au temple qu'à la pyramide. Ce temple, situé du côté oriental, comme le premier, est plus reconnoissable dans ses ruines. Les pierres en sont aussi d'une grandeur prodigieuse; et l'on s'apperçoit que l'entrée étoit du côté de l'orient.

Quant à la quatrième pyramide, elle est

encore de cent pieds moindre que la troisième. Elle est aussi sans revêtement, fermée et semblable aux autres, mais sans temple, comme la première. Elle a pourtant une chose digne de remarque : son sommet est terminé par une seule et grande pierre qui semble avoir servi de piédestal. Du reste elle se trouve située hors la ligne des autres, étant un peu plus à l'ouest.

Ces quatre grandes pyramides sont environnées de quantité d'autres plus petites, et qui, pour la plupart, ont été ouvertes. Il y en a trois, à l'orient de la première, et deux d'entr'elles sont ruinées, de manière qu'on n'y connoît pas même la chambre. A l'occident de la première, on en trouve un grand nombre d'autres, mais toutes aussi ruinées.

Vis-à-vis de la seconde pyramide, il y en a cinq à six, qui ont aussi été toutes ouvertes, et dans une, on voit un puits carré de trente pieds de profondeur. Toutes les autres sont remplies de sable et de pierres.

Environ à trois cents pas, à l'orient de la seconde pyramide, on remarque la tête colossale du fameux Sphynx.

On découvre aussi aux environs des pyramides, des grottes sépulcrales ; et sur quelques-unes d'entr'elles, on voit des hiéroglyphes qui prouvent que ces sépultures n'ont été pratiquées, que long-temps après la fondation de ces premiers édifices. Elles sont toutes ouvertes et dépouillées de ce qu'on leur avoit confié. Norden en visita plusieurs, mais il n'y vit que la moitié d'une petite idole, ouvrage de poterie, et telle que celles qu'on trouve encore aujourd'hui en grande quantité, aux environs des pyramides voisines de Sakara, dans le quartier qu'on appelle la *Terre des Momies*.

Pour aller voir les pyramides de même que les autres antiquités de l'Egypte, on choisit ordinairement la saison de l'hiver, c'est-à-dire, depuis le mois de novembre, jusqu'à la mi-avril. La campagne se trouve alors desséchée de toutes parts, au lieu qu'en été, l'inondation du Nil rend inaccessible la plus grande partie de ces antiquités, parce qu'on manque de petits bateaux commodes pour aller où l'on voudroit.

Une autre raison rend encore une telle visite difficile et même périlleuse pendant l'été. Les Arabes, dans cette saison, descendent des montagnes, afin de camper le long du Nil; et comme la justice n'a pas alors la facilité de les approcher, ils ne se font pas scrupule de dépouiller les étrangers.

Quand on entreprend, en hiver, d'aller visiter les pyramides, on s'attache à se former une compagnie, tant pour faire cette promenade avec plus d'agrément, que pour être en état de mieux observer toutes choses. Si on part du Caire, on fait ce voyage en un jour ou deux.

Avant d'arriver au terme, on passe par un petit village près duquel il y a ordinairement un camp d'Arabes. On en prend deux avec soi, qui aient la connoissance des pyramides.

Quand on se trouve à l'ouverture de la première, on tire quelques coups de pistolets pour en chasser les chauve-souris, après quoi on fait entrer les deux arabes, afin d'écarter le sable qui bouche presque entièrement le passage.

Ces préambules nécessaires, une fois terminés, on a la précaution de se déshabiller entièrement, et l'on ôte jusqu'à la chemise, à cause de l'excessive chaleur qui règne dans la pyramide. On entre en cet état dans le canal, et chacun tient une bougie à la main; car on n'allume point les flambeaux que l'on ne soit dans les chambres, de crainte de causer trop de fumée.

Lorsqu'on est parvenu à l'extrémité du canal, où le passage est forcé, on trouve une ouverture qui a, à peine, un pied et demi de hauteur et deux pieds de largeur. C'est cependant par là qu'il faut passer, et on le fait en rampant. Le voyageur se couche ordinairement par terre. Les deux arabes qui ont pris les devants, saisissent chacun une de ses jambes, et l'entraînent ainsi par ce passage difficile, à travers le sable et la poussière. Heureusement il n'est que de deux aunes de longueur : autrement ce trajet seroit insupportable pour quelqu'un qui n'y seroit pas accoutumé.

Après qu'on a passé ce détroit, on rencontre une grande place, où ordinairement on prend haleine, en usant de quelques rafraîchissemens, ce qui donne le courage de pénétrer dans le second canal.

Ces canaux, comme on l'a déja dit, sont très-glissans; mais, de pas en pas, on y a taillé des trous ronds qui font qu'on avance assez commodément, quoique toujours courbé.

Au bout du second canal, il y a un reposoir, à la droite duquel est l'ouverture qui donne l'issue dans le puits, non par le moyen de quelques dégrés, mais par un tuyau perpendiculaire, qu'on descend à-peu-près comme un ramoneur dans une cheminée.

A l'extrémité du reposoir commence le troisième canal qui conduit à la chambre inférieure. Il court horizontalement et en ligne droite. On rencontre au-devant de cette chambre, quelques pierres dont le chemin est embarrassé ; mais on surmonte cette difficulté, quoiqu'avec un peu de peine.

Tout l'intérieur de la chambre est pareillement couvert de pierres. Quiconque prétendroit examiner le chemin d'où on les a tirées, s'exposeroit presque à la même cérémonie que celle qui se fait en passant du premier canal au second : car c'est un passage forcé, étroit et peu fréquenté. Il n'y a que très-peu de personnes qui aient la curiosité d'y entrer, d'autant plus qu'on sait que ce chemin ne va pas loin, et qu'il n'y a rien à y voir qu'une niche.

Lorsqu'on a fait la visite de la chambre inférieure, on retourne sur ses pas, le long du canal horizontal, pour gagner le reposoir qui prive le quatrième canal de son angle aigu, par lequel il touchoit au second, ce qui oblige de monter, en s'accrochant avec les pieds à quelques entailles, faites de chaque côté du mur. C'est de cette manière que l'on gagne ce quatrième canal, qui va en montant. On s'y glisse en rampant; car, quoiqu'il ait vingt-deux pieds de hauteur, et des banquettes de chaque côté, il est cependant si roide et si poli, que si l'on vient à manquer les trous creusés pour faciliter la montée, on retourne à reculons jusqu'au reposoir.

Cela fait, on s'arrête un moment au bout du canal, où l'on rencontre une petite plate-forme. Il faut ensuite recommencer à grimper; cependant, comme on trouve d'abord une nouvelle ouverture, où l'on peut se tenir debout, on oublie bientôt la peine qu'on a éprouvée au commencement, pour contempler cette espèce d'entre-sol qui n'est que d'une palme plus large que les canaux, mais qui s'élargit ensuite des deux côtés; et enfin en se baissant pour la dernière fois, on passe le reste du cinquième canal qui conduit, en ligne horizontale, au salon supérieur, dont on a donné la description.

Quand on est dans ce salon, on tire ordinairement quelques coups de pistolets, pour se procurer le plaisir d'entendre un bruit pareil à celui du tonnère ; et comme on perd alors l'espérance de rien découvrir au-delà de ce que les autres ont déja remarqué, on reprend le chemin par où l'on est venu, et l'on s'en retourne de la même manière, et avec la même peine.

Dès qu'on est sorti de la pyramide, on s'habille, on se couvre bien, et on boit un bon verre de liqueur, ce qui préserve de la pleurésie, que le changement subit d'un air extrêmement chaud à un air plus tempéré, pourroit causer. Ensuite, et quand on a repris sa chaleur naturelle, on monte sur la pyramide, afin de contempler delà le paysage des environs, qui charme la vue. On aperçoit, sur le revêtement de l'édifice, ainsi qu'à l'entrée et dans les chambres, le nom de quantité de personnes qui en différens temps ont visité ce monument, et qui ont voulu transmettre à la postérité, le souvenir de leur voyage.

Après avoir bien vu cette première pyramide, on la quitte pour s'approcher de la seconde que l'on a bientôt examinée, parce qu'elle n'est pas ouverte. On y contemple les ruines du temple, qu'elle a du côté de l'orient ; et delà, descendant insensiblement au sphynx, on admire sa grandeur énorme (1), en concevant une sorte d'indignation contre ceux qui ont eu la brutalité de maltraiter étrangement son nez. On visite de même les autres pyramides, tant grandes que petites, ainsi que les grottes du voisinage.

Ponts Antiques.

Si l'on veut examiner encore quelques autres objets dignes de curiosité, on n'a qu'à s'approcher des deux ponts antiques, situés à l'est-quart-nord de Gizé, et au nord-quart-ouest des pyramides. Ils sont élevés dans une plaine, tous les ans inondée par le Nil, et éloignés d'environ une demi-lieue

---

(1) Le Sphynx est aujourd'hui tellement enfoncé dans le sable, que l'échine seule du dos est visible. Elle a dix pieds six pouces de hauteur, et la longueur de toute la superficie est de près de dix-huit pieds. Il y avoit autrefois un grand nombre de sphynx dans plusieurs parties de l'Egypte. On en voit encore quelques-uns.

des montagnes. Ils se trouvent aussi à égale distance de la première pyramide.

Le premier de ces ponts s'étend nord et sud, et le second, est et ouest. On n'en connoît point aujourd'hui l'usage. Leur situation, dans une campagne qui n'est pas plus exposée aux eaux que les autres plaines, donne quelque surprise ; et il n'est pas possible d'imaginer la cause de leur fondation, à moins que de supposer qu'il y a eu autrefois un calisch dans ce lieu.

Leur fabrique et les inscriptions qu'on y lit, témoignent que ce sont des ouvrages des Sarrasins. Celui qui va du nord au sud a six arches, sur deux cent quarante-un pieds de longueur, et vingt pieds quatre pouces de largeur. Leur hauteur au-dessus de l'horison, est de vingt-deux pieds. Ils sont faits de grandes pierres de taille très-molles.

Ces deux ponts, distants l'un de l'autre de quatre cents pas, se joignent par une muraille de briques, en façon de digue, et qui reprend à l'extrémité de chaque pont, mais n'aboutit à rien.

Pyramides de Dagjour.

Les pyramides de Dagjour finissent auprès de Maïdoun, où se trouve la plus méridionale de toutes. Plus on en est éloigné, plus elle frappe la vue ; mais quand on en approche de près, elle ne paroît pas de grande importance, n'étant bâtie que de grandes briques cuites au soleil. C'est par cette raison que les Arabes et les Turcs l'appellent communément la *fausse pyramide*. On la découvre de fort loin, et d'autant plus distinctement, qu'elle n'est pas si près des montagnes, ni dans le voisinage des autres pyramides. Elle est élevée sur une petite colline de sable. Ses quatre côtés sont égaux et descendent en pente jusqu'à l'horizon, en forme de glacis. Elle a trois à quatre degrés, dont le plus bas peut avoir vingt pieds de hauteur perpendiculaire.

Cette pyramide n'a point été ouverte. Elle sera, sans doute, à jamais à l'abri de toute insulte, parce qu'elle n'a que très-peu d'apparence. Sa destruction engageroit, en outre, à trop de dépenses et de hasards.

Parmi les autres pyramides de Dagjour, dont la plus grande partie est située près de Sakarra, il n'y en a que deux qui méritent quelque attention : car les autres ne sont pas bien grandes. L'une de celles-là a été ouverte ; mais comme on peut considérer, plus commodément et avec plus de sûreté, l'intérieur de la grande pyramide voisine du Caire, il y a peu de voyageurs qui s'exposent à aller visiter celles de Sakarra. On y en compte une vingtaine, tant grandes que petites, et qui ne présentent pas un désagréable aspect.

Ces pyramides sont toutes situées au pied des montagnes. Il semble que la nature ait, à dessein, ménagé dans cet endroit une plaine pour leur emplacement. En effet, on n'en trouve point dans toute l'Egypte de pareille. Non-seulement elle est fort vaste, mais elle est encore si élevée au-dessus de l'horizon ordinaire, que le Nil ne l'inonde jamais. « Quand on en considère bien la
« situation, dit Norden, on se persuade
« aisément, que c'est à-peu-près l'endroit
« où étoit bâtie l'ancienne ville de Memphis ;
« et j'oserois presque conjecturer, « conti-
« nue-t-il », que les pyramides dont il s'agit,

« étoient comprises dans l'enceinte de cette
« capitale. »

Quoiqu'il en soit, les pyramides de Dagjour ne diffèrent point de celles qui sont vis-à-vis du Caire. Elles ont cependant souffert davantage, puisqu'elles se trouvent beaucoup plus endommagées, ce qui fait présumer qu'elles sont plus anciennes. Il y en a deux qui ne le cèdent point en grandeur aux premières ; mais leur fabrique n'est ni si propre ni si bien entendue. Quelques-unes sont bâties perpendiculairement et comme par degrés, ou par étages. Il ne seroit pas néanmoins possible d'y monter, parce que chacun de ces degrés, ou étages, est de trente à quarante pieds de hauteur.

L'Egypte renferme aussi les ruines de Thèbes et de plusieurs autres villes, mais leur description n'offre, en général, que peu d'intérêt.

CHAPITRE IX ET DERNIER.

Ville et isthme de Suez. Commerce actuel de l'Egypte.

La ville de Suez, célèbre par sa position sur la côte septentrionale de la mer Rouge, est cependant dans un état de ruine absolue. Placée au milieu d'une espèce de désert, il faut y faire venir toutes les choses nécessaires à la vie, et même l'eau. La seule source qui en donne de potable, dans les environs, est à trois heures de marche sur le rivage d'Arabie. De plus, elle est si saumâtre qu'il n'y a qu'un mélange de rhum qui puisse la rendre supportable à des Européens. La mer pourroit fournir quantité de poissons et de coquillages ; mais les Arabes pêchent peu et mal. Aussi, lorsque les vaisseaux sont partis, ne reste-t-il à Suez, que le Mamlouk qui en est gouverneur, et douze ou quinze personnes qui forment sa maison.

Du haut des terrasses de cette ville, la vue s'étend au loin sur la plaine sablonense du nord et de l'ouest, sur les rochers blanchâtres de l'Arabie à l'est, ou enfin sur la mer et le Mont Mokattam, dans le sud. De près, on n'aperçoit qu'une plaine d'eau verdâtre, ou des sables jaunes, sans un brin d'herbe, sans un seul arbre.

La forteresse de Suez est une masure sans défense que les Arabes regardent comme une citadelle, à cause de deux canons de quatre livres de balle, et de deux canonniers grecs qui tirent en détournant la tête. Le port est un mauvais quai, où les plus petits bateaux ne peuvent aborder que dans la haute marée. C'est là néanmoins qu'on prend les marchandises pour les conduire à travers les bancs de sable, aux vaisseaux qui mouillent dans la rade. Cette rade située à une lieue de la ville, en est séparée par une plage découverte au temps du reflux. Elle n'a aucune protection, en sorte qu'on y attaqueroit impunément les vaisseaux qui s'y trouvent, et qui eux-mêmes sont sans défense.

On a déja dit que le commerce de l'Egypte avec l'Arabie et l'Inde se fait par la voie de Suez, et par des caravannes.

On s'est long-temps occupé en Europe de la question de savoir, s'il ne seroit pas possible de couper l'isthme qui sépare la mer Rouge de la Méditerranée, afin que les vaisseaux pussent se rendre dans l'Inde par une route plus courte que celle du cap de Bonne-Espérance.

Il est vrai, dit Volney, que l'espace qui sépare les deux mers n'est pas de plus de dix-huit à dix-neuf lieues communes; que ce terrain n'est point traversé par des montagnes, et qu'ainsi ce n'est point la différence des niveaux qui s'oppose à la jonction. Le grand obstacle est que, dans toute la partie où la mer Rouge et la Méditerranée se répondent, le rivage, de part et d'autre, est un sol sabloneux et bas, où les eaux forment des lacs et des marais, semés de grèves, ensorte que les vaisseaux ne peuvent approcher de la côte, qu'à une très-grande distance. Comment donc pratiquer dans des sables mouvans un canal durable ? Enfin la plage manque de port, et le terrain d'eau douce, que, pour une grande population du moins, il faudroit tirer de fort loin, c'est-à-dire, du Nil.

Le meilleur et le seul moyen de jonction, est celui qu'on a déja pratiqué plusieurs fois avec succès. Il consiste à faire communiquer les deux mers par l'intermède du fleuve même, et le terrain si prête sans effort. (1)

L'Egypte renferme dans son sein la source des vraies richesses. Elle abonde en grains

---

(1) Voyez pour tous les détails le voyage en Syrie et en Egypte par le citoyen Volney.

avec lesquels elle nourrit l'Arabie, la Syrie, et une partie de l'Archipel. Elle envoie son riz dans toute la Méditerranée et jusqu'à Marseille. Les provençaux chargent tous les ans dans ses ports, plusieurs bâtimens de fleur de chartame. On transporte son sel ammoniac dans toute l'Europe. Elle produit la soude en abondance. Son superbe lin est très-recherché des Italiens. Ses toiles teintes en bleu, servent à vêtir une partie des peuples voisins. Tous ces objets, nés sur son territoire, lui attirent encore l'argent des nations qui commercent avec elle. Les Abyssins lui apportent en tribut, de la poudre d'or, des dents d'éléphans, et des substances précieuses, qu'elle échange contre ses productions. Les draps, le plomb, les armes et quelques galons de Lyon que la France lui envoie, ne suffisent pas pour payer les divers articles que celle-ci reçoit en retour ; et elle acquitte le reste avec des piastres de Constantinople. La vaisselle de cuivre et les pelleteries que les Turcs débarquent dans le port d'Alexandrie, ne balancent pas le blé, le riz, les lentilles, le café, les parfums qu'ils y chargent ; et la plus grande partie se paie en argent. En un mot, excepté Moka et la Mecque, où les Égyptiens laissent chaque année beaucoup de sequins, tous ceux qui trafiquent avec eux, leur portent de l'or et de l'argent. Ces métaux précieux sont encore en si grande quantité dans le pays, qu'Aly-Bey, en fuyant dans la Syrie, emporta quatre-vingts millions, et qu'Ismael-Bey, qui, quelques années après, se sauva du même côté, chargea cinquante chameaux de sequins, de pataques (pièces qui valent six livres), de perles et de pierreries.

L'Égypte, sous un bon gouvernement, offriroit d'autres ressources encore. Quels draps on fabriqueroit avec la belle laine de ses brebis! quelles toiles avec son superbe lin! quelles mousselines avec les deux espèces de coton qui y croissent, l'un annuel, l'autre vivace! quelles étoffes avec la soie qu'il seroit si aisé d'introduire dans un pays où les vers qui la produisent, prospéreroient au dernier point, sous un ciel sans pluies et sans orages! Quelle affluence de biens ne se procureroit-on pas, en creusant les canaux, en rétablissant les digues, en rendant à l'agriculture le tiers des terres ensevelies sous les sables? Avec quel succès ne fouilleroit-on pas ses mines d'émeraudes, fameuses par leur dureté presque égale à celle du diamant ? Le granit, le porphire et l'albâtre, qui se trouvent dans plusieurs de ses montagnes, formeroient aussi une branche précieuse de commerce. Avec quelle utilité la teinture emploieroit son indigo, son chartame, et les substances colorantes répandues dans ses déserts. Une sage administration la feroit jouir de tous les trésors que la nature lui a prodigués. L'état brillant auquel étoit parvenu son commerce, doit donner une grande opinion de ce qu'il peut devenir encore.

LA SYRIE.

CHAPITRE I.er

Description géographique de la Syrie ancienne et moderne.

En sortant de l'Egypte par l'isthme qui sépare l'Afrique de l'Asie, l'isthme de Suez, et en suivant le rivage de la Méditerranée, on entre dans une seconde province des Turcs, connue parmi nous, sous le nom de Syrie, mais qui n'est point celui que les habitans lui donnent. Ils l'appellent *Barr-el-Cham*, pays de la gauche; et par là, ils désignent tout l'espace compris entre deux lignes tirées, l'une d'Alexandrie à l'Euphrate, l'autre de gaze dans le désert d'Arabie, ayant pour bornes à l'est ce même désert, et à l'ouest, la Méditerranée.

La Syrie ancienne s'étendoit de la Cilicie et du Mont-Amanus, à l'Arabie et l'Egypte, et se trouvoit comprise entre la Méditerranée et l'Euphrate. Elle étoit divisée en cinq parties, le royaume de Comagène, la Séleucide, ou la Syrie proprement dite, la Cœlé-Syrie, la Phénicie, et la Palestine ou la Judée.

Le royaume de Comagène avoit pour capitale *Samosata*, ville située sur l'Euphrate et patrie de Lucien. Au-dessous étoit celle de *Zeugma*, où Alexandre fit passer le fleuve à son armée.

La Séleucide ou la Syrie propre, avoit pour capitale Antioche, ville située sur l'Oronte. Près de cette ville étoient le délicieux village et le bosquet de Daphné, où il y avoit un fameux temple d'Apollon. A l'embouchure de l'Oronte est l'île de Mélibée, célèbre par sa pourpre. Sur le rivage de la mer, étoit bâtie *Seleucis* ou *Pieria*, au pied du Mont-*Pierius*. Au nord de cette ville étoit le Mont-*Rhosus*.

A l'est de là, se trouvoit, à la distance de quatre-vingt dix milles de la mer, et à cent de l'Euphrate, la ville de *Berea*, maintenant Alep. Vers la même direction étoit aussi *Bambyceae* ou *Hierapolis*, ville fameuse par le temple de la déesse *Atargatis* ou *Mabog*, qui avoit la figure d'une femme et la queue d'un poisson, et que les Grecs

nommoient *Derceto*. Vers la source de l'O-
ronte, étoient *Emesa*, la ville d'Heliogabale,
Laodicée, Héliopolis, maintenant Balbek,
ville fameuse par un temple du Soleil, dont
les ruines, toujours existantes, témoignent
de sa magnificence. Cette contrée étoit
nommée Laodicène, et ordinairement on
la comprend dans la Cœlé-Syrie.

La Cœlé-Syrie (la Syrie creuse) étoit renfermée entre deux montagnes parallèles,
le Liban et l'nnti-Liban. La ville principale
de ce pays, est actuellement Damas, sur la
rivière *Abana* ou *Chrysorrhoas*, qui sort
du Mont-Hermon.

Entre l'Oronte et l'Euphrate, à la distance d'environ cent soixante et dix milles
au nord-est de Damas, et au milieu d'un
désert de sable, étoit Palmyre ou *Thadmour*,
la ville de Zénobie. Toute la contrée qui
en dépendoit, étoit en conséquence appelée
Palmyrnée.

La Phénicie renfermoit les villes de Tyr
et de Sidon, fameuses par leur commerce,
au nord desquelles est aujourd'hui Tripoli.

La Palestine ou la Judée, nommée dans
l'Ecriture, terre de Canaan, terre d'Israël,
terre de Juda, fut divisée de différentes

manières en différens temps. Elle forma d'abord douze tribus, puis deux royaumes, ceux de Juda et d'Israël; et enfin, sous les Romains, différens districts, c'est-à-dire, ceux de Galilée, de Samarie, de Judée, et le *Regio trans Jordanem*, le pays à l'est du Jourdain. Ce fleuve, ou plutôt cette rivière, tire son nom de la ville de Dan, qui étoit située près de sa source, à peu de distance du Mont-Liban. Il est assez profond, et va droit au sud. Le Jourdain reçoit d'abord les eaux du petit lac de *Saccochonites*, puis de celui de *Genesareth* ou de *Tibérias*, qui a douze milles de long et huit de large. Après un cours d'environ cent cinquante milles, il se jete dans le lac *Asphaltite* (1), nom que celui-ci tire de la

---

(1) Ce lac ne contient rien de vivant, ni qui ait végétation. On ne voit ni verdure sur ses bords, ni poissons dans ses eaux; mais il est faux que son air soit empesté au point que les oiseaux ne puissent le traverser impunément. La seule cause de l'absence des animaux et des végétaux, est la salure âcre de ses eaux, infiniment plus forte que celle de la mer. Au reste, elles sont limpides et incorruptibles comme il convient à une dissolution de sel. L'origine de ce minéral n'y est pas

qualité sulphureuse de ses eaux, et qu'on nomme aussi *mer morte*, à cause de leur immobilité.

La Galilée renfermoit *Cana*, *Chorazim*, *Capharnaum*, *Jezrael*, *Tibérias*, le Mont-*Gilboa*, *Bethléem*, *Nazareth*, près du Mont-*Thabor*, *Naim*, *Zabulon*, et *Acc*, *Acco* ou *Ptolemais*, maintenant *Saint-Jean d'Acre*, ville située près du Mont-Carmel, et fameuse du temps des croisades. Elle a un port.

La contrée de Samarie avoit pour capitale

---

equivoque; car il y a aussi des mines de sel gemme, sur le rivage du sud-ouest de ce lac. On trouve aussi sur ce même rivage, des morceaux de bitume et de souffre dont les Arabes font un petit commerce; des fontaines chaudes et des crevasses profondes, qui s'annoncent de loin par de petites pyramides que l'on a bâties sur leur bord. On y rencontre encore une espèce de pierre qui exhale, en la frottant, une odeur infecte, brûle comme le bitume, se polit comme l'albâtre, et sert à paver les cours. Enfin l'on y voit, d'espace en espace, des blocs informes, que des yeux prévenus prennent pour des statues mutilées, et que les pèlerins ignorans et superstitieux regardent comme un monument de l'aventure de la femme de Loth, quoiqu'il ne soit pas dit que cette femme fût changée en pierre, mais en sel. (*Volney*)

la ville de même nom. Son port de mer principal étoit Césarée, appelée *Turris Stratonis*, jusqu'au temps d'Hérode. Au sud de celle-ci, se trouvoit Joppé, où selon la fable, Andromède fut exposée à un monstre marin, dont Persée la délivra.

La Judée avoit pour capitale Jérusalem, qui étoit bâtie sur quatre montagnes, celles de *Sion*, *d'Acra*, de *Moriah*, et de *Bezetha*, ou de *Kainopolis*. Sur le Moriah étoit le superbe temple qui servoit aussi de forteresse. Une triple muraille entouroit la ville. Elle étoit assez mal fournie d'eau. La principale source ou fontaine se nommoit *Siloah* ou *Gihon*. La ville actuelle de Jérusalem est bâtie sur les ruines de Kainopolis, et son enceinte est très-petite, en comparaison de ce qu'elle étoit autrefois.

Jérusalem avoit à l'est *Jéricho*, *Bethel*, *Gilgal*, *Ephraim*, et au sud, *Hébron*, *Mamre*, etc.

Le pays des Philistins s'étendoit le long des côtes de la mer. Ses villes principales étoient *Gaza*, *Gath*, *Ascalon*, *Asotus*, ou *Asdod*, et *Ekron*.

Le pays à l'est du Jourdain, pays appelé maintenant *Bérœa*, et anciennement *Giléad*, étoit en général, aride et nu. Il se divisoit en plusieurs districts, parmi lesquels on distinguoit ceux des Ammonites et des Moabites. Une confédération de dix villes, situées dans cette contrée, recevoit le nom de *Décapolis*.

Le pays au sud de la mer morte, étoit l'Idumée : une partie de son territoire est ordinairement comprise dans celui de l'Arabie.

La *Syrie moderne* est divisée en cinq gouvernemens, ou pachalics. Chacun d'eux tire son nom de celui de la ville où réside le pacha. Cette division fut établie par Sélim I.er qui enleva la Syrie aux Mamlouks ; mais les limites des pachalics ont varié souvent, quoique leur étendue générale ait été toujours à peu près la même. Ces pachalics sont celui d'*Alep*, celui de *Tripoli*, celui de *Saïde* ou d'*Acre*, celui de *Damas*, et enfin celui de la Palestine, dont le siége a été tantôt à *Gaze*, tantôt à Jérusalem.

La ville d'*Alep* est située au milieu d'une plaine immense qui s'étend de l'Oronte à l'Euphrate. On suppose qu'elle contient 200,000 habitans ; mais quelques auteurs réduisent ce nombre à moitié. Elle est une des plus agréables de la Syrie, et peut-être, la plus propre et la mieux bâtie de tout l'empire. Au centre de cette ville, est une montagne factice environnée d'un fossé sec, et couronnée d'une forteresse en ruines, qui ne résisteroit pas au moindre coup de main. Sa muraille mince, basse et sans appui, est écroulée. Ses petites tours à l'antique, ne sont pas en meilleur état. Cette forteresse n'a pas quatre canons de service. 350 janissaires qui devroient la garder sont à leurs boutiques, et l'aga, qui est un commandant particulier, trouve à peine de quoi loger ses gens. De plus, le terrain des environs d'Alep a des élévations, qui, dans un siége, rendroient les approches très-faciles.

Cette ville est fort commerçante, et envoie des caravannes à Bagdad et en Perse. Elle communique avec le golfe Persique et l'Inde, par Bassora, avec l'Egypte et la Mecque, par Damas, avec l'Europe, par Alexandrie, qui est son port, et qui en est éloigné de vingt-huit lieues. Ce port est sur le golfe d'Ajazzo, à l'extrémité de la Méditerranée. On a entendu parler des pigeons d'Alep, qui servoient de couriers pour

Alexandrette et Bagdad. Pour faire usage de cette espèce de poste, on prenoit des couples qui eussent des petits ; on les portoit au lieu d'où l'on vouloit qu'ils revinssent, avec l'attention de leur laisser la vue libre. Lorsque les nouvelles arrivoient, le correspondant attachoit un billet à la patte des pigeons, et il les lâchoit. Ces oiseaux impatiens de revoir leurs petits, partoient comme l'éclair, et arrivoient en dix heures d'Alexandrette et en deux jours de Bagdad. Le retour leur étoit d'autant plus facile, qu'ils pouvoient découvrir Alep à une distance infinie.

Le commerce de cette ville se fait presque tout par échange. Il consiste en étoffes de soie, en étoffes de poil de chèvre, en coton filé et en laine, en toiles de coton, en maroquin, en peaux de chagrin, en cire, bourre, cendres, mais principalement en noix de galle et en Valanède. On en tire aussi des soies de Perse, des indiennes d'Ispahan, des laines de chevreau rousses et noires, des toiles, des mousselines, des diamans qui viennent des Indes, du savon, des drogues pour la médecine et la peinture, qui viennent de la Tartarie, du séné, des plumes d'autruche, du baume blanc, qui viennent d'Arabie. Les Français ont à Alep un consul et sept comptoirs ; les Anglais et les Vénitiens en ont deux ; les Livournois et les Hollandais, un. L'empereur y a établi un consulat en 1784. L'air d'Alep est très-sec et très-vif, mais en même temps, très-salubre, pour quiconque n'a pas la poitrine affectée. Les habitans de cette ville et des environs, sont cependant sujets à une maladie singulière, que l'on appele dartre ou bouton d'Alep. En effet, c'est un bouton qui, d'abord inflammatoire, devient ensuite un ulcère de la largeur de l'ongle. La durée fixe de cet ulcère, est d'un an. Il se place ordinairement au visage et laisse une cicatrice qui défigure la plupart des habitans d'Alep. On prétend que tout étranger qui réside trois mois dans cette ville, en est attaquée. Il n'y a point de remède à ce mal, dont on ne connoît pas non plus la cause.

L'air d'Alexandrette est d'une extrême insalubrité.

Antioche qui est renfermée dans le même pachalic, ne consiste maintenant que dans quelques maisons de boue, couvertes de pailles. Elle est située sur la rive méridionale de l'Oronte, à six lieues environ de son embouchure, et autrefois elle l'étoit sur la rive septentrionale. La largeur de cette rivière, est dans ce lieu, d'environ 40 pas.

La ville de *Tripoli* est située sur la rivière *Kadiska*, à la distance de près d'un mille de son embouchure, et au pied du Mont-Liban. Elle est séparée de la mer par une petite plaine triangulaire, d'une demi lieue, à la pointe de laquelle est le village où abordent les vaisseaux, et qui n'a qu'une mauvaise rade sans défense. Le commerce de Tripoli consiste presque tout en soies assez rudes, dont on se sert pour les galons. On observe que de jour en jour, elles perdent de leur qualité, ce qu'on attribue à l'état de vétusté des mûriers. Les habitans n'osent en planter de nouveaux, de crainte de paroître riches, et d'attirer sur eux les regards du pacha. Ils passent cependant pour une nation mutine. Leur titre de janissaires et le turban vert qu'ils portent, en se qualifiant de chérifs, leur en inspire l'esprit.

L'air de Tripoli est très-mal sain.

Ce pachalic renferme aussi la ville de *Lataquié*, ou de Laodicée, qui est située à la base et sur la rive méridionale d'une angue de terre, qui s'avance d'une demi-lieue dans la mer. Son port pourroit contenir vingt-cinq ou trente vaisseaux; mais les Turcs l'ont laissé combler au point que quatre y sont mal à l'aise. Lataquié fait néanmoins un très-gros commerce, qui consiste sur-tout en tabac à fumer, dont elle envoie chaque année plus de vingt chargemens à Damiette. Elle en reçoit du riz qu'elle distribue dans la haute Syrie, pour du coton et des huiles. Du temps de Strabon, elle exportoit, au lieu de tabac, des vins vantés que produisoient ses coteaux, et qui passoient en Egypte par la voie d'Alexandrie.

Le Mont-Liban, jadis si fameux par ses cèdres élevés, aujourd'hui n'en offre plus que quatre ou cinq qui aient quelque apparence. Entre les différentes branches de ce Mont, vivent les Druses, qui forment un peuple courageux. Ils ont pour voisins les Maronites qui professent la religion chrétienne, et sont dans la communion de l'église romaine. Au Nord de ceux-ci, se trouvent les *Ansarié*, dont la religion, comme celle des Druses, est un mélange de paganisme et de mahométisme. Les uns et les autres paient un tribut annuel aux Turcs, mais ils ne dépendent pas des pachas, et vivent sous leurs propres lois. Ils sont gouvernés par leurs chaiks ou émirs, c'est-à-dire, nobles ou descendans de princes, et ceux-ci possèdent une autorité limitée, semblable à celle des chefs dans les premiers âges. La vie et les biens de chaque particulier sont en toute sûreté parmi eux. Les hommes cultivent leurs terres et leurs vignes: les femmes sont chargées des soins domestiques. Dans les affaires de grande importance, comme la paix ou la guerre (1), l'émir ou le souverain, doit convoquer une assemblée générale à laquelle il fait son rapport. Chaque chaik, et même chaque paysan qui jouit d'une réputation d'esprit

---

(1) « Les usages dont j'ai été témoin dans ces cir-
« constances, dit le citoyen Volney, à l'article des Druses,
« représentent assez bien ceux des temps anciens. Lorsque
« l'Émir et les Chaiks eurent décidé la guerre à Dair-el-
« Qamar, des crieurs montèrent le soir sur les sommets
« de la montagne, et là, ils commencèrent à crier à
« haute voix : *A la guerre, à la guerre; prenez le fusil,*
« *prenez les pistolets : nobles Chaiks montez à cheval,*
« *armez-vous de la lance et du sabre ; rendez-vous*
« *demain à Dair-el-Qamar.* **Zèle de Dieu ! Zèle des**

ou de courage, a droit de donner son suffrage. Ainsi donc, ce gouvernement peut être considéré comme un mélange bien combiné de monarchie, d'aristocratie et de démocratie. Les Turcs ont fait des efforts réitérés, mais vains, pour ranger ces peuples sous leur dépendance absolue. Leur courage et leurs montagnes, les ont jusqu'ici défendus. Les Druses sont remarquables par leur hospitalité. Quand une fois ils ont admis quelqu'un dans leur maison, et qu'ils ont placé du pain et du sel devant lui, rien ne peut leur faire violer ce gage sacré d'amitié.

Saide (anciennement Sidon) s'étend au bord de la mer sur une étendue de 600 pas de long et de 150 de large. C'est une ville d'un commerce considérable, étant le prin-

---

« *combats*. Cet appel entendu des villages voisins y fut
« répété; et comme tout le pays n'est qu'un entasse-
« ment de hautes montagnes et des vallées profondes,
« les cris passèrent en peu d'heures jusqu'aux frontières.
« Dans le silence de la nuit, l'accent des cris, et le long
« retentissement des échos, joints à la nature du sujet,
« avoient quelque chose d'imposant et de terrible. Trois
« jours après, il y avoit quinze mille *fusils* à Dair-el-
« Qamar, et l'on eût pu sur-le-champ entamer les opéra-
« tions ». (*Voyage en Syrie et en Égypte, chap. XXIV.*)

cipal entrepôt de Damas et de l'intérieur du pays. Du côté du midi, elle est protégée par un petit fort, situé sur une éminence, et du côté du nord-ouest, par un château bâti dans la mer, et à quatre-vingt pas du continent, auquel il tient par des arches. Les habitans sont au nombre de 5000 et s'occupent à travailler le coton. Les Français, les seuls Européens que l'on y trouve, y ont un consul, et cinq à six maisons de commerce. Leurs retraits consistent en soies, et sur-tout en cotons bruts ou filés. A six lieues au-dessus de Saïde, est le village de *Sour* anciennement *Tyr*, qui ne renferme que cinquante ou soixante pauvres familles, vivant du foible produit de leurs terres et d'une pêche médiocre. Ce village est situé sur une péninsule qui s'avance dans la mer sous la forme d'un marteau, avec une tête ovale. Cette tête est un rocher solide, couvert d'une terre noirâtre propre à la culture. Elle fait une petite plaine d'environ huit cents pas de longueur, sur quatre cents de largeur. L'isthme qui réunit cette plaine au continent, n'est formé que d'un sable rouge. Une telle différence de sol rend très-visible l'ancienne forme insulaire de la plaine, avant qu'Alexandre la joignît au continent par un môle. La mer, en couvrant de sable ce môle, l'a successivement élargi, et en a fait l'isthme actuel. De Tyr à Sidon le sol est uni. A cinquante milles au nord de Saïde, presque au pied du Mont-Liban, est située *Bairout*, anciennement *Berytus*, la ville principale des Druses et des Maronites, celle où ils portent leurs cotons et leurs soieries pour le Caire. En retour, ils reçoivent du riz, du café, du tabac et de l'argent. Ce commerce entretient près de 6000 personnes. — A neuf lieues au sud de Sour, est la ville d'Acre, anciennement *Acé*, appelée depuis *Ptolémais*, et située au pied de la partie septentrionale du Mont-Carmel. Ce mont est un cône applati, formé par des rochers. Il a environ deux mille pieds de haut, et se trouve dans l'ancienne Galilée. Acre étoit une place d'importance du temps des Croisés ; mais après leur expulsion elle demeura presque déserte, jusqu'en 1750, qu'elle fut fortifiée par *Daher*, chaik arabe, qui ayant obtenu la possession d'une partie de cette contrée, se révolta contre la Porte et maintint son indépendance, jusqu'en 1775, qu'il fut tué par suite de la trahison de son principal confident. Acre a été depuis, la résidence du pacha de cette contrée, ce qui l'a rendue une des principales villes de la côte. — A la distance d'environ dix-huit milles d'Acre, est le village de *Nafra*, anciennement Nazareth; et à six milles au sud-est de celui-ci, on trouve le Mont-Thabor, qui a près de trois mille pieds de haut, et d'où l'on jouit d'une des plus belles vues de toute la Syrie. Du côté du sud, on découvre des montagnes et des vallées innombrables qui s'étendent jusqu'à Jérusalem; du côté de l'est, la vallée du Jourdain et le lac *Tabaria*, anciennement de *Tiberias*, qui semble renfermé dans le cratère d'un volcan; et au nord, les fertiles campagnes de la Galilée.

La ville de Damas est située au milieu d'une plaine très-étendue, arrosée par de nombreux ruisseaux qui descendent des montagnes dont cette plaine est entourée, sur une circonférence de quatre à cinq milles. Cette ville contient environ 80,000 habitans, dont 15,000 à-peu-près sont chrétiens. Elle est le rendez-vous de tous les pélerins du nord de l'Asie, qui se rendent à la Mecque. Leur nombre va de trente à cinquante mille, et ils forment une grande caravane. Tant de chameaux sont employés pour leur transport, qu'on assure qu'il en périt dix mille annuellement. Au moyen de cette caravane, Damas est devenue le centre d'un commerce très-étendu, les projets de gain se mêlant le plus souvent aux actes de religion. Les fruits secs forment un des grands articles de ses exportations. Ils étoient fameux dans l'antiquité. On plantoit des pruniers en Italie, dont les fruits étoient nommés prunes de Damas. On appelle aussi du nom de cette ville, une belle étoffe de soie qu'on y fabriqua d'abord. A quelque distance de Damas, sont les superbes ruines de Palmyre, ou Thadmour, dans le désert. Cette ville célèbre qui étoit l'entrepôt des marchandises de l'Inde dans les anciens temps, fut bâtie ou fortifiée, dit-on, par Salomon (Joseph VIII. 6.). Ses ruines furent inconnues aux Européens, depuis le temps de sa destruction par Aurélien, l'an 273, jusqu'à la fin du dernier siècle, en 1691, que quelques marchands anglais, établis à Alep, les visitèrent. Au milieu de ces magnifiques monumens d'un peuple puissant et poli, se trouvent une trentaine de huttes de terre, habitées par des paysans arabes, dont tout l'extérieur annonce une grande pauvreté.

Jérusalem offre un exemple non moins frappant des vicissitudes humaines. Cette ville ne contient aujourd'hui que de 12 à 14,000 habitans. Elle est gouvernée par un *Motsallam*, ou délégué du pacha de Damas, qui retire des sommes considérables des pélerins qui viennent visiter le Saint-Sépulchre. Mais le nombre en est bien moins considérable aujourd'hui, sur-tout celui des Européens. — A dix huit milles environ au nord-est de Jérusalem, dans une plaine de près de vingt milles de long et neuf de large, est un village, maintenant appelé *Raha*, qui est l'ancienne *Jéricho*. A six milles environ de Jérusalem, et sur une éminence, est située *Bait-el-Lahm*, anciennement Bethléem, qui peut fournir six cents hommes en état de porter les armes, et parmi lesquels il y a environ cent Chrétiens. A vingt et un milles, au sud de Bethléem, et au pied d'une éminence, est *Habroun* ou *Hébron*, village le plus considérable des environs, à cause de ses manufactures de glaces et de coton. Ses habitans sont toujours en contestation avec ceux de Bethléem.

Toute cette contrée en général, est montagneuse et couverte de rochers. Celle située au sud, appelée la *Palestine*, autrefois le pays des philistins, est une plaine entièrement unie et très-fertile.

La Palestine a quelquefois un gouverneur particulier qui réside à Gaza ; mais ordinairement, comme à présent, elle est divisée en trois districts qui sont, *Yafa* (anciennement Joppé), *Loudd* (*Lydda* ou *Diospolis*), et *Gaza*, affermée aux agas. Ces villes ayant été souvent exposées à des invasions et à des ravages, sont en conséquence très-peu considérables. A un mille environ au sud de Loudd, est *Ramla*, l'ancienne *Arimathie*. A neuf lieues au sud de celle-ci, sur la route de Gaza, est *Yabna*, autrefois *Jamnia*, au-delà de laquelle on trouve plusieurs ruines, dont les plus considérables sont à *Ezdoud*, autrefois *Azotus*. Gaza étoit jadis une place d'importance et des plus fortifiées, comme étant frontière de la Palestine du côté de l'Egypte. Au-delà de cette ville il n'y a que des déserts, dont quelques uns n'offrent que des montagnes stériles, formées de pierres calcaires ou de granit, telles que le Mont-*Sinai* et le Mont-*Horeb*.

Au haut du premier est un couvent de moines, dans lequel on conserve les reliques d'une Sainte-Catherine, que des pélerins vont visiter.

CHAPITRE II.

Climat de la Syrie. Population. Police. Exactions des pachas. Administration de la justice. Propriétés. Etat des arts et des sciences. Mœurs des Syriens, et en général, des Orientaux. Différentes classes d'habitans.

On devroit établir deux climats généraux dans la Syrie, dit Volney; l'un très-chaud, qui est celui de la côte et des plaines intérieures, telles que celles de Balbek, Antioche, Tripoli, Acre, Gaza, Hauran, etc; l'autre tempéré, et presque semblable au nôtre, lequel règne dans les montagnes, sur-tout quand elles prennent une certaine élévation.

La Syrie est bien moins peuplée qu'elle ne l'étoit dans les anciens temps. La tyrannie du gouvernement des Turcs en a fait, dans plusieurs parties, un véritable désert. Le territoire de *Jamnie* et celui de *Joppé* qui, au rapport de Strabon, pouvoient mettre sur pied quarante mille hommes, n'en fourniroient pas à présent trois mille. La Judée qui, du temps de Titus contenoit, dit-on, quatre millions d'habitans, n'en renferme pas la dixième partie aujourd'hui. On suppose que toute la population de la Syrie se monte à peine à deux millions cinq mille ames. Le pays des Druses et des Maronites, quoique le moins fertile, est le plus peuplé. Le pacha de chaque district est aussi absolu que le sultan. Il jouit du droit de vie et de mort, qu'il exerce sans formalités et sans appel. Par-tout où il s'apperçoit d'un délit, il fait saisir le criminel, et l'exécuteur, dont il est toujours accompagné, étrangle le coupable; on lui tranche la tête sur la place. Quelquefois le pacha lui-même ne dédaigne pas de remplir ce dernier office. Il sort souvent déguisé, et malheur à celui qu'il trouve en faute. Mais, comme il ne peut être présent par-tout, il délègue son pouvoir à un officier appelé *wali*, qui fait des patrouilles nuit et jour, et qui, comme le pacha, juge et condamne sans appel. Le criminel tend le cou, l'exécuteur frappe, la tête tombe, et l'on emporte le corps dans un sac de cuir. Le wali soudoie une foule d'espions, au moyen desquels il sait tout ce qui se passe. Il inspecte les marchés et punit avec la plus grande sévérité, toute infidélité dans les poids et mesures. On ne fait que peu ou point d'attention, en Turquie, à la propreté des rues; on ne les pave, on ne les balaye, on ne les arrose jamais en Syrie, en Egypte. Elles y sont étroites, tortueuses, et presque toujours encombrées d'immondices. Les étrangers sont sur-tout choqués à l'aspect de chiens affreux qui errent en grand nombre et sans aucun maître. Les Turcs qui versent le sang d'un homme si promptement, ne répandent jamais celui de ces animaux, quoiqu'ils évitent de les toucher, les regardant comme immondes. Il est à remarquer que les chiens ne sont point attaqués de la rage en Syrie, ni en Egypte.

Le grand but des pachas est d'amasser de l'argent. En conséquence, ils emploient toutes sortes d'exactions pour y parvenir. Cependant, ils se perdent souvent par-là : car, lorsqu'une accusation fondée sur ses richesses, est portée contre l'un d'eux, on lui dépêche un officier nommé *capidji*, chargé d'un ordre pour lui couper la tête. Le pacha d'ordinaire s'y soumet honteusement, et tous ses trésors sont envoyés au sultan; mais quelquefois il se soustrait à ce sort, en immolant lui-même l'officier envoyé pour le faire périr. Il y a une foule d'exemples de pachas qui se sont révoltés contre la Porte, et cependant aucun d'eux n'a pu, jusqu'à présent, établir son indépendance.

La seule branche d'autorité qui leur soit enlevée, est l'administration de la justice dans les affaires civiles. Elle est exercée par des officiers, nommés *cadis*. Ceux-ci, ou ces juges, dépendent du grand cadi qui réside à Constantinople, et qu'on appelle *cadi-el-askar*, ou *cadi-leskier*, c'est-à-dire, juge de l'armée. Il nomme les juges des villes capitales, comme Alep, Damas, etc. qui en font autant pour ceux qui leur sont subordonnés. Mais tous ces emplois sont vendus à l'enchère; delà vient que l'administration de la justice est des plus vénales et des plus corrompues.

La religion de Mahomet, ou *l'islamisme*,

au lieu de corriger ces abus du gouvernement, ne sert qu'à les consolider. Le *Koran*, ou la Bible des Mahométans, ne renferme rien sur les devoirs réciproques des gouvernans et des gouvernés. Il n'ordonne qu'une foi implicite et la plus servile obéissance.

Les Chrétiens, en Turquie, sont exposés aux plus grands outrages. Les Mahométans, même en s'adressant à eux, les traitent ordinairement d'infidèles, d'impies, de *chiens*, etc. Pour les mortifier, ils pratiquent souvent en leur présence, les cérémonies de leur culte. Un chrétien ne peut frapper un mahométan, sans risque pour sa vie ; mais, si le dernier tue un chrétien, il en est quitte pour une somme fixée. Les Chrétiens ne peuvent monter à cheval dans les villes. Les pantoufles jaunes et les mouchoirs blancs leur sont interdits ; il en est de même de toute espèce d'étofe verte. Le rouge pour les pieds, et le bleu pour les vêtemens du corps, sont les couleurs qu'on leur a assignées.

Les habitans de la Syrie n'ont aucune propriété réelle ni personnelle. Le souverain est propriétaire, par droit de conquête, de toutes les terres. A la mort d'un chef de famille, sa succession retourne au sultan, ou à son délégué ; et les enfans ne peuvent la racheter que par une grosse somme d'argent. Delà provient l'indifférence pour les biens fonds, indifférence des plus funestes à l'agriculture. Le seul moyen d'assurer un usufruit perpétuel, est de faire ce qu'on appelle un *wakf*, c'est-à-dire, une donation d'un bien à quelque mosquée.

Le tribut, appelé *miri*, imposé sur les terres par Sélim, lorsqu'il enleva la Syrie aux Mamlouks, subsiste toujours, quoique très-modéré ; mais les pachas le rendent intolérable et oppressif par leurs exactions. En conséquence, le sort des paysans, surtout de ceux qui sont exposés aux incursions des Arabes, est des plus déplorables en Syrie. Là, de même qu'en Palestine, le laboureur doit tenir sa charrue d'une main, et de l'autre son fusil. Dans les pays tributaires, comme dans celui des Druses et des Maronites, la propriété est plus assurée, et la condition des paysans plus supportable. Ceux qui habitent les villes de Syrie, c'est-à-dire, les commerçans et les artisans, vivent avec plus d'aisance ; delà leur population.

Les arts sont peu cultivés dans cette province, et les sciences à-peu-près inconnues. Rien n'y est plus rare que les livres, et l'on y néglige presque entièrement l'éducation de la jeunesse. Il n'y avoit pas une seule imprimerie dans toute la Syrie, jusqu'en 1733 qu'on en établit une dans un couvent de religieux (1), situé au milieu des montagnes des Druses, appelé *Mar-hanna*. Elle le fut par les soins d'un turc nommé Abdallah, dont le zèle pour répandre les connoissances à Alep, excita contre lui le ressentiment des ministres de la loi, qui obtinrent du sultan, l'ordre de lui couper la tête. Abdallah fut heureusement prévenu à temps, et se sauva dans les montagnes du Liban, où il mit ses jours en sûreté.

Les mœurs des Syriens et des Orientaux, en général, sont très-différentes des nôtres. Nous portons des habits courts et serrés; les leurs sont amples et longs. Nous laissons croître nos cheveux et nous nous coupons la barbe; ils se laissent croître la barbe

---

(1) Ces religieux sont de l'ordre de Saint-Basile, et vivent très-durement. Tous travaillent à quelque métier. Ils recueillent autour de leur couvent des vins de fort bonne qualité.

et se rasent la tête. C'est un signe de respect parmi nous que de nous la découvrir ; chez eux, c'en est un de folie. Nous saluons en nous baissant ; ils restent debout et droits. Ils s'asseient et mangent sur la terre ; et nous, élevés sur des siéges. Quant à leur langue et à leur manière d'écrire, la différence est totale entre eux et nous autres Européens. Par exemple, le plus grand nombre des noms masculins en français, est au féminin chez eux. Les Turcs annoncent dans leur maintien, leurs paroles et leurs gestes une grande dévotion qui ne provient pas d'un véritable sentiment de religion, mais de leur ignorance, de leur fanatisme et de leur superstition, qui causent d'innombrable désordres. Au lieu de cet air ouvert et enjoué que nous avons naturellement, ou que nous affectons, ils ont une contenance austère, sérieuse et triste. Rarement ils rient ; et la gaité de quelques Européens, leur paroît un accès de délire. Quand ils parlent, c'est posément, sans chaleur et sans gestes. Ils n'interrompent jamais celui qui leur adresse la parole. Des journées entières se passent sans qu'ils ouvrent la bouche et sans qu'ils éprouvent le moindre desir de le faire. S'ils marchent, c'est toujours lentement, et pour affaires. Ils n'ont aucune idée d'aller à droite et à gauche, par amusement. Continuellement assis, ils rêvent des journées entières, les jambes croisées, la pipe à la bouche, et presque sans changer d'attitude. Il semble que le mouvement soit une peine pour eux, et que comme les Indiens, ils placent le bonheur dans l'inaction.

On attribue généralement à la chaleur du climat qui énerve la vigueur de l'esprit et du corps, l'indolence à laquelle les nations orientales et méridionales sont sujètes. On assigne aussi la même cause au despotisme auquel elles sont soumises. Mais cette règle n'est pas générale. Le caractère des peuples dépend, non-seulement du climat, mais aussi de la nature du gouvernement et de la religion, de leurs progrès dans les sciences, dans les arts, et de plusieurs autres circonstances. Delà le caractère des habitans d'un même pays a paru très-différent à différentes époques. On croit aussi que l'usage immodéré de l'opium augmente l'indolence naturelle des Turcs.

La Syrie a subi plusieurs révolutions qui

ont confondu les races diverses de ses habitans. Maintenant on peut les diviser en trois classes, en descendans des Grecs, des Arabes et des Turcs. Ces derniers n'exterminèrent pas les premiers habitans, mais ayant embrassé leur religion, ils s'incorporèrent avec eux.

Il y a plusieurs tribus errantes qui habitent une partie de la Syrie et des contrées adjacentes. Elles diffèrent dans leurs usages de celles qui ont des établissemens fixes et cultivent la terre. Les peuples qui forment ces tribus errantes, ou de pasteurs, sont les *Turcomans*, les *Kourdes*, et les *Arabes*.

Les Turcomans sont au nombre de ces hordes Tartares qui, lors de la grande révolution de l'empire des califes, quittèrent les contrées à l'est de la mer Caspienne, et se répandirent dans les plaines de l'Arménie et de l'Asie mineure.

Les Kourdes descendent des *Card-Ouchi* qui habitoient les montagnes d'Arménie et s'opposèrent à la retraite des dix mille. Ces peuples, quoique de toutes parts entourés par l'empire des Perses, bravèrent constamment la puissance *du grand roi*, et les armes de ses satrapes.

Les Arabes, qui sont ceux appelés *Bédouins*, c'est-à-dire, habitans du désert, possèdent une immense étendue de pays, qui va depuis Alep jusqu'à la mer d'Arabie, et de l'Egypte au golfe persique. Cette plaine a près de mille huit cents milles de longueur et neuf cents de largeur. Les Bédouins se vantent avec raison, de former la plus pure des tribus Arabes, n'ayant jamais été subjugués et ne s'étant jamais mêlés avec d'autres peuples, en faisant des conquêtes. Les Arabes, qui se rendirent si célèbres sous Mahomet et ses successeurs, habitoient les bords de la mer Rouge, où leurs descendans cultivent les terres, possèdent des villes, et sont soumis à un gouvernement régulier. Ceux de l'intérieur, ou du désert, ne prirent point de part aux grandes révolutions que les précédens produisirent. Les Bédouins conservent les mêmes mœurs, les mêmes coutumes, le même langage et les mêmes opinions religieuses que leurs ancêtres, dans les âges les plus reculés du monde.

Les Arabes, par la nature même de leurs déserts, semblent être condamnés à une vie errante. Ce sont des plaines immenses, sans maisons, sans arbres, sans ruisseaux, ni montagnes. L'œil s'y perd comme au milieu des mers, dans un horison de la plus vaste étendue, quoique dans quelques parties, le sol soit inégal et pierreux. Ces déserts sont couverts d'un ciel toujours enflammé et sans nuages. Presque nue de toutes parts, la terre n'offre que quelques plantes éparses et sauvages, quelques foibles buissons, dont la solitude est rarement troublée par d'autres animaux que des gazelles, des lièvres, des sauterelles et des rats.

Quoique les Turcomans, les Kourdes et les Arabes aient en général la même façon de vivre, quoiqu'ils soient les uns et les autres, errans et pasteurs, et qu'ils subsistent principalement du produit de leurs troupeaux, ils diffèrent cependant en quelques particularités. Tous professent la religion mahométane, mais sans faire beaucoup d'attention aux exercices qu'elle commande. Ils n'ont ni prêtres, ni temples, ni culte régulier, chacun, à cet égard, agissant et pensant comme il lui plaît. Les Turcomans et les Arabes donnent une dot à leurs filles; les Kourdes au contraire, reçoivent des présens de leurs gendres. Les premiers n'ont aucun égard à l'ancienneté des familles, à ce que nous appelons noblesse ; les Kourdes et les Arabes l'honorent grandement.

Les tribus des Arabes sont distinguées les unes des autres, par le nom de leurs chefs respectifs, ou par celui de la famille qui gouverne ; et quand ils parlent de quelqu'un de ceux qui les composent, ils disent un tel, fils de tel chef, quoique souvent il ne soit pas du même sang, et de plus, que ce chef quelquefois soit mort depuis long-temps. Ils étendent même à des contrées ce genre de dénomination. Les Turcomans ne pillent ni ne volent. Les Kourdes et les Arabes sont de déterminés pillards ; mais ils excusent leurs déprédations, en disant, qu'ils ne les commettent que sur leurs ennemis.

Le gouvernement de ces tribus, particulièrement celui des Arabes, est à-la-fois, républicain, aristocratique et même despotique. On ne peut rien faire d'important sans le consentement de la majorité du peuple ; mais les chaiks, ou les chefs, ont une grande influence ; et le principal de tous est revêtu d'une autorité indéfinie et presque absolue, de laquelle cependant, il ne peut pas extrêmement abuser. Les mœurs des Arabes sont précisément celles qu'on trouve dans les descriptions d'Homère, de même que dans l'histoire d'Abraham et des autres patriarches. Ces peuples sont recommandables par leur générosité et leur hospitalité. Si un arabe consent à manger du pain et du sel avec un hôte, rien au monde ne peut l'engager à le trahir. A considérer la manière dont les Arabes se conduisent entr'eux, on croiroit que tous leurs biens sont en commun; néanmoins ils connoissent les lois de la propriété, mais non cet esprit d'égoïsme que les besoins imaginaires du luxe ont donné aux nations policées. Les Arabes n'ont point de livres, et même peu de leurs chaiks savent lire. Toute leur littérature consiste à réciter des histoires et des contes dans le genre *des Milles et une Nuits*, amusement dont ils sont extrêmement passionnés.

On peut observer la même ressemblance et la même diversité, dans les descriptions des mœurs des Scythes, par les auteurs anciens. Quelques-uns, comme les Tartares et les Arabes modernes, cultivoient la terre, et d'autres étoient pasteurs.

L'ARABIE. (1)

CHAPITRE I.er

Description géographique de l'Arabie ancienne et moderne. Villes d'Ana, d'Herac et Sanà, etc.

Ce pays considérable d'Asie est borné à l'occident par la mer Rouge, l'isthme de Suez, la Terre-Sainte, ou la Palestine, et la Syrie ; au nord, par l'Euphrate et le golfe Persique ; à l'orient, par l'Océan ; au midi, par le détroit de Babel-Mandel. On le divisoit anciennement comme de nos jours, en trois parties, l'Arabie Déserte, l'Arabie Pétrée, l'Arabie Heureuse.

La première, maintenant appelée *Arden*, s'étend des déserts de Palmyre et de l'Eu-

---

(1) Son nom vient du mot hébreu qui signifie occident, parce que ce pays est à l'ouest du Tigre et de l'Euphrate.

phrate au nord, à l'Arabie Heureuse au sud. Une chaîne de montagnes la sépare de cette dernière comme de la Chaldée à l'est.

En voyageant à travers les déserts sablonneux de cette contrée, il faut diriger sa route par les étoiles, ou la boussole.

La ville la plus considérable qu'on y trouvât jadis, étoit celle de *Thapsacus*, qui avoit un pont sur l'Euphrate. Darius passa ce pont avec son armée lorsqu'il marcha contre Alexandre, et il le repassa après sa défaite. Cyrus le jeune, aussi à la tête de son armée, traversa dans ce lieu, le même fleuve à pied, chose que, selon Xénophon, les habitans de *Thapsacus* n'avoient jamais vue.

La capitale de l'Arabie Déserte, est *Ana*. On dit que cette ville, située par 34. 20. de latitude et 60. 20. de longitude, est fort ancienne. Elle a une enceinte de murs et une forteresse du côté du nord. Comme le terrain sur lequel elle est bâtie, se trouve resserré par des montagnes escarpées, elle s'étend en longueur, et n'a que deux rues, séparées l'une de l'autre par l'Euphrate. Celle qui est du côté de la Mésopotamie, a deux milles de long, et n'est habitée que par des ouvriers, qui encore, y sont en petit nombre. Celle qui est de l'autre côté a plus de deux lieues dans la même direction, et c'est dans celle-ci que résident les principaux habitans. Les maisons n'ont qu'un étage, ou tout au plus deux. Elles sont toutes de pierres et de plâtre, ou de chaux, de pierres et d'argile; elles sont petites, carrées et couvertes en terrasse, excepté la mosquée qui l'est en tuiles. Chacune d'elles a un terrain borné d'un côté par les montagnes, et de l'autre par le fleuve. Ce terrain forme un verger, rempli d'arbres fruitiers qui portent des dattes, des oranges, des limons, des citrons, des poires, des coins, des figues, des grenades. Les olives y viennent aussi grosses que des châtaignes et en grande quantité. On laisse un fossé entre ce terrain et la montagne, afin de faire écouler les eaux et les empêcher de l'inonder.

La ville d'Ana n'est peuplée que d'Arabes (1), la plupart chefs de voleurs, qui se répandent

---

(1) On croit qu'il y a quelques juifs, aussi arabes, mais qui ne sont pas riches.

dans toutes les parties du désert. Elle est tributaire du grand seigneur; mais ce n'est pas sans peine que l'aga et les janissaires qui sont dans la place, lèvent les droits auxquels elle est imposée.

L'air d'Ana est très-pur. Ses environs sont d'une grande fertilité. Dans les terrains plats, on sème du bled et d'autres grains qui réussissent très-bien.

L'Arabie Pétrée est à l'ouest de la première, et la plus petite des trois. Elle est montagneuse et peu habitée dans sa partie septentrionale; mais elle est plus peuplée et assez fertile, dans sa partie méridionale. Son sur-nom lui vient de *Petra*, son ancienne capitale, dont on ne voit plus que des ruines. Avant le temps des Macédoniens, cette ville étoit nommée *Arce*, et faisoit la capitale des Nabathéens. Elle étoit à l'est des monts *Horeb* et *Sinaï*, et du désert de *Sour*.

Sur le *Sinus-Arabicus*, ou la mer Rouge étoit *Bérénice*, ville anciennement nommée *Ezion-Geber*, d'où les vaisseaux de Salomon firent voile pour Ophir, qu'on suppose avoir été un port de Sofala sur la côte du sud-ouest de l'Afrique. On dit que le voyage de ces vaisseaux fut de trois ans, et qu'ils revinrent chargés de richesses.

Herac, ville située au sud de la mer Morte, est la capitale actuelle de l'Arabie Pétrée.

L'*Arabie Heureuse* renferme plusieurs grandes provinces, telles que l'*Yémen*, l'*Hadramaut*, l'*Omân*, le *Lachsa*, le *Nedsjed*, l'*Hedsjas*, et quelques petites contrées limitrophes. Dans chacune de ces provinces se trouvent plusieurs cantons indépendans, et toutes contiennent des endroits élevés et fertiles ; mais les plaines, manquant d'eau, pour l'ordinaire sont stériles. Dans la saison de la pluie, cependant, il se forme, dans les montagnes, plusieurs torrens qui, après avoir fertilisé une grande partie des plaines, se perdent dans la campagne, ou dans les sables, ou enfin, se déchargent dans la mer, quand ces montagnes n'en sont pas fort éloignées, ou que les torrens sont considérables. Quant aux vallées où l'eau de pluie se rassemble, et d'où elle s'évapore, faute d'écoulement, M. Niebuhr prétend qu'il n'y en a pas autant en Arabie que les savans le supposent. On y trouve quelques lacs de sel.

Du pays d'Yémen, en général.

Ce pays est entouré du golfe d'Arabie, de l'Hadramaut, du Nedsjed et de l'Hedsjas. La nature semble l'avoir divisé en deux parties. Celle qui touche au golfe, et qui s'étend depuis Babelmandel vers le nord, jusques à *Hali*, est basse et se nomme *Tehâma*. L'autre est fort élevée au-dessus du niveau de la mer. Les Arabes la nomment *Dsjabbâl*, c'est-à-dire, contrée montagneuse. Elle renferme aussi beaucoup de princes particuliers, qui vivent très-mal entre eux. Voici donc ce qu'il y a d'indépendant en Yémen :

1. L'*Yémen*, proprement dit, ou le domaine du prince qui réside à *Sanà*.

2. La seigneurie d'*Aden*, qui, depuis quelques années, est gouvernée par un chaik indépendant.

3. La principauté de *Kaukebân*, gouvernée par un *sejid*.

4. Le pays de *Haschid* et de *Bekîl*, dans lequel il y a plusieurs villes et villages qui appartiennent à des chaiks indépendans.

5. Le domaine d'*Abou-Arisch*, gouverné par un scherîf.

6. Un grand district entre *Abou-Arisch* et l'*Hedsjas*, habité par des Bédouins.

7. Le petit domaine de *Khaulân*, à l'ouest de *Saade*. Il a ses propres cheiks.

8. Le domaine de *Sahân*, dont *Saade* a encore un *sejid*, mais dont le reste appartient à des chaiks indépendans.

9. La seigneurie de *Nedsjerân*, etc.

10. Celle de *Kachtân*. Elle a aussi ses chaiks indépendans.

11. Le grand pays de *Dsjôf*, dont la ville de *Mareb* a un scherîf; mais les villages et le désert de cette contrée ont des chaiks indépendans.

12. *Nehhm*, petit domaine qui a son chaik indépendant.

13. *Khaulan*, petit pays à quelques lieues au sud-est de *Sanà*. Il a aussi son propre chaik.

14. Le pays de *Jafa*, où il y a au moins trois chaiks indépendans.

Outre ces grands districts, l'*Yémen* en contient, sans doute, plusieurs autres moins considérables, qui ont leurs seigneurs souverains, mais il est impossible d'en avoir une connoissance exacte.

De l'Yémen proprement dit.

Ce pays confine vers l'ouest au golfe d'Arabie, vers le sud, à la seigneurie d'Aden, vers l'est, au Jafa à l'Hadramaut et au Khaulan; vers le nord, à l'Haschid-Bekil, et vers le nord-ouest au domaine Abou-Risch. Il a en longueur 48 lieues d'Allemagne, et sa largeur moyenne est de 20. La partie de ce pays, nommée *Tehama*, est un terrain plat, sabloneux et large d'une journée près de *Moka*, mais de deux près de *Hodeida* et de *Loheia*. L'autre partie, le *Dsjabbâl*, est située à l'est du Tehama, et consiste en une chaîne de montagnes escarpées, hautes et fertiles. L'aride Tehama n'a point de rivières qui conservent de l'eau toute l'année. Il arrive aussi que, dans le Dsjabbâl, quelques rivières tarissent entièrement. Elles s'y forment pendant les pluies, et se perdent peu à peu dans les pays de montagnes, où si elles s'enflent assez pour en sortir, elles fertilisent une partie du Tehama, et s'y perdent aussi. Quelques-unes grossissent assez pour arroser les champs, et pour porter leur eau dans la mer. On les appele toutes *Wadi*.

On nomme communément *Iman*, le prince qui gouverne cette partie de l'Yémen ; aussi remplit-il les fonctions de ce prêtre de la loi de Mahomet, lorsque faisant sa prière dans la mosquée, il se place devant l'assemblée, afin que les assistans le voient et puissent le suivre dans les cérémonies accoutumées. On l'appelle encore *calife*, et sur sa monnoie, il se qualifie de *prince des fidèles*.

Il paroît qu'il y a beaucoup de chrétiens *abyssins* dans les ports de l'Yémen, et qu'ils y jouissent du libre exercice de leur culte.

On prétend que les juifs sont au nombre de cinq mille familles, dans le seul domaine de l'iman, et qu'il y en avoit plus autrefois. Ils sont tous pharisiens ou talmudistes, et grands ennemis des karaïtes.

Le trône de l'Yémen est héréditaire, et si tous les princes ont également de bonnes qualités, les sujets souhaitent d'être gouvernés par le fils aîné d'une épouse légitime de leur iman. Ce mode de succession, cependant, n'a pas toujours lieu. L'iman de l'Yémen, est un prince indépendant qui n'obéit à aucune autre puissance, soit pour le spirituel, soit pour le temporel. Comme il se range, avec la plupart de ses sujets, à la secte mahométane de *Zéidi*, et de plus, qu'il se dit calife et iman, il est chez lui, mais non ailleurs, regardé comme chef de l'église ; et ses sujets, qui sont sunnites, obéissent à un moufti de *Zébid*.

En qualité de prince temporel, l'iman fait la paix et la guerre : cependant il paroît n'être pas despotique. On dit du moins qu'il n'ose ôter la vie à aucun de ses sujets, pas même à un juif, ou un payen. Toutes les affaires criminelles, ou importantes, doivent être décidées au tribunal suprême de *Sanà*, composé de plusieurs cadis, présidés par l'iman. On y traite les procès de vive voix, par écrit ou par procureur. Quand le prince est un tyran et qu'il a la force en main, il ne manque pas de moyens pour faire des injustices. S'il veut arracher une sentence de mort, il n'a qu'à gagner les principaux juges ; et d'ailleurs, il les nomme et les change à volonté, ainsi que tous ses officiers. Néanmoins, un gouvernement trop violent, n'a pas toujours réussi dans l'Yémen. On y trouve des exemples de révoltes couronnées du succès, et d'imans détrônés.

Les revenus de l'iman vont à 480,000

écus par an. Les droits sur le café en font sans doute la plus grande partie ; car on dit qu'il faut payer au gouvernement, à peu près le quart du prix de la vente, avant de charger les vaisseaux. Le département de Moka rend en avril, mai, juin et juillet, lorsque les bâtimens des Indes partent ou arrivent, 7,000 écus par mois, et dans les autres mois, 4000.

L'iman a une armée sur pied. Elle n'est point divisée en régimens, comme en Europe. On dit que son infanterie est de 4,000 hommes en temps de paix, et sa cavalerie de 1000. Voici en quoi consiste pendant ce temps, le service des cavaliers. Le vendredi, un palefrenier leur amène devant la porte, leur cheval entretenu dans l'écurie du *dola* (officier qui, dans son département, est autant qu'un pacha en Turquie) de la ville où ils sont en garnison. Ils le montent pour accompagner l'iman à la mosquée, quand c'est à Sanà, et le dola, quand c'est dans son département. Chacun s'habille comme il veut. Les armes du cavalier, sont une lance fort courte que porte le palefrenier (il y en a un par cheval), un sabre, un couteau recourbé, mis au-devant du corps, et quelque fois, deux pistolets à l'arçon de la selle. Au retour de la mosquée, les cavaliers s'assemblent sur la grande place, qui, dans toutes les villes, se trouve devant la maison du dola. Là, saisissant leurs lances, ils se poursuivent deux à deux, et c'est tout leur exercice militaire.

En temps de paix, les fantassins n'ont pas plus à faire que les cavaliers ; cependant, ils font sentinelles les armes à la main chez le dola. D'ailleurs, ils sont employés aux portes et sur les tours. Ils ont deux écus et demi par mois, et s'habillent à leur gré. Quelques-uns n'ont qu'un linge fort court autour des reins, et par-dessus lequel ils portent une ceinture avec leur couteau courbé. Plusieurs soldats ont la chemise et la culotte. En voyage, et sans doute en campagne, ils sont armés du bouclier, du sabre et de la lance. Le vendredi, ils accompagnent le dola à la mosquée. Ils sont rangés en sept files de quarante ou cinquante soldats, précédés par quatre autres hommes qui tiennent en l'air leur couteau hors du fourreau, ou leur mousquet, et qui chantent et sautillent de telle sorte, qu'on les croiroit ivres ou fous. Les compagnies ne manquent ni de tambours ni de trompettes. A leur retour, devant la maison du dola, les fantassins sont obligés de faire quelque décharge de mousqueterie, ce qui s'exécute avec assez peu d'ordre.

Les Arabes d'Yémen ont une manière étrange de montrer leur valeur dans une action. Celui qui veut donner la plus grande preuve de zèle pour le service de son maître, s'attache la jambe toute recourbée, et fait feu jusqu'à ce que les ennemis se retirent ou que ses propres camarades l'abandonnant, il soit massacré.

Les Arabes n'ont pas de canon de campagne; et, pour servir ceux qu'ils ont en petit nombre dans leurs citadelles, ils emploient des turcs vagabonds ou des renégats indiens et européens, dont la plupart ne connoissent pas cette manœuvre.

L'iman n'a pas besoin d'entretenir des vaisseaux de guerre, car il n'a rien à craindre du côté de la mer. Ce que les navires d'Yémen ont de singulier, c'est que leurs voiles sont de nattes. Les barques des pêcheurs arabes sont peut-être les plus simples et les plus anciennes du monde.

Les arts sont négligés en Arabie. Il n'y a aucune imprimerie dans ce pays. Cependant, il ne faut pas croire, comme on le dit en Europe, que le clergé musulman et les nombreux écrivains qui sont sous protection, s'y opposent. Tout l'obstacle vient de ce que les lettres arabes modernes, liées ensemble, et souvent placées sur l'autre et entrelacées, sont plus belles quand elles sont proprement écrites, que quand elles sont imprimées. La lecture de ces ouvrages manuscrits est, en conséquence, plus facile; et c'est pourquoi l'imprimerie d'*Ibrahim-Effendi* à Constantinople, cessa si vîte. Ce renégat, dit Niébuhr, a imprimé plusieurs livres, et son imprimerie est encore entre les mains de ses héritiers; mais ils n'ont pu continuer, parce que le débit n'égaloit pas les frais de l'impression.

Quelques faux dévots de la secte de *Sunni* ne pouvant souffrir les figures, on ne trouve parmi les Arabes ni peintres ni sculpteurs. Cependant, ils exécutent très-bien leurs inscriptions en relief. Ils les font dessiner sur la pierre par leurs meilleurs écrivains, et le sculpteur n'a qu'à suivre le dessin. On travaille bien l'or et l'argent en Yémen ; néanmoins la plus grande partie des ouvrages d'orfévrerie se fait par les Juifs et par les Banians. La monnoie même est fabriquée à Sanà par les premiers, comme elle l'est au Caire et à Constantinople, par des individus de cette nation, par des Arméniens et des Grecs.

L'art de l'horlogerie n'est ni avancé, ni considéré dans l'Yémen.

Celui de la musique est tout aussi négligé ; du moins, n'entend-on que des tambours et des chalumeaux.

Tous les ouvriers travaillent assis. Il y a plusieurs sortes d'ouvrages pour lesquels les Arabes se servent aussi adroitement de leurs orteils, que nous de nos doigts.

On ne trouve en Arabie ni moulins à vent, ni moulins à eau. Mais comme Niébuhr a vu, dans le Tehama, un pressoir à huile, tourné par un bœuf, ce voyageur présume que les Arabes ont des moulins à grains du même genre. Ils ont la coutume de broyer leur blé entre deux petites pierres dont la supérieure se tourne à la main.

On dit qu'on ne fabrique point de sabres en Yémen, mais des couteaux larges, courbés et pointus par un bout, nommés *jambéa*. Il n'y a pas long-temps que les Arabes ont commencé à faire des mousquets qui, en général, sont mauvais et à mèche. Ce n'est que depuis peu aussi qu'on a établi une verrerie à Moka. Il y a dans l'Yémen plusieurs fabriques de toiles moyennes et grossières. L'Egypte lui en fournit en quantité des dernières, et les Indes orientales lui en envoient de fines. Les Arabes ne font point de draps; on ne pourroit même en porter en Tehama, à cause de la chaleur.

On ne bat que peu de monnoie en Yémen. Il est vrai que l'iman a converti des ducats de Venise en monnoie d'or, valant un écu et demi, et trois quarts d'écu; mais les changeurs en ont fort peu. Les pièces de monnoie d'Yémen, comme celles de Turquie, de Perse et de Mogol, portent une inscription sans figure. Il y en a de petites de plusieurs sortes. Les écus d'Allemagne, les demi-écus, les quarts d'écus sont tous communs dans ce même pays.

Le poids varie dans le petit domaine de l'iman.

On a remarqué que la nature divise le royaume d'Yémen en deux parties, le *Tehama*, ou le pays plat, et le *Dsjabbal*, ou les montagnes. On subdivise le premier en six départemens, et le second en vingt-quatre. Voici ceux qu'on trouve dans le Tehama.

1. Le département de *Moka*.

Il confine au golfe d'Arabie, au domaine d'Aden, au *Bellad-ibn-Aklan,* et au département du *Baso-sab*. Le terroir en est sec et stérile, mais la ville de Moka est aujourd'hui, à cause de son grand commerce, la place la plus considérable de tout le domaine. Elle contient beaucoup de marchands arabes très-riches, et des Banians. Les Européens fréquentent son port; mais ils n'y restent pas pendant l'hiver, ils s'en retournent chaque année sur leurs vaisseaux. Cette ville, située par 62. de longitude et 13. de latitude, est assez bien bâtie pour le pays. Une muraille flanquée de quelques tours la ceint du côté de terre, et deux citadelles défendent son port, ou plutôt sa rade. Sa fondation ne remonte pas à plus de quatre cents ans. Elle eut le sort de diverses autres villes considérables de l'Yémen, qui étoient tombées au pouvoir des Turcs. On dit, cependant, qu'ils s'y maintinrent plus long-temps qu'ailleurs, et que les Arabes rachètèrent cette ville, au lieu de la reprendre par les armes. En 1738, Moka, ou plutôt la maison du dola, et une des citadelles furent bombardées par les Français. Ceux-ci ayant leurs vaisseaux chargés de marchandises qu'ils vouloient négocier avec les Arabes, et ne prétendant que le paiement de ce que l'iman avoit acheté depuis quelques années, s'accomodèrent bientôt et firent la paix.

Le détroit de *Bab-el-Mandeb* (1), situé par 61. de longitude et 12. 40. de latitude, est attenant au département de Moka. Toute la largeur de ce détroit est d'environ cinq lieues d'Allemagne. Dans ce passage, à une lieue de la côte d'Arabie, est la petite île de *Perim*, qui a un bon port, mais sans eau douce.

Le gouverneur de la ville de *Sejla* sur la côte d'Afrique, à peu de distance de Bab-el-Mandeb, est nommé par le dola de Moka. Cette ville, en conséquence, appartient aussi à l'iman de Sanà.

_____

(1) Nous en avons fait *Babeb-Mandel*. On dit que le nom arabe signifie porte-de-deuil, parce qu'on le prenoit dans le pays pour ceux qui passoient ce détroit.

2. Le département du *Bas-Osâb* confine aux départemens de Moka, de *Bellad-ibn-Aklan*, du *Haut-Osâb*, de *Zebíd*, et au golfe d'Arabie. Il n'est ni étendu, ni de grand rapport.

3. Le département de *Zebíd* confine aux départemens du *Haut-Osâb*, du *Bas-Osâb*, de *Beit-el-Fakih*, et au golfe d'Arabie. Il renferme la ville de *Zebíd* ou *Sebíd*, qui étoit autrefois, et tant que le port de *Ghalef-Ka* fut en bon état, la capitale du *Tehama*, et le lieu où se faisoit presque tout le commerce de l'Yémen pour l'étranger. On voit encore, dans cette ville, un grand nombre de mosquées, assez bien entretenues, qui forment de loin un bel aspect. Depuis que les murs de Zebîd ont été renversés, en partie, par l'eau qui se précipite des montagnes, pendant les mois de pluie, et en partie par les hommes, on n'y trouve d'autres fortifications qu'une petite citadelle où demeure le dola.

4. Le département de *Beit-el-Fakih* confine vers le sud au département de *Zebíd*, vers le nord, à celui de *Loheia*. Il renferme une ville de même nom, mais ouverte, qui a commencé à fleurir après la ruine du port de

Ghalef-ka, et après que les marchands eurent peu à peu abandonné Zebîd. Cette ville a quelques maisons de briques, mais la plupart sont de mauvaises huttes, comme dans tout le Tehama. La mosquée principale a seule un minaret. Le dola réside dans une citadelle, assez solidement bâtie pour le pays, et dans laquelle il y a un puits profond, comme le sont généralement tous ceux des environs. Ce qui rend célèbre la ville de *Beit-el-Fakih*, c'est le commerce de café, qui ne se fait ni dans l'Yémen, ni dans aucune autre partie de l'Arabie avec autant d'étendue. Les marchands s'y rendent de Tunis et autres villes de Barbarie, même de Fez et Maroc, d'Egypte, de Syrie, de Perse, de *Basrat*, de *Maskat*, et quelquefois d'Europe. Ils viennent y acheter le café, qu'on y apporte des montagnes (1) des

---

(1) Tous les jardins ou champs, où l'on cultive le café, étant situés sur le penchant des montagnes, sont disposés par degrés les uns au-dessus des autres. Quelques-uns ne sont arrosés que par la pluie. D'autres, dans la partie la plus haute, ont de grands *birkets* (réservoirs), où l'on conduit de l'eau vive, que l'on distribue ensuite sur toutes les couches, où les arbres

départemens voisins, tant pour l'exposer sur le marché, que pour l'envoyer à Moka, ou à *Hodeida*.

5. Le département de *Hodeida* ne s'étend pas plus loin que la ville de même nom. Les revenus de la douane de celle-ci sont considérables ; car non-seulement ses vaisseaux transportent beaucoup de café à *Dsjidda*, mais ceux d'*Oman* viennent en charger en quantité pour *Maskat*, pour *Basra*, et pour les ports de la côte de Perse. Cette ville est assez grande, mais ses maisons sont la plupart bâties comme celles du Tehama. Le dola demeure dans une petite citadelle sur les bords du golfe d'Arabie. *Hodeida* peut passer à présent pour le port de *Beit-el-Fakih*; et les deux villes paroissent avoir prospéré tout à-la-fois.

6. Le département de *Loheia* est aussi

---

sont ordinairement si serrés, qu'à peine le soleil peut percer à travers. On dit que ceux que l'on arrose artificiellement, portent du fruit deux fois par an ; mais que les fèves ou semences, ne mûrissent qu'une fois, et que celles qui ne parviennent pas à une maturité complète, sont moins bonnes que celles de la grande récolte.

situé près du golfe, et confine vers le sud à *Beit-el-Fakih*, vers le nord au domaine indépendant d'*Abou-Arisch*, et vers le nord-est à quelques petits districts des alliés de *Haschid* et *Bekil*. La ville de *Loheia*, qui donne son nom à tout le département, est située en partie sur terre-ferme et en partie sur une île ; car la plaine, à l'est de la ville, est si basse, que lorsque le vent souffle long-temps du sud et fait hausser l'eau du golfe, cette plaine est, en partie, submergée par la marée, qui cependant, n'y monte que de quatre pieds. La longitude de cette ville est à 2 heures 39 minutes 14 secondes à l'est du méridien de Paris. A quelque distance du côté de terre, elle est défendue par quatorze tours, mais elle n'a point de murailles. Le café qu'on y apporte des montagnes voisines pour en charger les vaisseaux, n'est pas aussi bon que celui de Beit-el-Fakih. Cependant ce commerce y est très-grand, et on y trouve de bons comptoirs qui appartiennent à des marchands du Caire. L'eau de Moka est mauvaise, mais celle de Hodeida et de Loheia l'est plus encore, et coûte plus cher. Près de cette dernière ville est une montagne, ou plutôt une colline, d'où l'on tire de bon sel. Au sud sud-ouest elle a la petite île d'*Ormuk*, où ses habitans cachent leurs trésors, dès qu'ils sont menacés d'être attaqués par leurs voisins ; ce qui arrive assez souvent.

On compte au nombre des dépendances de Loheia, l'île de *Kameran*, qui est grande et fertile. Sans être fort peuplée, elle a un *sous-dola* et des soldats. On y trouve un bon port, où les vaisseaux qui vont des Indes à *Dsjidda*, prennent ordinairement des rafraîchissemens. *Firan*, autre île de ce département, est remarquable en ce que les habitans de Loheia y pêchent des huîtres perlières.

Les départemens que l'iman possède dans les montagnes sont les suivans :

1. Le département de *Sahan*, qui est situé entre ceux de *Hamdan*, *Deiban*, *Khaulan*, *Bellad-anes* et *Heimme*. Il abonde en toutes sortes de fruits, comme abricots, figues, pêches, poires, noix, et sur-tout en raisins, dont on compte plus de vingt espèces différentes. Les vallées seules sont bien cultivées, principalement celles qui sont arrosées par de petits torrens. Presque

toutes les montagnes sont des rochers pelés, dont l'aspect est fort triste.

La ville la plus considérable de ce département et de tout l'Yémen, est *Sanà*. Elle est ancienne et célèbre, et située par 64. de longitude, et 15. 21. de latitude, sur la pente d'un terrain élevé, et dans un endroit agréable. Sa position étant fort au-dessus du niveau de la mer, on y trouve l'air moins brûlant que dans le Tehama. Après de longues pluies, une petite rivière traverse la ville. Il y en a une plus considérable, à quelque distance vers l'ouest, et les bords de celle-ci sont couverts de vergers, de maisons de campagne et de villages. Sanà est environnée d'une muraille, ou plutôt d'un rempart revêtu de briques sèches. Du côté de l'ouest est le jardin de *Metoukel,* que l'iman de ce nom a fait planter hors de la muraille qui ceint la ville, et qu'il a environné d'un mur fort épais. Du côté de l'est se trouve une citadelle sur la fameuse colline de *Gamdan*. On peut commodément, en une heure huit minutes, faire le tour de la ville et de cette citadelle, sans y comprendre le jardin de Metoukel. Au-dessus des trois portes principales, sont quelques canons que l'on tire les jours de fête. Il y en a encore quelques-uns sur une batterie de la citadelle, mais ceux-ci sont hors d'état de servir. Sanà étant la capitale de tout l'Yémen et la résidence du prince, on y voit plus de bâtimens et plus de palais que dans les autres villes de cette contrée. Elle renferme une grande quantité de mosquées. On n'y compte pas cependant plus de dix minarets dignes de remarque. Les bains publics n'y sont aussi qu'au nombre de douze. De ses nombreux caravanserais, *Simsera-el-Mahâdi* est le plus beau, le plus commode, et le plus grand. Il a trois étages. Près de la citadelle est une montagne haute et escarpée, nommée *Nik-Kum*, où l'on voit les ruines d'une ancienne forteresse, qui, suivant l'opinion des Arabes, a été bâtie par *Sem*, fils de *Noé*.

M. Niébuhr, qui, en 1761, visita l'Arabie, avec plusieurs savans, fut admis à l'audience de l'iman. Ces danois, qui ne s'attendoient à être introduits chez le prince, qu'en présence de quelques-uns de ses principaux officiers, furent très-étonnés de voir les plus grands préparatifs pour leur réception. La salle d'audience formoit un carré spacieux et voûté, qui recevoit le jour d'en haut, et par quelques fenêtres très-petites et très-élevées. Les murs de cette salle étoient nus. Au milieu se trouvoit un vaste bassin, d'où j'aillissoit un jet d'eau de 14 pieds. Derrière ce bassin, étoit un exhaussement d'environ un pied et demi, et de quatre à cinq pieds de largeur. Au-delà de cet exhaussement, on avoit encore pratiqué une autre petite estrade, immédiatement près des marches du trône de l'iman. Le plancher, dans toute son étendue, étoit couvert de beaux tapis de Perse. Au-dessus des marches, étoit une sorte de base quadrangulaire, revêtue d'étoffe de soie, sur laquelle, ainsi que derrière et aux deux côtés, on avoit posé de larges et riches coussins. L'iman s'assit sur ce trône, les jambes croisées à la manière des orientaux. Sa robe étoit d'un vert clair, avec de longues et de larges manches à l'arabe : tel étoit autrefois l'habillement des califes. A chaque côté de la poitrine, il avoit un large lacis d'or, comme les turcs de distinction en ont quelquefois sur leurs manteaux de voyage. Un large turban de toile blanche lui couvroit la tête. Ses fils étoient placés à sa droite, et ses frères à sa gauche. En face de lui, se trouvoit le fakih (grand visir) Achmet. Les étrangers étoient placés sur la première estrade, et plus bas que le fakih. De chaque côté de la salle, depuis les fils et les frères de l'iman, jusqu'à la porte, il y avoit quantité d'arabes de distinction.

M. Niébhur et ses compagnons furent conduits directement à l'iman, pour lui baiser le revers et la paume de la main droite, ainsi que le pan de sa robe, qui flottoit sur ses genoux. Les princes mahométans accordent aisément la première et la dernière de ces faveurs ; mais c'est une grace extraordinaire, quand ils admettent des étrangers à leur baiser la paume de la main. Dans toute la salle, régnoit un silence profond, qui ne fut interrompu qu'au moment où le premier européen ayant touché la main de l'iman, un héraut fit entendre des paroles, dont le sens étoit : *Dieu conserve l'iman*. Tous les assistans les répétèrent à plein gosier, et sans ménager leurs poumons.

En Turquie, personne n'est admis à l'audience du sultan, sans avoir préalablement fait visite au visir. La coutume est toute différente en Yémen. Les voyageurs Danois, après avoir été présentés dans la matinée, à l'iman, furent mandés l'après-midi par le fakih. Il les reçut dans une maison de campagne, avec toutes sortes de politesses. Ce ministre s'étoit plus adonné aux sciences que ne le font ordinairement ses compatriotes. Il avoit eu beaucoup de commerce avec les étrangers, c'est-à-dire, les Turcs, les Persans, les Indiens ; par cela seul, il avoit acquis assez de connoissance de la géographie. La plupart des Arabes s'imaginent que l'Europe est située au sud de leur pays, parce que les vaisseaux européens qui abordent chez eux, viennent des pays méridionaux. Mais le fakih Achmet connoissoit très-bien la position des différens états de l'Europe, à l'égard les uns des autres, et il savoit aussi quels étoient les plus puissans, sur terre ou sur mer. C'est tout ce qu'on peut attendre d'un savant d'Arabie, qui n'a jamais vu de cartes géographiques.

On trouve à Sanà, ainsi que dans toutes les villes commerçantes de l'Orient, de grands caravanserais pour les marchands et les voyageurs, de même que des places particulières, ou des marchés, où l'on vend du bois, du charbon, du fer, des fruits, du bled, du beurre, du sel et du pain. Tous les artisans ont des boutiques portatives, et leurs places marquées pendant le jour dans certains quartiers. Le bois de charpente est généralement cher dans tout l'Yémen ; et le bois à brûler ne l'est pas moins à Sanà, parce que les montagnes des environs étant chauves et stériles, il faut le faire venir d'assez loin.

Les fruits sont en abondance dans cette ville. On y compte plus de vingt sortes de raisins, au marché. Comme ils ne mûrissent pas tous en même-temps, on peut en manger pendant plusieurs mois de l'année. Les juifs de Sanà font un peu de vin ; et même ils pourroient en faire beaucoup, ce qui seroit un article de commerce considérable pour eux ; mais les Arabes sont grand ennemis des boissons fortes.

Ces juifs ne restent pas dans l'enceinte de la ville. Ils ont un village particulier dans le voisinage, et l'on fait monter leur nombre à deux mille. On les traite avec plus de mépris dans l'Yémen que dans tout autre pays, et cependant ils y fournissent les meilleurs ouvriers. On trouve aussi parmi eux des marchands qui font un assez grand commerce. La situation de ces Juifs est très-fâcheuse. Il n'y a pas encore un grand nombre d'années, qu'ils possédoient quatorze synagogues dans leur village; mais on leur en fit abattre douze. Les plus riches d'entre eux, avoient d'aussi belles maisons que celles des gens de distinction de Sanà; on leur enjoignit de n'en avoir plus que de quatorze coudées de haut, et d'abaisser toutes celles qui passoient cette mesure. La coutume du pays étant de conserver toutes les boissons dans de grandes cruches de pierre, on les leur brisa, et on leur causa encore d'autres dommages.

On compte à-peu-près cent vingt-cinq Banians à Sanà. Ils y sont soumis à des taxes assez fortes.

L'iman va tous les vendredis en grande cérémonie à la mosquée. Quelques centaines de soldats précèdent le cortége. A chaque côté du souverain, et de chacun de ses parens, on porte un grand parasol, privilége qui, dans ce pays, n'appartient qu'aux princes du sang. Six cents personnages des plus distingués, tant ecclésiastiques, qu'officiers civils et militaires, suivent, montés sur de superbes chevaux. Une grande foule de peuple à pied, accompagne l'iman. Près de lui, flotte un drapeau, différent de ceux d'Europe, en ce qu'il est surmonté d'une petite cassolette d'argent. On dit qu'elle renferme des amulettes qui rendent l'iman invincible. Plusieurs autres étendarts, avec de pareilles cassolettes, sont déployés, mais sans avoir de places marquées. Tout ce cortége, en un mot, paroit nombreux, et même magnifique, mais sans aucun ordre. Les soldats font quelques décharges de mousquéterie, quelques évolutions, qu'ils exécutent très-mal. Tant que dure le service divin, toutes les portes de la ville de Sanà sont fermées.

2. Le département de *Bellad-Anes*, est placé entre *Réma*, *Othuma* et *Machareb-el-Anes*. La ville principale qu'il renferme est celle de *Dorân*, qui est très-ancienne et située sur la croupe d'une montagne. Il n'y a pas long-temps qu'elle a été ceinte d'une muraille. On peut regarder comme une chose extraordinaire pour l'Arabie, deux grands magasins à blé, taillés dans

le roc, au haut de la montagne voisine.

3. Le département de *Rodda* confine, vers le nord, à la seigneurie de *Khaulan*, et vers l'est au pays de *Jafa*. Il est très-fertile en blé.

4. Le département de *Machareb-el-Anes*, est situé entre ceux de *Sahan*, de *Bellad-Anes* et de *Jérim*. Sa capitale est *Damâr*, grande ville ouverte, placée dans une plaine, à douze lieues et demie d'Allemagne de Sanâ. On y voit une grande citadelle et de jolies maisons. Mais ce qu'il y a de plus remarquable, est une sorte d'université ancienne et célèbre, qui compte beaucoup d'étudians, et sur-tout de zéidites.

5. Le département d'*Othuma* est environné de ceux de *Bellad-Anes*, de *Rema*, d'*Osab* et de *Machareb-el-Anes*.

6. Le département de *Jérim* est situé à l'est du Mont de *Sumara*, et au sud de *Machareb-el-Anes*. Sa ville principale lui donne son nom, et le dola y fait sa résidence. Elle est petite, mal bâtie, munie d'une forteresse placée sur un rocher escarpé, et située dans une plaine assez vaste. Son nom de *Jérim* ressemble fort à celui du fameux jardin d'*Irem*, dont parle Mahomet

dans le quatre-vingt-neuvième chapitre du Koran, et l'on a cru, en conséquence, que ce paradis terrestre étoit dans cette contrée. Cependant, elle n'est nullement fertile, en comparaison de quelques autres parties de l'Yémen.

7. Le département de *Méchâder*, est un pays fertile, mais de peu d'étendue. On y trouve une ville de même nom, située sur une montagne, avec sa citadelle, sur une colline plus escarpée encore.

Entre Méchader et Jérim, sur la grande route de Moka à Sanà, est la montagne de *Nakil Sumara*, la plus grande et la plus haute sur laquelle Niebuhr soit monté dans l'Yémen. Elle est très-escarpée du côté de l'ouest, mais on a su tellement ménager et paver (1) le chemin, qu'on y peut passer avec des chameaux légèrement chargés.

8. Le département d'*Yémen - Ala* vers l'ouest, touche à celui d'*Oudden*, vers le nord, à celui de *Méchader*, vers le sud, à celui de *Taœs*. Les collines et les vallées

---

(1) Il n'y a de grands chemins pavés en Yémen, que sur les montagnes escarpées.

de ce département sont bien cultivées, et remplies de villages. On y élève des bêtes à cornes, fort belles. L'herbe *ouars* qui teint en jaune, et dont l'Yémen fait commerce avec Maskat, y croit mieux qu'ailleurs. Ce département est en outre si fertile en froment, en orge, etc., qu'on l'appelle le grenier de l'Yémen. Sa capitale est *Dsjöbla*. Le dola y fait sa résidence. Elle est bâtie en demi-cercle, au bord d'une rivière assez profonde. Ses maisons sont de pierres, comme dans toutes les autres villes des montagnes, et fort jolies, dans le goût des Arabes. Les rues en sont pavées, chose assez rare en Yémen. Elle n'a point de murailles, mais une citadelle, dans laquelle demeure le dola. On trouve dans cette ville plusieurs fabriques de savon.

9. Le département de *Kataba*, est situé sur les confins du pays de l'iman, à l'est. Il abonde en café et en blé. Sa capitale porte le même nom. Elle est ceinte de murailles.

10. Le département de *Taæs* est fertile en fruits et en blé. Il confine à ceux d'Yémen-Ala, d'Oudden, de *Béni-Aklan*, et de *Hodsjérie*. Sa capitale, *Taæs*, est environnée d'une muraille fort légèrement revêtue de

briques cuites, et munie d'une citadelle bâtie sur un roc escarpé. Mais cette forteresse et la ville sont commandées par une montagne, au pied de la quelle elles sont assises, de sorte qu'elles ne tiendroient pas long-temps contre le canon, quoique les Arabes les croient bien fortifiées. La ville a de grandes mosquées superbes pour le pays, et des palais commodes. Ayant beaucoup souffert par des guerres civiles, elle est à demi-ruinée. Ce département renferme aussi le *Dsjabdel-Sabber*, chaîne de montagnes formée de plusieurs, l'une sur l'autre, dont chacune a son nom. La plus haute de toutes est le *Hosn-el-Arus*. Le Dsjabdel-Sabber est si fertile, que les Arabes prétendent y trouver toutes les herbes du monde. On y compte plusieurs chaiks indépendans.

11. Le département de *Hodsjerie* confine aux départemens de *Taæs*, de *Beni-Aklan*, de *Moka*, de *Kataba*, et aux pays de *Jafa* et d'*Aden*. Il renferme *Dimlou*, petite ville avec une citadelle assez forte, placée sur une montagne, et *Moukatera*, autre citadelle très-forte, que les Arabes croient imprenable. Celle-ci, est située sur une montagne très-haute et très-escarpée, et l'on

n'y arrive que par un seul chemin qui peut-être fermé par une porte. On dit qu'un iman assiégea long-temps cette place, sans succès. La montagne abonde en blé, et on y trouve beaucoup d'eau.

12. Le département de *Beni-Aklan* renferme la petite ville de *Dorebât*, située au haut d'une montagne, au pied de laquelle, et sur le chemin de Moka à Taœs, est une place de foire, où il y a quelques maisons. D'ailleurs, rien n'y est remarquable qu'une prison taillée dans le roc, et très-redoutée des Arabes.

13. Le département d'*Oudden* est abondant en fruits et sur-tout riche en café, qui est le meilleur de tout l'Yémen, et conséquemment du monde. L'iman en est le premier seigneur; mais ce pays a un chaik qui descend d'une ancienne famille, et demeure dans le domaine de ses ancêtres, où il jouit de très-bons revenus. Ce chaik et quelques autres, plus ou moins indépendans, peuvent, à cause de leur noblesse et de leurs possessions, être comparés aux barons, comtes et princes de l'Europe. La capitale de ce département est une petite ville ouverte, située au pied d'une montagne.

14. Le département du *Haut-Osab* confine au Tehama. Son enceinte renferme beaucoup de montagnes très-hautes et très-escarpées. Le tabac qu'on y cultive est le meilleur de l'Yémen.

15. Le département de *Kusma* confine à l'est de celui de Beit-el-Fakih, et conséquemment au Tehama. Il est situé sur des montagnes très-hautes aussi, et très-escarpées, qui, cependant, sont fertiles jusqu'à leur sommet, et remplies de jardins où croît le café. Ce département est grand et bien cultivé. On y trouve beaucoup d'anciennes familles qui ont leurs forteresses, et ne s'embarrassent pas de l'iman, après lui avoir payé les droits sur le café qu'elles exportent. La ville de *Kusma*, où le dola fait sa résidence, est située sur le sommet d'un mont si élevé, qu'il faut près d'un jour pour y arriver. Depuis le Tehama, le chemin est si roide, qu'en plusieurs endroits on a pratiqué des escaliers pour la commodité des voyageurs. On ne peut s'y servir ni d'ânes, ni de chevaux.

16. Le département de *Dsjébi* est au nord de celui de *Kusma*, et les deux ensemble sont appelés par les Arabes, *Rema*.

17. Le département de *Hofasch* est environné de ceux de *Loheia*, de *Dsjêbi*, de *Harras* et de la seigneurie de *Kaukeban*.

18. Le département de *Harras* tire son nom de celui d'une grande montagne qui est fertile et abondante en vignes. Le dola réside à *Manacha*, ville considérable, où se rassemble beaucoup de monde les jours de marché.

19. Le département du *Bas-Heime* est situé entre ceux de *Harras*, de *Heime-el-Ala* et de *Bellad-Anes*. Il est grand et rempli de montagnes; mais celles de cette contrée, malgré leurs vignes, ne rapportent pas autant que près du Tehama. *Mofhak*, petite ville, avec une citadelle, est la résidence du dola.

20. Le département du *Haut-Heime* est situé entre ceux de *Sahan*, du *Bas-Heime* et la seigneurie de *Kaukeban*. On y trouve *Orr*, petite ville, et demeure du dola.

21. Le département de Tulla est ainsi nommé de la ville de *Tulla*, située sur une colline. Un mur l'environne, et elle est défendue par une forte citadelle. Le dola réside dans cette ville. On trouve dans le même département, une grande montagne

sur laquelle on compte plus de trois cents villages qui appartiennent à beaucoup de chaiks indépendans.

22. Le département, ou le pays de *Hamdan*, est situé au nord-ouest de Sanà. Il abonde en fruits et sur-tout en vignes. Ce département est encore gouverné par son propre chaik qui est d'une des plus anciennes familles de l'Yémen. Il renferme *Medem*, petite ville dans laquelle il y a un palais du chaik, et qui est défendue par une citadelle, placée sur une montagne. On y trouve aussi *Mnakeb*, sorte de ville dont toutes les maisons sont taillées dans le roc.

23. Le département, ou le pays d'*Amrân* renferme une ville de même nom, qui est petite, ceinte d'une muraille, et située près d'une montagne, dans une contrée fertile.

24. Le département de *Khamir* ne s'étend pas plus loin que la ville de ce nom qui est grande et bien fortifiée. Ce n'est pas sans peine et sans frais que l'iman contient ses habitans dans le devoir.

Les villes dont on a parlé ci-dessus appartiennent à cette partie de l'Arabie que l'on a nommée Yémen proprement dit, c'est-à-dire, au petit royaume du prince qui réside à Sanà. A l'Yémen en général, appartiennent encore :

La seigneurie d'Aden.

Elle confine, vers le sud à la mer, vers l'ouest et le nord, au domaine de l'iman, vers l'est à Jafa, et d'autres petites seigneuries indépendantes. Autrefois elle étoit soumise à l'iman; mais, dans une des années de 1730 à 1740, les habitans ayant choisi un chaik, renvoyèrent le dola et ses soldats. Depuis ils ont toujours maintenu leur indépendance. Tout le domaine tire son nom de la célèbre et ancienne ville d'*Aden*, située par 63. 20. de longitude et 13. de latitude. Elle a un très-bon port qui est fréquenté par les Orientaux.

Principauté de Kaukeban.

Ce pays est, en grande partie, situé entre les terres de l'iman, et le reste confine aux possessions de *Haschid* et *Bekil*. Il a un prince particulier qui fait sa résidence dans la ville de *Kaukeban*. Cette ville est petite, peu fortifiée, et située sur une montagne fertile, grande et fort escarpée. Elle étoit d'un difficile accès, jusqu'à ce que la tante paternelle de l'un des derniers princes y eût fait pratiquer un chemin pavé, par lequel les chameaux, même chargés, peuvent passer. Cette principauté renferme plusieurs autres districts dans lesquels il y a des villes, des forteresses et des bourgs.

Le pays d'Haschid et Bekil.

Ce grand pays confine vers le nord, au désert d'*Amasia*, vers l'est, à *Dsjef*, vers le sud, au royaume d'Yémen et à Kaukeban; vers l'ouest, à *Abou-Arisch*. On y trouve un grand nombre de chaiks indépendans, mais ligués entre eux pour se défendre contre l'iman. En temps de guerre, ils se choisissent un, ou plusieurs généraux, pour conduire leurs armées.

Les peuples gouvernés par ces chaiks, paroissent plus guerriers que les autres Arabes de l'Yémen. Ils fournissent des soldats à l'iman et au schérif de la Mecque. Tous deux les paient bien, et le premier les redoute fort.

Le domaine d'*Abou-Arisch*.

Le petit pays ainsi nommé, d'après sa capitale, est situé près du golfe d'Arabie, et conséquemment, dans le Tchama. Il est presque par-tout, aride, et seroit stérile, s'il n'étoit arrosé par les rivières des montagnes voisines. Ce domaine faisoit autrefois partie de celui de l'iman. *Abou-Arisch* est une ville murée, dans laquelle le schérif fait sa résidence. Il y a dans ses environs, un grand nombre de petites montagnes, d'où l'on tire du sel pour l'exporter. Ce même pays renferme plusieurs autres villes, parmi lesquelles est *Dsjesan*, qui a un port près du golfe d'Arabie.

La contrée qui est entre Abou-Arisch et l'Hedsjas.

Les Arabes près de la côte du golfe, depuis les confins de la seigneurie *d'Abou-Arisch*, jusqu'aux limites de l'Hedsjas, vivent sous des tentes, et sont gouvernés par leurs chaiks comme les Bédouins. Leur dialecte diffère beaucoup de celui de Dsjidda et de l'Yémen. Quand un mahométan les questionne sur leur religion, ils répondent qu'ils sont de la sienne ; mais en Yémen, on les appelle le plus souvent incrédules, kafres et voleurs, parce qu'ils pillent les passans et qu'ils ont une religion fort différente de celle que professent les sunnites et les zéidites. Ils sont circoncis, mais non comme les autres mahométans.

Le domaine de Khaulan.

Ce petit pays est à l'est de *Saade*, et l'on n'y trouve rien de remarquable.

Le pays de Sahan.

Ce pays montagneux est situé entre celui d'Haschid et Bekil, et l'Hedsjas. On y trouve en abondance, des fruits, des raisins, et de plus quelques mines de fer exploitées. Les habitans de cette province, mais sur-tout les montagnards qui ne communiquent presque pas avec les étrangers, parlent, dit-on, bon arabe ; et l'on croit que leur dialecte approche le plus de celui du Koran, livre dont cependant ils ne connoissent guères que le nom. Ils ont d'autres mœurs que les Arabes des villes. Leur nourriture est de la viande, du miel, du lait, des légumes. Ils parviennent à un âge avancé et conservent la vue jusqu'à la fin de leurs jours. Pour voyager avec sûreté dans ce pays, il faut attendre une caravanne. Les habitans de ces montagnes sont des voleurs aussi déterminés que les Bédouins dans le désert. On les dit cependant fort hospitaliers.

Il y a dans ce pays beaucoup de seigneuries indépendantes. *Saade* en est la capitale, et le prince y fait sa résidence.

Entre Saade et Haschid-Bekil, est un désert appelé *Amasia*, ou *Amerschia*, au milieu duquel se trouve un endroit nommé *Birket Soidan*, où les voyageurs peuvent passer la nuit.

La seigneurie de Nedsjeran.

Ce petit domaine est situé dans une contrée agréable et dans laquelle il y a beaucoup d'eau. Il se trouve à l'est-nord-est, et à trois journées de Saade. Il est très-fertile en blé, en fruits et sur-tout en dattes. Les paturages y sont excellens. Ses chevaux, ainsi que ses cheamaux, sont très-recherchés dans tout l'Yémen.

Nedsjeran, ville ancienne et célèbre, et d'après laquelle se nomme ce domaine, est située dans une plaine fertile.

La seigneurie de Kachtan.

Ce pays petit, mais fertile, est situé vers le nord, à trois journées du *Nedsjeran*. Il a son chaik indépendant.

Le pays de Dsjof.

Cette grande province de l'Yémen s'étend au sud du Nedsjeran, jusques à l'*Hadramaut*, et à l'est, depuis *Haschid et Bekil*, jusqu'au désert entre l'*Yemen* et l'*Oman*. La plus grande partie consiste en plaines, où l'on trouve de grandes contrées sabloneuses et désertes. Cependant, en certains endroits, les habitans ne manquent ni de froment, ni de dourra (millet d'Afrique), ni d'orge, ni de fèves, etc.

Le pays de *Dsjof* se divise en pays des Bédouins, pays des princes et pays des nobles. Les Bédouins, ou Arabes errans, sont guerriers. Ils vont en campagne, montés sur des chevaux ou des chameaux. Leurs armes sont le sabre, la lance, un grand couteau qu'ils portent au devant du corps ; et quelques-uns ont un mousquet à mêche. Ils se revêtent d'une cuirasse, ou cotte d'arme, tissue de fils de fer, et portent un casque avec une visière aussi de mailles de fer. Ce casque leur leur tombe sur les épaules, et étant affermi par-devant avec une cheville, il leur couvre le visage, excepté les yeux. Ils inquiètent fort leurs voisins qui habitent des villages, et l'on dit qu'ils leur enlèvent quelquefois leurs filles. Cependant, ils ne sont pas aussi cruels que les Arabes errans de l'Hedsjas et de l'Egypte : car, s'ils volent les étrangers, on n'entend pas dire qu'ils les tuent. Les Bédouins de Dsjof, ont encore la réputation de produire les meilleurs poëtes de l'Yémen.

Mareb est toujours la principale ville de Dsjof. Elle se trouve à seize lieues d'Allemagne, à l'est nord-est de Sanà, et ne consiste qu'en 300 maisons fort chétives. On prétend y avoir trouvé quelques ruines d'un palais de la reine *Balkis* ou de *Saba* (1). On

---

(1) L'écriture la nomme aussi reine du midi.
Cette dénomination semble indiquer que le pays de cette princesse devoit être au midi de la Palestine, ce qui convient à l'Arabie Heureuse. Dans le même passage, il est dit, qu'elle vint des extrémités de la terre. L'Arabie enfermée entre deux golfes et terminée par l'Océan, répond à cette idée dans l'écriture. La reine

parle fort en Arabie, du grand réservoir des *Sabéens*, que les Arabes nomment *Sitte-Mareb*. C'est une vallée entre deux chaînes de montagnes, qui ont presque cinq lieues d'Allemagne de longueur. Dans cette vallée se réunissent six ou sept petites rivières qui coulent de l'ouest et du sud, et qui viennent en partie, du domaine de l'iman. Quelques-unes sont poissonneuses et conservent de l'eau toute l'année. Ces deux chaînes de

---

de Saba apporta en présent à Salomon des choses qui se trouvoient autrefois assez communément en Arabie; savoir, de l'or, des parfums et des pierres précieuses. Enfin, les anciens parlent d'un peuple de l'Arabie Heureuse, nommé Sabœi, qui admettoit les femmes à la couronne.

Le nombre des interprètes de l'écriture qui cherchent dans l'Arabie Heureuse les états de la reine de Saba, est assez grand et fournit des hommes illustres.

Il n'y a pas moins d'interprètes célèbres qui mettent son royaume en Ethiopie. Joseph, qui a ouvert le premier cette opinion, prétend que la capitale de l'Ethiopie s'appeloit Saba, avant que Cambyse lui eût donné celui de sa sœur *Méroë*.

Les géographes connoissent un autre Saba, ville d'Arie dans l'Arabie Déserte, à environ six journées de Jérusalem. Son nom moderne est *Simiscazar*.

montagnes s'approchent si près l'une de l'autre, à l'est, que l'on peut en passer l'intervalle dans cinq à six minutes. On dit que cette ouverture fût fermée jadis par une épaisse muraille, qui retenoit l'eau superflue, pendant et après les pluies, et qui la distribuoit dans les champs et les jardins qui sont plus à l'est et au nord, par trois portes pratiquées l'une sur l'autre. Cette muraille avoit quarante à cinquante pieds de hauteur. Elle étoit bâtie de fort grandes pierres de taille, et il en reste encore des ruines des deux côtés, mais elle n'arrête plus l'eau, qui, suivant le plus ou le moins de pluies, se perd à longue, ou à courte distance, dans les champs voisins.

Le domaine de Nehhm.

Il est petit et n'offre rien de remarquable.

Le domaine de Khaulan.

Ce petit pays, le second de même nom en Yémen, n'est éloigné que de quelques lieues au sud-est de Sanà. Il a un chef indépendant et d'une ancienne famille ; mais dont les revenus sont médiocres. Ce département renferme la ville de *Tanaejm*, qui est ancienne et célèbre chez les juifs arabes; car cette nation y avoit son principal domicile et beaucoup de grandes synagogues. Actuellement on y voit peu de juifs et même d'habitans. On remarque aussi dans le même pays, le village de *Beit-el-Kibsi* qui n'est peuplé que de scherifs, dont l'un est toujours chef de la caravanne qui va chaque année de Sanà à la Mecque, et qui est ordinairement de deux à trois mille hommes.

Le pays de Jafa.

Ce pays est situé entre *Aden*, *Hodsjerie*, *Kataba*, *Rodda* et la grande province d'*Hadramaut*. Il est fertile et abonde sur-tout en café et en gros bétail. Autrefois il appartenoit à l'iman d'Yémen; mais les habitans se rendirent indépendans, il y a près d'un siècle. Ils sont à présent gouvernés par trois petits princes qui ont aussi conquis une partie de l'Hadramaut, et prennent le titre de sultan.

L'un d'eux possède *Schahhr*, ville qui a un port, d'où l'on exporte un peu d'encens (*Olibân*), moins estimé cependant que celui qu'on recueille aux environs de *Merbat* et de *Hâsek*. Tout encens d'Arabie est inférieur à celui des Indes.

CHAPITRE II.

Le pays d'Hadramaut. *Le pays d*'Oman. *Etats indépendans aux environs du* Golfe Persique. *Le pays d*'Hadsjar. *La province de* Nedsjed.

L'*HADRAMAUT* ou l'*Hadsramaut* est très-grand, sur-tout si l'on y joint le pays de *Mahhra*, que les Arabes probablement y annexent, comme ils ajoutent le Tchama à l'Yémen. Ce pays est borné à l'ouest par le précédent, au sud-est par l'Océan, au nord-est par l'Oman, et au nord par un grand désert. Il renferme des contrées montagneuses très-fertiles, des vallées arrosées par les eaux qui tombent des montagnes, et d'autres enfin, arides et totalement désertes. Des différens ports de ses côtes, on exporte pour Maskat et pour les Indes de l'encens, de la gomme dite arabique, de la myrre, du sang de dragon, de l'aloès; et pour l'Yémen, des toiles, des tapis, et beaucoup de ces grands couteaux nommés *jambea*, que les Arabes portent sur le devant, à la ceinture.

Les deux pays d'Hadramaut et d'Yémen étoient anciennement nommés l'Arabie Heureuse. Ses habitans néanmoins ne faisoient pas alors un commerce plus avantageux et plus étendu que celui d'aujourd'hui. L'aloès et l'encens étoient les principales, ou même les seules marchandises que les étrangers tirassent de ce pays. Quand on examine pourquoi l'Arabie méridionale n'est plus si riche ni si célèbre qu'autrefois, la meilleure raison que l'on puisse en donner, est sans doute que les peuples du nord ont étendu leur navigation. Les Arabes, aux époques les plus reculées, ont commercé par terre avec l'Egypte et les pays voisins. Arrien observe que dans le temps où les Egyptiens n'osoient pas aller aux Indes, ni les Indiens venir en Egypte, l'Arabie Heureuse étoit l'entrepôt des marchandises de ces deux pays. On naviguoit dès-lors sur la mer Rouge; mais cette navigation ayant toujours été regardée comme très-périlleuse, on transportoit la plupart des marchandises dans l'Arabie, par des caravanes: commerce au moyen duquel, non-seulement les ports ou les productions des Indes arrivoient, mais encore les villes du pays, et même les Arabes errans qui fournissoient la plus grande partie des chameaux pour le transport, devoient gagner beaucoup. Les choses ont changé. L'Yémen et l'Hadramaut ne sont plus l'entrepôt des marchandises qui sortent de l'Egypte et des Indes. Les Arabes ont sur-tout beaucoup perdu depuis que les Européens ayant trouvé un chemin autour de l'Afrique, se fournissent eux-mêmes de marchandises des Indes et de la Chine, et même en pourvoient en partie les Arabes de l'ouest, les Egyptiens et les Turcs. Cependant, les Arabes de l'Hadramaut, demeurent encore dans des villes et des villages, et font un assez bon commerce. La secte de Sunni y est dominante. Le dialecte des habitans diffère fort de celui de l'Yémen.

Il y a dans ce pays plusieurs districts, gouvernés par des seigneurs indépendans. Les *Bédouins*, ou Arabes qui vivent sous des tentes, et les *kobails* ou habitans des montagnes, ont une multitude de chaiks. Les villes et les villages qui commercent avec l'étranger, ont aussi les leurs, qui sont souverains. Entre ces derniers, est le chaik de *Schibam*, ville à huit journées de Sanà, et dix de Mareb. On le dit très-puissant.

Les autres villes principales de l'Hadramaut sont : *Doan*, qui est à vingt-cinq journées de Sanà, et à onze de Keschin. On dit qu'elle est plus grande que la première, et qu'elle renferme de tout aussi jolies maisons.

Dafar, ville connue, et port de mer d'où l'on exporte le meilleur encens qui, néanmoins, est mauvais près de celui des Indes.

Keschin, qui a un port sur la même côte. Ses habitans sont très-polis envers les Européens et tous les étrangers. Le chaik qui la gouverne est indépendant. Il possède un district considérable en Arabie, et de plus, l'île de *Socatra*, célèbre par son aloès.

Le pays d'Oman.

Le pays d'Oman est borné à l'est par l'Océan, au nord par le golfe Persique, à l'ouest et au sud par de vastes déserts. Il est montueux et divisé entre plusieurs petits princes indépendans, parmi lesquels *l'iman d'Oman* est le plus considérable.

Sur toute la côte de l'Oman, depuis *Ras-el-Had*, jusqu'à *Ras-Mussendom*, il n'y a de *Tehama*, ou de plaine sablonneuse, que sur une journée de chemin, entre le village de *Sib*, et la ville de *Sohar*. Mais tout le domaine de l'iman est montagneux jusqu'à la mer. Ce pays abonde en grains et en fruits. La mer qui le baigne est si poissonneuse, qu'on nourrit de poisson les vaches, les ânes et d'autres animaux. On s'en sert même pour fumer les champs. Les dattes y sont en si grande quantité, qu'on en exporte par mer des charges entières. On y trouve des mines de cuivre et de plomb.

Les villes principales de la dépendance de l'iman sont les suivantes :

Rostak, où le prince fait sa résidence, et où il tient un *grand wali*, dont l'emploi est à-peu-près le même que celui d'un dola dans l'Yémen, ou d'un pacha en Turquie.

Maskat ou *Mascate*, la ville la plus considérable de l'Oman, et celle qui est la plus connue des Européens. Elle est située par 75. 25. de longitude et 23. 37. de latitude, à l'extrémité méridionale d'un golfe d'environ 900 pas géométriques de long, sur 400 de large. A l'est comme à l'ouest, ce golfe est bordé de rochers escarpés, dans l'enceinte desquels les plus grands vaisseaux sont à l'abri de tous les vents. Des deux côtés de ce beau port, il y a quelques batteries et quelques petits forts dont les plus considérables et les meilleurs, sont ceux de *Mérani* et de *Jelali*. Partout où la ville n'est pas défendue par la nature, elle est enfermée d'une muraille. Derrière cette muraille s'ouvre une assez grande plaine, terminée aussi par des rochers qui n'ont que trois issues étroites. Mascate étoit anciennement, comme aujourd'hui, l'entrepôt des marchandises d'Arabie, de Perse et des Indes. Les Portugais la prirent en 1508. On y voit encore deux églises bâties par eux, dont l'une sert de magasin, et l'autre de demeure au gouverneur. Ils en furent chassés, environ 150 ans après, par les Arabes. Cette ville renferme à-peu-près 1,200 Banians, auxquels on laisse une grande liberté.

Les marchands d'Europe paient à Mascate,

cinq pour cent de droits d'entrées de leurs marchandises, les Mahometans six et demi, les Juifs et les Banians neuf. On doit six pour cent en nature pour les dattes, et elles sont la plus grande richesse du pays. Le prince lui même fait le commerce. Il a quatre vaisseaux de guerre, dans lesquels il fait venir chaque année des esclaves, des dents d'éléphans et autres marchandises d'Afrique. Huit petits navires sont destinés à la garde des côtes; mais ils s'en acquittent si mal, que des pirates osent venir quelquefois jusques devant Mascate.

Les habitans de l'Oman, sont les meilleurs marins de l'Arabie. Ils ont de petits vaisseaux marchands appelés *Trankis*, dont les voiles ne sont pas de nattes comme dans l'Yémen, mais de toiles comme en Europe. Ils sont très-larges à proportion de leur longueur, très-bas par devant, fort hauts par derrière, et ils ont ceci de particulier, que les planches n'en sont point clouées, mais liées et comme cousues ensemble.

La plupart des soldats de l'iman sont des esclaves kafres.

Etats indépendans aux environs du Golfe Persique.

Ce golfe est borné au sud et à l'ouest par l'Arabie, à l'est et au nord-est par la Perse, et il s'étend en longueur depuis le cap d'Arabie, appelé *Moussendom* jusqu'à *Schat-el-Arrab,* ou à l'embouchure de l'Euphrate et du Tigre.

Il y a beaucoup d'Arabes indépendans sur la côte du golfe Persique, et presque tous vivent de la même manière. Ils ne subsistent, pour la plupart, que par le commerce maritime, par la pêche des perles, et celle des poissons. Leur nourriture consiste en dattes, en pain de *Dourra* (millet d'Afrique) et en poissons. Le peu de bétail qu'ils ont se nourrit aussi du produit de leur pêche. Chaque bourgade a son chef indépendant, auquel elle ne paye presque rien. Quand les principaux sujets sont mécontens du chef régnant, ils en choisissent un autre dans sa famille. Les armes de ces Arabes sont le mousquet à mèche, le sabre et le bouclier. Tous leurs bâtimens deviennent navires de guerre lorsqu'ils la font. On sent bien qu'un chaik ne fait que peu de chose avec une pareille flotte. Ceux qui montent la plupart de ces bâtimens, au lieu de chercher l'ennemi, sont souvent forcés à s'arrêter pour pêcher, afin d'avoir de quoi appaiser leur faim. Comme des deux côtés, il est presque impossible d'en venir à une bataille décisive, les guerres sont presque continuelles parmi ces tribus. Elles parlent encore toutes la langue arabe. La plupart sont sunnites, et de là ennemies nées des Persans, avec lesquelles elles ne s'allient jamais.

Les maisons de ces Arabes sont si chétives, que l'ennemi regretteroit la peine qu'il auroit prise à les démolir. Comme en général ils n'ont pas beaucoup à perdre en terre ferme, dès qu'une armée persanne approche, tous les habitans des villes et villages s'embarquent sur de petits bâtimens, et se sauvent dans quelque île du golfe Persique, ou de ses environs, jusqu'à ce qu'elle se soit retirée. Ils sont persuadés que les Persans ne s'établiront jamais sur une côte où ils seroient harcelés par eux et par les autres Arabes. *Nadir-Schan*, ou *Thamas-Kouli-Kan*, ne put les réduire entièrement.

Les villes ou pays les plus remarquables sur la côte de Perse sont les suivans :

Gambron, ville avec un port, dans la province de *Laristan*. Elle étoit très-commerçante il y a un siècle. Actuellement, elle est en fort mauvais état, et l'on n'y trouve pas un seul comptoir Européen.

Au sud de la province de Laristan, on trouve *Minau*, ville assez considérable, à quelques lieues de la mer, et près d'une rivière qui ne porte que de petits bateaux. Les habitans de son district, sont agricoles. Entre Minau et le cap que les Européens appellent *Jask*, habite une grande tribu d'Arabes, nommée *Bellondsje*. Elle possède beaucoup de vaisseaux, avec lesquels elle fait un bon commerce jusqu'à *Basra*, sur la côte de Malabar et dans le golfe Arabique. Ces Arabes sont sunnites, c'est pourquoi, dans les troubles de la Perse, ils s'attachèrent aux aghwans.

Au nord de Gambron, jusqu'à *Delam*, le pays est presque tout uni et bas. On le nomme *Kermesir*, ou le pays chaud.

Khamir est un petit district au nord, et peu éloigné de Gambron. Le chaik régnant réside dans une forteresse, bâtie sur un rocher escarpé.

Les autres places maritimes, situées entre Gambron et le cap Berdistan, qui peuvent faire du commerce, appartiennent à une tribu d'Arabes, nommée *Houle*. Ces Arabes ne labourent point et ne vivent que de la navigation et de la pêche. Ils sont sunnites, nombreux et vaillans; ils pourroient même avec facilité se rendre maîtres de toutes les places du golfe Persique, s'ils étoient plus unis entre eux; mais chacune de leurs petites villes à son propre chaik, et chaque famille aime mieux vivre indépendante et pauvre, que de se soumettre à un chef puissant, et faire des conquêtes dans l'espoir de s'enrichir. *Konkoun*, l'une des villes de cette tribu, renferme quelques Juifs et quelques Banians.

Des Persans, qui n'ont point de vaisseaux, et ne vivent que du produit de leurs terres, habitent entre le cap de Berdistan et le domaine d'*Abou-Schahhar*. Ce district renferme les ruines d'une citadelle portugaise, dans lesquelles demeurent quelques pauvres familles.

Abou-Schahhr, est une colonie arabe, qui n'est pas de la tribu de Houle. Son chaik possède l'île de *Bahhrein*, sur la côte d'Arabie, ce qui le met en état d'entretenir un grand vaisseau et quelques petits bâtimens armés en guerre, appelés *Galvettes*. Il a aussi un assez grand domaine en Kermansir; et en conséquence, il est, en quelque sorte, vassal de la Perse; car il importe infiniment à la ville de *Schiras*, que ce chef ne se révolte pas; c'est pourquoi le gouvernement Persan le force à lui livrer un de ses fils comme ôtage. Les princes de la famille régnante, sont schiites, ce qui la rend odieuse à l'ancienne noblesse du pays, et même à tous les Arabes du golfe Persique.

Plus loin, vers le nord, on trouve le domaine de *Bender-Rigk*. La famille qui y règne est de *Beni-Saab*, tribu d'Arabes sunnites. Elle y est venue des environs du cap *Moussendom*, du pays d'Oman; mais l'aïeul de *Mir - Mahenna*, qui règnoit en 1755, se fit schiite; et son père, ayant déja épousé une persanne, cette famille ne peut plus se compter parmi la vraie noblesse arabe. Ce Mir-Mahenna est très-fameux par sa cruauté. Il s'est rendu coupable des crimes les plus odieux; il a fait périr son père, sa mère, ses frères, ses sœurs, et même quelques-uns de ses enfans, ainsi qu'un grand nombre de ses parens. En 1765, ce monstre n'avoit pas encore trente ans.

La tribu de *Kiab* habite à l'extrémité du golfe Persique. Les Arabes qui la composent, étoient peu considérés, avant qu'ils eussent à leur tête, *Soliman-chaik*, dont la renommée parvint jusqu'en Europe, quand, en 1765, il prit aux Anglais un vaisseau à trois mâts, un à deux, et un petit brigantin. Ce chaik sut mettre à profit les troubles de la Perse, et les vices du gouvernement de *Basra*.

Le domaine de la tribu de Kiab, s'étend depuis le désert d'Arabie, à l'est, jusqu'à *Hindian*, et au nord, depuis le golfe Persique, jusqu'au pays de *Havisa*. Il est arrosé par plusieurs rivières grandes et petites, ce qui le rend fertile en dattes, en riz, en grains et en paturages. On y compte plusieurs villes. C'est à *Ghoban* que le chaik réside pour l'ordinaire.

Il y a beaucoup d'îles près de la côte orientale du golfe Persique. La plupart sont inhabitées. L'une d'elles se nomme *Khouéri*; c'est celle que d'Anville appelle *Kargo*. A trois quarts de lieues d'Allemagne, ou une lieue plus au sud, est l'île de *Kharedsj* ou de *Kareck*, comme l'écrivent les Européens.

Elle a quatre à cinq lieues de tour. On y voit encore de longs conduits d'eau, taillés sous terre, dans le roc, preuve certaine qu'elle a été autrefois plus habitée qu'elle ne l'est aujourd'hui. Les Hollandais ont soutenu une guerre au sujet de cette île.

Le pays d'Hadsjar.

Ce pays confine vers l'orient au golfe Persique, vers le nord au territoire des Arabes errans des environs de *Basra*, vers le couchant au Nedsjed, et vers le sud à l'Oman. Les habitans des villes, sur-tout de celles qui sont aux environs du golfe Persique, sont schiites, et les Bédouins, comme ceux des villes et villages situés au cœur du pays, sont sunnites. On y voit aussi beaucoup de *sabéens*, ou de chrétiens de Saint-Jean, et même quelques juifs. La justice y est fort bien administrée et le commerce considérable. Ceux qui habitent la côte, retirent un grand profit de la pêche des perles; ceux de l'intérieur, de leurs dattes; les fabricans, de leurs abbas, qui sont fort recherchés dans toute la Perse et en Arabie; et les Bédouins, de leurs chameaux, dont ils vendent, chaque année, plusieurs milliers en Syrie.

L'*abba*, est un vêtement, ou large sur-tout sans manches. Sa forme est celle d'un sac à bled, avec un trou au fond, pour passer la tête, une fente, à chaque côté pour passer les bras, et une ouverture du haut en bas, pardevant.

Le pays d'Hadsjar étoit autrefois une province de l'empire Ottoman ; mais il y a nombre d'années que les Arabes en ont chassé les pachas. On y voit encore quelques familles Turques. Elles se distinguent par l'habillement, et possèdent des terres considérables, sans avoir part au gouvernement. Tout le district appartient à la tribu *Beni-Khaled*, une des plus puissantes parmi les Arabes, et qui s'étend si avant dans le désert, que souvent elle inquiète les caravanes entre *Bagdad* et *Haleb*. La plus grande partie du pays est habitée par les Bédouins et par différentes tribus Arabes qui reconnoissent la souveraineté de celle que nous venons de nommer. On trouve plusieurs villes dans l'Hadsjar. *Lachsa* est la résidence du chaïk régnant. On ne sait aucune particularité sur les villes et villages de l'intérieur du pays. Près du golfe Persique, sont :

Katif, ville assez grande, avec un port, et distante d'environ cinq lieues d'Allemagne de l'île d'*Aoual*, ou de *Bahhrejn*. Ses habitans subsistent principalement par la pêche des perles ; et lorsqu'ils ne sont pas assez riches pour pêcher à leurs propres frais, ils se louent pour ce travail, à des marchands étrangers, que cette pêche y attire pendant les mois les plus chauds de l'année. On trouve encore ici les ruines d'un ancien fort portugais.

Kattar, port sur la même côte, vis-à-vis de l'île de *Bahhrejn*. Les habitans de cette ville paient annuellement au chaik d'*Abou-Schahhr*, 3000 roupies pour avoir la permission de pêcher des perles sur la côte de cette île.

Koueit, ville avec un port. Les Persans, et généralement les étrangers, l'appellent *Gran*. On dit quelle a huit cents petits navires. Ses habitans vivent aussi du produit de la pêche des perles et de celle des poissons, sur la côte de Bahhrejn. On assure qu'ils sont au nombre de dix milles ; mais dans les plus grandes chaleurs de l'année, lorsque la plupart sont à la pêche sur la côte de l'île, et les autres en voyage pour vendre des chameaux, il ne reste pas plus de trois mille personnes dans la ville de Gran. La tribu arabe qui y domine, est celle de *Beni-Otba*; mais elle est soumise à la tribu de *Beni-Khaled* de *Lachsa*.

Entre les possessions de la tribu de Beni-Kaled et le pays d'Oman, habite une grande tribu arabe, qui possède plusieurs places. Une autre petite tribu, nommée *Beni-As*, se trouve auprès; mais son pays est si mauvais, que ses voisins n'ont aucune raison de le lui envier.

La province de Nedsjed.

Ce grand pays s'étend depuis l'Hadsjar, et l'*Irak*, ou l'Arak d'Arabie, à l'occident, jusqu'à l'Hedsjas, et depuis Nedsjeran et Kachtan, c'est-à-dire, depuis l'Yémen vers le nord, jusqu'au désert de Syrie. La plus grande partie de cette province est habitée par des Bédouins. Celle que l'on connoît plus absolument sous le nom de Nedsjed, est montagneuse, remplie de villes et de villages, aussi bien que de petites seigneu-

de sorte que presque chaque petite ville est gouvernée par un chaik indépendant. Le Nedsjed montagneux, est très-fertile en toutes sortes de fruits, et principalement en dattes. On y trouve peu de rivières ; et même celle qui est marquée sur la carte de Danville, n'est qu'un *wadi*, ou torrent, qui n'a de l'eau qu'après les grandes pluies. C'est pourquoi les Arabes de cette contrée, sont obligés de creuser des puits très-profonds, et cette disette d'eau y rend le labourage fort pénible.

Il y a dans la province de Nedsjed, proprement dite, deux districts principaux, savoir, celui d'*El-Ared* et celui d'*El-Kherdsje*. La province d'*El-Ared*, confine vers l'orient au pays d'Hadsjar. On y trouve *Daraie*, district autrefois nommé *Wadi-Hanifa*, et connu encore aujourd'hui sous le même nom. Parmi ses dépendances, est la ville d'*El-Aijane*, qui est devenue célèbre par un arabe nommé *Abd-oul-Wahheb*, qui, il y a trente ou quarante ans, a fondé une nouvelle religion ou secte. On croit que le chaik de *Nedsjeran* en a fait autant. Il n'est pas facile de rien dire de positif sur les principes de leur croyance. On dit que leurs sectateurs appellent toujours Mahomet leur prophête; qu'ils prient et jeûnent comme le reste des musulmans, et que la différence qu'il y a entre eux et les sunnites, consiste en ce qu'ils ne veulent point reconnoître les saints de ceux-ci. Une autre version porte que la doctrine d'*Abd-oul-Wahheb*, est que Dieu seul doit être invoqué et adoré comme le créateur de toutes choses; qu'il avoit défendu à ceux de sa secte, de faire mention dans leurs prières du nom de Mahomet, ou de quelque autre saint et prophête, ni enfin de lui-même, parce que cela pourroit mener à l'idolatrie; qu'il regardoit Mahomet, Jésus-Christ, Moïse, etc., comme de grands hommes et des personnages respectables, dont on peut lire les écrits et entendre réciter les actions, sans commettre de péché; mais qu'il ne croyoit pas que jamais livre eût été écrit par inspiration divine, ou par l'ange Gabriel. Des guerres civiles ont été la suite de cette innovation. On dit que le chaik de Lachsa, vint à la tête d'une armée de 340,000 hommes, avec quatre vieilles pièces de canon, portugaises ou turques, et un mortier, assiéger le réformateur, dans un fort bâti sur une montagne ; mais comme il ne sut pas se servir de son artillerie, et qu'il fit trop avancer ses gens sous ce fort, ils furent exposés au feu de mousqueterie de l'ennemi, et si maltraités, que l'armée fut mise en désordre et s'en retourna avec son chef, à Lachsa.

Abd-oul-Wahheb s'est fait un état indépendant dans sa province. Son fils qui lui a succédé est aussi chef de sa religion.

Les Arabes du Nedsjed ne sont pas plus inhumains ni moins hospitaliers envers les étrangers, que le reste de leur nation. Mais comme cette province renferme un grand nombre de petits états indépendans qui ont chacun leur chaik, on peut aisément comprendre que les voyageurs y trouvent peu de sûreté. Chaque prince cherche à tirer d'eux tout ce qu'ils peuvent leur attraper, tant pour le posséder que pour empêcher quelque ennemi de s'en emparer. Les chaiks du Nedsjed se font continuellement la guerre. Les caravanes qui traversent ce pays pour aller à la Mecque, sont pour la plupart composées de mendians. Les autres sont à chaque instant obligés de payer des droits, ou de faire des présens.

CHAPITRE III.

La province d'Hedjas. Villes de la Mecque et de Médine.

CETTE province est bornée au levant par le Nedsjed, au nord par le golfe d'Arabie et par le désert de Syrie, à l'ouest par le même golfe, et au sud par l'Yémen. Le terroir y est en partie aussi bon que dans ce dernier pays. Loin de la côte, on trouve beaucoup de cantons montagneux qui sont très-fertiles; et près de la mer, quelques plaines qui pourroient être améliorées par les torrens qui tombent des montagnes. Le sultan de Constantinople prétend la souveraineté de cette grande province, mais on s'y inquiète peu de ses prétentions, le scherif de la Mecque y étant très-considéré, quoique son vassal, et le reste de l'Hedsjas étant soumis à des chaiks arabes indépendans. Voici proprement en quoi consiste le pouvoir du sultan dans l'Hedsjas : 1º. Les caravanes, ou plutôt les armées turques, y passent presque par force chaque année.

2°. Le sultan peut, par son pacha qui conduit la caravane de Syrie, déposer le schérif, pendant le peu de jours que les pélerins s'arrêtent à la Mecque, et en nommer un autre de la même famille. 3°. Il entretient un pacha à trois queues dans la ville de Dsjidda, qui, malgré sa suite nombreuse, n'ose ni aller à son gouvernement, ni en revenir sans une grande caravane. 4°. Une partie de la garnison qui, à la Mecque, à Médine et à Jambo, est composée de soldats turcs. 5°. Les Turcs ont, pour la sûreté de leurs caravanes, des garnisons dans différentes petites citadelles, bâties près des puits, sur le chemin d'Egypte et de Syrie à la Mecque, mais sans aucun pouvoir dans les villes et villages des environs. Les Arabes seroient en état de chasser bientôt les Turcs de l'Hedsjas, si l'amitié du sultan ne leur étoit avantageuse. Les premiers envoient tous les ans des sommes si considérables à la Mecque, que presque tous les habitans de cette ville, et tous les descendans de Mahomet dans l'Hedsjas, en tirent un certain revenu, en qualité de *gaddâm-el-kaba*, ou officiers de la *kaba*, titre qui leur appartient, parce qu'ils demeurent en Terre-

Sainte, et non parce qu'on exige d'eux quelque service près de cette même *kaba*. Il vient, en outre, annuellement et aux frais du sultan, quatre à cinq vaisseaux chargés de blé, de riz, et d'autres provisions, le tout destiné pour Médine et la Mecque. Pendant que les pélerins sont dans cette dernière ville, il fait de plus distribuer autant d'eau que 2,000 chameaux en peuvent apporter. Les Arabes errans même, tirent de grands profits des Turcs : car, quoique les caravanes soient escortées par un pacha de Syrie et par un bey d'Egypte, qui ont beaucoup de soldats avec eux, il faut néanmoins qu'elles fassent à ces Arabes de grands présens, pour passer sur leurs terres sans péril.

L'autorité du sultan n'est guère plus respectée dans le golfe d'Arabie que dans l'Hedsjas. Cependant, si le commerce des Turcs a peu de succès aussi de ce côté, ils doivent plutôt s'en prendre à leur ignorance qu'aux procédés des Arabes. Comme la côte d'Arabie est bordée d'écueils de corail, et que les bâtimens turcs longent toujours les côtes, il n'y a pas de voyage de mer qui se fasse avec plus de danger que celui des vaisseaux du Caire. Le trajet de Dsjidda à Suez, par le milieu du golfe, ne seroit pas sans doute plus périlleux que celui de *Bab-el-Mandeb* à Dsjidda, route pour laquelle les vaisseaux des Européens n'ont pas même besoin de pilotes. Comme le vent y souffle régulièrement pendant six mois du nord, et pendant les six autres du sud, un habile marinier d'Europe pourroit aisément aller de Suez aux Indes, et retourner des Indes à Suez en moins d'un an; mais les Turcs sont trop ignorans dans la navigation, et trop fiers pour étendre leur commerce chez les étrangers. Pendant le même espace de temps, les vaisseaux du Caire ne font qu'un seul voyage de Suez à Dsjidda. Ils partent dans la saison où le vent est au nord, et arrivent en 17 ou 20 jours, après avoir jeté l'ancre presque tous les soirs. Pour revenir, il leur faut au moins deux mois. Les vaisseaux turcs, soit par crainte des Arabes, soit pour la sûreté des caravanes qui transportent les marchandises par terre du Caire à Suez, partent toujours en grand nombre et de conserve.

La ville de *Dsjidda* ou *Gidda*, située

près du golfe Arabique, par 21. 28. est environnée d'un mur délâbré en quelques endroits, du côté du sud, de façon qu'on y entre et qu'on en sort à volonté. Elle a une batterie à la pointe du port, mais qui n'est point en état de servir. On voit encore hors de la ville, sur le chemin qui conduit à la Mecque, quelques misérables tours, et sur la place, près de la maison du pacha et du port, quelques canons qui servent à saluer les vaisseaux, quand ils entrent ou qu'ils sortent. Les maisons des marchands sont commodes, d'une belle apparence et regardent la mer. Le reste de la ville n'est qu'un amas de chétives cabanes arabes. En dedans et au-devant du port, il y a des rochers de corail, qui forcent les vaisseaux à ancrer à une grande distance. Près de la ville, il y a si peu d'eau, quand elle est basse, que pendant certains mois, les barques chargées sont obligées d'attendre le flux, ou le reflux, pour arriver ou pour partir. Outre la marée ordinaire et journalière, il y en a une annuelle à Dsjidda : car les vents continuels du sud font tellement monter l'eau, lorsqu'ils règnent, que la plus basse marée s'élève bien au-dessus du point de la plus haute, lorsque le vent a été long-temps au nord. La marée journalière monte à peine d'un pied. Il y a peu de villes et de villages sur la côte de l'Hedsjas, mais beaucoup de bons ancrages, où des vaisseaux de 40 à 50 pièces de canon, peuvent être en sûreté.

Dsjidda, comme on le sait, est le port de la Mecque. Les vaisseaux du Caire ne vont pas plus loin vers le sud. Les Européens qui viennent des Indes orientales, ont coutume, quand ils arrivent à un banc de corail, nommé *Mousmari*, de tirer un coup de canon pour avoir un pilote côtier qui les conduise dans le port.

Les villes de *Médine*, *Yambo*, *Tuaif*, *Sadie*, *Ghonn-Foude*, *Hali*, et douze ou treize autres dans l'Hedsjas, appartiennent au schérif qui règne à la Mecque. Il est vrai que le sultan a quelques janissaires dans celle-ci et les deux premières. Mais le schérif a aussi ses soldats, et, dans chacune, un gouverneur, auquel on donne le nom de visir. Il faut que ce visir soit aussi schérif, parce que les descendans de Mahomet dans l'Hedsjas, ne comparoissent devant aucun magistrat dont la naissance soit inférieure à la leur.

La Mecque est à une forte journée de Dsjidda. Le chemin tournant vers le sud autour des montagnes, la distance d'une ville à l'autre ne peut être, en ligne directe, que de cinq à six milles d'Allemagne. Le terroir près de la Mecque est aride et stérile; mais on trouve de beaux fruits dans les parties plus élevées, à quelques lieues plus loin. La chaleur est excessive dans cette ville pendant l'été. Alors les habitans ferment les portes et les volets de leurs maisons pour s'en garantir, et ils arrosent les rues pour rafraîchir l'air : on s'y rappelle même d'exemples de gens étouffés et comme brûlés par le vent, dit de *Samoum*.

Comme les plus distingués parmi les nobles de l'Hedsjas demeurent à la Mecque; comme elle forme un entrepôt pour les Indes, la Syrie, l'Egypte, etc.; que les pélerins et les marchands s'y rassemblent tous les ans par milliers, et paroissent se disputer la gloire de l'enrichir, on croira facilement qu'en comparaison des autres villes du pays, elle contient des bâtimens vastes et beaux, à la manière des Arabes. Entre ces édifices, le plus remarquable est la *kaba* ou *Beit-Allah*, c'est-à-dire la maison de Dieu, qui étoit déja en vénération parmi ces peuples avant Mahomet, et qui, selon la loi mahométane, doit être visitée au moins une fois par tous ceux qui professent cette religion, et qui ont de quoi fournir aux frais du voyage.

Les Européens n'osent approcher de la Mecque plus loin que Dsjidda. Ceux qui y sont allés du moins, étoient sans doute des renégats. Le peuple de cette ville regarde son territoire comme sacré, et il traiteroit de profane tout chrétien qui oseroit y mettre les pieds.

Quoique les mahométans ne permettent pas aux chrétiens d'aller à la Mecque, ils ne leur refusent pas cependant la description de leur kaba. Ils racontent aussi aux étrangers toutes les cérémonies que leur loi prescrit aux pélerins.

La grande mosquée de la Mecque, proprement dite le Lieu-Saint, est un vaste édifice, formant un carré long. Cet édifice n'étant point couvert, l'intérieur devient une place entourée de trois rangs de colonnes, surmontées de deux rangs de coupoles fort basses. Les pélerins se réfugient sous ces portiques, pendant la chaleur du jour, et chacune des sectes orthodoxes, se tient derrière sa maison de prière. Une grande quantité de lampes d'argent sont suspendues sous des espèces d'arcades, où l'on trouve beaucoup de marchandises dans le temps du pélerinage. Cette mosquée a six minarets, sans compter un septième sur un édifice latéral qui joint le temple et qui en dépend. Dans le mur extérieur, il y a en tout trente-neuf portes. Les pélerins qui visitent la *kaba*, pour la première fois, entrent par une porte désignée et sortent par une autre qui l'est aussi.

Un petit édifice carré, situé au milieu de la grande place, est proprement cette fameuse kaba. Les mahométans la respectent si fort, que, lorsqu'ils prient Dieu, ils ne manquent jamais de se tourner du côté où ils la supposent, dans quelque lieu du monde qu'ils se trouvent. Ils la révèrent à ce point, parce qu'ils croient qu'Abraham la bâtit pour y dire ses prières. On assure, cependant, que celle de ce patriarche étoit située un peu plus vers l'orient, mais tout près de celle qui existe aujourd'hui, et qu'on en voit encore quelques ruines.

La kaba n'a point de fenêtres. Sa porte

est du côté du sud, non pas dans le milieu, mais plus vers le sud-ouest, et si haute, qu'étant en bas, on peut à peine en atteindre le seuil avec la main. On n'y monte pas par un escalier, mais par une échelle qu'on peut enlever. Excepté des cas extraordinaires, les portes de la kaba ne s'ouvrent que deux fois par an, encore, dans ces mêmes cas, n'est-il permis d'y entrer qu'aux gens de distinction et à ceux qui sont en relation avec eux. Il ne paroît pas que de grandes richesses y soient renfermés, comme l'ont cru long-temps les Européens; mais on exalte fort la quantité de lampes et de candelabres d'or et d'argent qui sont dans la place et sous les arcades, autour de cette sainte maison. On ne pense pas, néanmoins, que le tout puisse entrer en comparaison avec les trésors que l'on conserve dans quelques églises catholiques.

Ce qu'il y a de plus remarquable dans la kaba, c'est la pierre noire qui est enchâssée et maçonnée dans le mur, au coin du sud-ouest, à peu de distance au-dessus de terre. On prétend que l'ange Gabriel l'a apportée du ciel; qu'elle a été blanche et si brillante, qu'à quatre journées de chemin, on pouvoit reconnoître sa lumière; mais qu'après avoir excessivement pleuré sur les péchés des hommes, elle a insensiblement perdu sa clarté, et qu'elle est devenue toute noire. Aussi souvent qu'un musulman fait le tour de la kaba, il baise cette pierre, et quand l'affluence du peuple l'en empêche, il cherche du moins à la toucher de la main. Elle est enchâssée en argent, mais à ce qu'on croit, de peu de valeur.

Toute la kaba est couverte d'une étoffe de soie noire, sur laquelle sont brodés en or trait, et en très-grands caractères, plusieurs passages du Koran. Cette précieuse étoffe se brode au Caire, dans le palais des anciens sultans de l'Egypte. Chaque année, on la change aux frais du grand-seigneur. La goutière par laquelle l'eau s'écoule du toît de la kaba, est d'or pur. Autour de l'édifice, règne à quelques distance, un rang de piliers de métal, entre lesquels sont attachées des chaînes qui servent à suspendre des lampes et des candelabres d'argent. Tout auprès, sont les quatre maisons de prière des quatre différentes sectes de sunnites, et le *Makma-Hazaret-Ibrahim*, ou la place sur laquelle Abraham faisoit la sienne, avant que la kaba fût bâtie. Là, doit être aussi la prétendue pierre de ce patriarche. Il y a encore trois bâtimens sur la grande place. L'un couvre le puits de Zemzem, fort estimé chez les mahométans, pour son eau, et qui fut produit, ou découvert, par miracle. Ce fut là, dit-on, que *Hagar* posa son fils *Ismaël* sur le sable, afin de pouvoir mieux chercher de l'eau. Ayant long-temps couru sans succès, et revenant fort triste auprès de l'enfant, elle fut très-surprise de voir à l'endroit où il avoit joué, de l'eau jaillir entre ses pieds. Il est clair que les mahométans ont pris le fond de cette histoire dans l'Ecriture.

La clef de la kaba doit demeurer perpétuellement dans la famille d'*Othman-ibn-Talha*. (1)

---

(1) Au chapitre du Koran, intitulé *Nassa*, on lit ces paroles : *Dieu vous commande de rendre les dépôts à ceux à qui ils appartiennent.* Les interprètes disent qu'il faut entendre littéralement ce passage qui a trait à ce qui arriva après la prise de la Mecque. Mahomet étant entré victorieux dans cette ville, demanda les clefs du temple à Othman, fils de Talha, qui en étoit le gardien, afin qu'il pût y entrer pour faire sa

Le territoire saint de la Mecque, s'étend à quelque distance et se trouve indiqué par de certaines marques sur les grands chemins. C'est là que ceux qui font leur premier pélerinage, sont obligés de mettre l'*ihhram*

---

prière. Othman les lui apporta, et comme il les lui présentoit, Abbas, qui étoit de la famille de Haschem et oncle de Mahomet, les lui demanda, parce qu'il avoit déja celle du puits de Zemzem. Othman entendant parler Abbas retira sa main, et refusa de les lui donner; mais Mahomet voyant son refus, lui dit : Ne vous fiez-vous pas à Dieu et à son envoyé? Sur quoi Othman lui remit ces clefs aussitôt.

Après que Mahomet fut sorti du temple, Ali, son cousin-germain et son gendre, lui demanda ces clefs en garde. Mahomet lui dit alors : Je ne charge mes parens que des choses dont il peut résulter quelque avantage au public en les leur confiant, et non pas de celles dont il peut seulement leur en revenir quelque utilité. Après ce discours, il fit appeler Othman et lui dit : *Recevez ces clefs et gardez-les, vous et votre postérité, comme une chose qui vous appartient en propre, et que personne ne vous en ôte jamais la possession, s'il ne veut passer pour usurpateur.* Depuis ce temps Othman s'attacha lui et les siens à Mahomet. Lorsqu'il se vit avancé en âge, il remit sa charge à son fils, et jusqu'à présent sa postérité jouit du privilège de garder les clefs du temple de la Mecque.

ou l'*ahhram*, c'est-à-dire, de s'habiller comme les Arabes du commun, et de la façon la plus humble, en se couvrant de deux draps de toile, dont l'un pend depuis la ceinture jusqu'aux genoux, et l'autre est placé sur une des épaules. Il faut aussi qu'ils aillent nu-tête, peut-être parce que les Bédouins et autres Arabes du commun, laissoient croître leurs cheveux du temps de Mahomet, et alloient tête découverte, comme font les Arabes, vers le sud de **Hali**, et en *Haschid-el-Bekil*. Dès qu'un mahométan arrive pour la première fois, soit à Dsjidda, soit aux marques indicatives du territoire saint de la Mecque, il doit partir sans délai pour cette ville. Le premier voyage ne donne pas le titre d'*Hadsj*, ou de pélerin. Pour l'obtenir, il faut se trouver à la Mecque, au commencement du mois de *suladsj*, afin d'assister à toutes les cérémonies qui s'y font, ainsi que dans les environs. De même aussi, nul chrétien d'orient ne peut prétendre de ceux de sa croyance, le nom d'*hadsj*, ou *mokdasj*, s'il n'a été à Jérusalem pendant les fêtes de Pâques.

Le nombre des pélerins qui vont à la Mecque est très-considérable chaque année.

Il le seroit encore plus, si tout mahométan qui jouit d'une bonne santé, et qui pourroit fournir aux frais de ce pénible et dispendieux voyage, vouloit l'entreprendre. Il vient dans la ville Sainte, une grande caravane de Damas, commandée ou menée par un pacha à trois queues. Une autre est conduite par un bey d'Egypte, qui, pendant tout le temps qu'il se trouve à sa tête, est appelé *Emir-Hadsj*. A celle-ci se joint la caravane des Arabes de Barbarie ; mais une partie devance toujours l'autre d'un jour, et toutes deux se réunissent à celle de Damas, à quelques journées de la Mecque. Une quatrième vient de Bagdad, sous un chef nommé par le pacha de cette ville, et avec elle arrive une multitude de pélerins Persans. La cinquième est composée de ceux de Lachsa, de Bahhrejn et de Nedsjed. Il en vient encore une du pays d'Oman. Les deux dernières sont petites et ne portent point de marchandises. Il y a aussi une caravane d'Yémen, outre une quantité de pélerins qui arrivent par mer, et qui viennent de la Perse, des parties orientales et méridionales de l'Arabie, des Indes, de Java, Sumatra, et autres îles, des colonies Arabes sur la côte méridionale de l'Afrique, de la côte occidentale du golfe d'Arabie, de Nubie, etc. Plusieurs de ces pélerins vont à la Mecque, en qualité de marchands. Souvent ils font ce voyage plus d'une fois, et plutôt par intérêt que par dévotion. Ceux qui vont comme soldats, pour défendre les caravanes, sont en grand nombre et payés. Quantité de ces voyageurs sont pélerins de profession : car tous ceux qui, par leurs affaires, ou d'autres raisons valables, sont empêchés d'aller à la Mecque, peuvent choisir quelqu'un qui, après leur mort, fasse le pélerinage à leur place. La plupart des mahométans trouvent facilement une excuse pour ne pas remplir ce devoir. Voilà pourquoi les héritiers d'un homme riche, lorsqu'ils sont dévots, envoient à la Mecque, en son nom, quelque pauvre qui ne craint point la fatigue ; et la dépense de ce voyage ne se monte pas à ce qu'auroit coûté au défunt, le seul conducteur de ses chameaux. Tout homme qui entreprend ce pélerinage pour autrui, doit rapporter une attestation de quelque iman, qu'il a rempli toutes les formalités ou cérémonies, au nom de tel ou tel. Très-peu de pélerins se rendent à la

Mecque par dévotion et à leurs dépens. Quand ils le font, il leur en coûte beaucoup : car, les mahométans, qui, en général, sont charitables, répandent de grandes aumônes dans cette occasion.

Quoique les descendans de *Hassan*, fils d'*Ali*, ne soient jamais parvenus à la dignité de califes, il paroît que fréquemment, ils se sont arrogé la souveraineté des principales villes de l'Hedsjas. La famille de Hassan se partagea ensuite en plusieurs branches. Celles qui descendent d'*Al-Bunemi*, et qui sont, dit-on, au nombre de 300, prétendent à la succession du gouvernement de la Mecque et de Médine. Le sultan paroît se soucier fort peu que qui que ce soit d'entre eux, se dise seigneur de la première de ces villes. Il souffre que le plus puissant de tous, s'érige en *scherif-es-scheraf*, c'est-à-dire, en scherif régnant.

On a déja dit que le grand-seigneur a droit de déposséder le schérif régnant, et de le remplacer par un parent de celui-ci. La chose arriva vers le milieu du siècle où nous sommes. Des guerres civiles en furent la suite, et la ville de la Mecque se vit menacée par un grand nombre d'Arabes. Les princes mahométans ne respectent donc plus la loi qui leur défend de porter la guerre dans les lieux Saints. Peut-être même ne se font-ils pas scrupule d'attaquer leur ennemi dans la place qui environne la kaba. Il n'y a pas un grand nombre d'années qu'*Hossein*, bey du Caire, s'étant brouillé avec le scherif *Mesûd*, planta ses petits canons sur le minaret *Kaid-Bey*, situé dans le mur qui environne la maison sainte. On assure qu'il fit tirer delà sur le palais du scherif, placé de l'autre côté de la kaba.

Le scherif de la Mecque n'est que prince temporel, et n'a le titre ni d'iman, ni de calife. Comme tous les Arabes ont coutume de payer très-peu à leur prince, et que le domaine de celui-ci est fort petit, les revenus qu'il tire de ses sujets, ne sont pas considérables. Il est cependant un des plus puissans princes d'Arabie; car les villes, dites saintes, ont, en vertu de différentes donations de plusieurs souverains ou riches mahométans, de grands revenus, auxquels le scherif a bonne part. Il tire aussi de grosses sommes des pays turcs, où dans presque toutes les villes, on trouve des bazars, des khans, des bains et des maisons dont les revenus appartiennent à la kaba. Il partage même le produit de la douane de *Dsjidda*, avec le pacha de cette ville, et il lève une capitation très-forte sur tous les zéidites qui arrivent à la Mecque. Ceux de cette secte ont un officier qui termine leurs différens. Cet officier paie à la kaba dix écus pour chaque pélerin, et même jusqu'à cent pour un riche. Les revenus que le scherif tire des autres princes étrangers de la religion de Mahomet ne sont pas si assurés.

Il y a à la Mecque un kadi qui est relevé, presque tous les ans, par un autre qui vient de Constantinople. Mais les quatre mouftis des sectes regardées comme orthodoxes par les sunnites, restent communément en place. Ils siégent dans le tribunal suprême auquel ce kadi préside. Chacune des mêmes sectes a aussi son iman, pour lui réciter les prières. En général, les emplois de la kaba, et sur-tout celui du garde-clef, sont fort lucratifs.

La place qui, après la Mecque, mérite en Hedsjas le plus d'attention, est Médine. Cette ville est petite et environnée d'une mauvaise muraille. Elle a très-souvent eu son propre prince. Médine étoit autrefois nommée *Jathreb*. Mahomet y fut accueilli, lorsqu'il fuyoit la Mecque d'où l'avoit chassé la tribu de *Koreisch*. Ce prophète y est mort et enterré. Par toutes ces raisons, cette ville fut appelée *Medinet-en-Nebi*, c'est-à-dire, ville du prophète. Les mahométans la nomment Sainte et ne permettent ni aux chrétiens, ni aux juifs d'en approcher.

Le tombeau de Mahomet, que l'on montre à Médine, sans être l'objet de leur culte, est en vénération chez les sectateurs de sa loi. Les pélerins ne sont pas obligés de le visiter. Les seules caravanes de Syrie et d'Egypte, en revenant de la Mecque, font un petit détour pour passer par Médine, parce que les mahométans regardent comme une bonne action, de réciter quelques prières dans cette ville. Parmi les personnages de distinction qui s'y rendent, il en est peu qui aient le bonheur d'entrer dans l'édifice bâti au-dessus du tombeau de Mahomet. Comme on craint que, par esprit d'idolâtrie et de superstition, le peuple ne rende des honneurs à ce tombeau, on ne permet de le regarder qu'à travers une grille de fer. Il n'est pas plus magnifique que celui des autres fondateurs de mosquées, l'endroit où l'on a déposé le corps du prophète des Arabes, n'étant couvert que d'une simple maçonnerie. Sa forme est celle d'une grande caisse. On voit aussi dans ce bâtiment, d'autres tombeaux pareils, sous lesquels reposent les deux premiers califes, *Aboubekr* et *Omar*. On dit que près de celui de Mahomet, il en existe un, tout ouvert, pour recevoir *Sidna-Isa*, c'est-à-dire, Jesus-Christ, qui, selon les mahométans, reviendra dans les derniers temps, pour mourir à Médine. Quoique le tombeau de Mahomet ne soit pas superbe, on garde néanmoins dans l'édifice supérieur, des richesses immenses, envoyées par des princes mahométans; et l'on dit, dans le pays, qu'elles seroient à la disposition du sultan de Constantinople, s'il en avoit besoin pour soutenir une guerre contre les infidèles. La partie la plus considérable de ces trésors, doit être en pierres précieuses. On prétend y conserver une poudre chymique, ou la pierre philosophale, qui, sur-le-champ, convertit tous les métaux en or. C'est, sans doute, à cause de tant de richesses, que le tombeau de Mahomet est gardé par quarante eunuques. On assure aussi qu'on y établit cette garde pour en écarter le peuple qui, accoutumé à jeter sur les tombeaux des saints, quelques lambeaux de ses habits, dans l'espoir d'obtenir l'accomplissement de ses vœux, pourroit, à travers le grillage, y jeter des choses impures. Les mahométans du commun, croient que ces gardes y sont, depuis que deux chrétiens travestis, essayèrent un jour d'enlever les ossemens de Mahomet.

Autour du bâtiment, en dehors, est une étoffe riche, brodée en lettres d'or, sur un fond vert. On la travaille à Damas, et on la change tout les sept ans, lorsque la fête du sacrifice tombe un vendredi, ou lorsqu'un nouveau sultan monte sur le trône. Le tombeau de Mahomet et celui des deux premiers califes, ne sont pas au milieu, comme la kaba, mais au coin d'une grande mosquée. Celle-ci forme un carré long, intérieurement garni d'arcades, surmontées de petites coupoles en forme de turban. La façade semble celle d'une maison ordinaire, mais d'un seul étage, avec une porte ronde au milieu, et trois fenêtres de chaque côté. Aux deux extrémités, sont deux minarets qui répondent à deux autres, placés de la même manière, à la façade parallèle. Un *cinquième* se trouve derrière le tombeau de Mahomet, mais en dehors, ainsi que les quatre autres.

La mosquée de Médine est découverte comme celle de la Mecque. L'intérieur est divisé en deux parties inégales. La plus longue est destinée aux prières. Celle-ci se trouve la première, et la seconde renferme le tombeau du prophète, dans un espèce de cimetière, au milieu duquel est un petit bâtiment qui sert de chaire. On sait que plusieurs califes avoient eu dessein de transporter dans leur résidence, celle dans laquelle Mahomet avoit coutume de prêcher. Elle est encore à Médine ; on s'en sert les jours de fête ; mais les Arabes ne la révèrent point.

Le port de Médine est *Jambo*, ville d'une grandeur médiocre, et environnée d'une muraille mal construite. Elle a une garnison de quelques janissaires, pour la sûreté des pélerins et des marchands turcs.

Après Jambo, on trouve *Taaif*, ville entourée aussi d'un mur. Elle est située sur une haute montagne dans une vallée agréable et fertile, d'où l'on transporte à la Mecque des fruits verts, et sur-tout, des raisins. Cette même contrée envoie une quantité d'amandes jusqu'aux Indes.

Ghounfoude, ville assez grande, mais mal bâtie, est située au bord du golfe d'Arabie. Elle appartient au schérif de la Mecque. Le gouverneur demeure dans une petite île à quatre lieues d'Allemagne du rivage, et dans un château qui n'est qu'une mauvaise tour.

Parmi les chaiks indépendans de l'Hedsjas, le plus puissant est celui de la tribu de *Harb*, qui, dit-on, peut mettre deux mille hommes sur pied. Le domaine de cette tribu est situé entre la Mecque et Médine.

Il y a aussi plusieurs petits états souverains dans les montagnes de l'Hedsjas. Les Arabes qui y demeurent ne vivent pas sous des tentes, comme ceux des plaines, mais ils passent l'année dans des villes et des villages, et se défendent dans leurs petites citadelles, situées sur des rochers et des montagnes escarpées. Quelquefois ils se joignent à leurs voisins les Bédouins, contre les Turcs, quoique ces derniers ne traversent pas leur domaine. Parmi ces états se trouve le district de *Kheirbar*, qui est au nord-est de Médine, et qui est habité, dit-on, par des Juifs indépendans, soumis à leurs propres chaiks, comme les autres Arabes. Les Turcs les ont en horreur et les accusent de piller leurs caravanes. Il paroît que les Juifs de Kheibar n'ont aucune liaison avec ceux qui demeurent dans les villes sur les confins de l'Arabie. Peut-être sont-ils karaïtes : on sait que les juifs de cette secte sont plus odieux aux juifs pharisiens que ne le sont les mahométans et les chrétiens. Les terres que ces juifs habitent sont situées de manière qu'on ne peut y arriver qu'en passant par de vastes déserts, sur-tout du côté de l'est et du nord.

CHAPITRE IV.

Climat de l'Arabie. Maisons, vêtemens, nourriture, caractère des Arabes. Noblesse arabe. Descendans de Mahomet. Chevaux arabes.

L E climat diffère en Arabie, suivant la situation des lieux. Dans les montagnes de l'Yémen, il y a la saison des pluies, qui dure à peu près depuis la mi-juin, jusqu'à la fin de septembre. Elles ne tombent jamais si abondamment que pendant les deux premiers mois, et elles diminuent par degrés, le dernier. Pendant cette saison, le ciel est quelquefois, mais rarement, couvert de nuages, vingt-quatre heures de suite. Le reste de l'année se passe, sans que des mois entiers, il soit un seul instant obscurci. On parle encore en Yémen d'une pluie de printemps, mais qui est de peu de durée. Plus elle est forte, et plus la moisson est riche.

La saison des pluies règne à Maskat et dans les montagnes orientales de l'Arabie, depuis à peu près le 21 novembre, jusqu'au 18 février. Dans l'Oman, elle a lieu depuis le 19 février, jusqu'au 20 avril. La saison la plus chaude commence à cette dernière époque, jusqu'au 20 septembre.

La chaleur diffère beaucoup en Arabie, et quelquefois, à égale hauteur du pôle. Pendant qu'elle est insupportable, ou peu s'en faut, dans le Tehama (où il pleut rarement, et quelquefois point du tout, pendant une année entière), elle est très-modérée dans les montagnes voisines, non-seulement parce que les nuages qui passent au-dessus du golfe d'Arabie et de cette même province, vont tomber en pluie sur les montagnes froides et élevées, mais encore parce que tout le terrain est plus haut, et conséquemment jouit d'un air moins épais. On éprouve aussi dans le Tehama un calme continuel qui rend la chaleur plus sensible. On dit qu'il gèle à Sanà pendant les nuits d'hiver, tandis qu'au mois de janvier le thermomètre monte à Loheia, jusqu'au 86 degré, ce qui fait la plus grande chaleur dans les pays septentrionaux de l'Europe. Les habitans de l'Yémen vivent donc, comme s'ils étoient sous des climats différens, et l'on trouve dans cette province, à une foible distance, différentes espèces de fruits et d'animaux, qu'on ne rassembleroit ailleurs qu'en les tirant de pays fort éloignés.

Le vent produit aussi des effets divers dans les villes d'Arabie, suivant la nature et la situation des contrées voisines. C'est dans le désert entre Basra, Bagdad, Hâleb et la Mecque, que l'on parle le plus du vent empoisonné, qu'on nomme *sam*, *smoum*, *sameil* ou *sameli*, suivant les différentes prononciations des Arabes. Il n'est à craindre que dans le temps des plus grandes chaleurs de l'été. Comme les Arabes du désert respirent ordinairement un air pur, quelques-uns d'entre eux ont, dit-on, l'odorat assez fin, pour reconnoître le *smoum* à l'odeur du souffre. On assure qu'un autre indice de ce vent est que l'air du point d'où il vient paroît rougeâtre. Quand les Arabes en sentent l'approche, ils se couchent à terre. Ils disent que la nature enseigne aux animaux à tenir la tête baissée dans cette circonstance. Un chirurgien français qui faisoit route avec une caravane, voulant approfondir ce phénomène, négligea de prendre la même précaution que les Arabes, et périt. On a déjà décrit les effets de ce vent funeste dans la partie qui traite de l'Egypte; on ajoutera seulement que quelquefois les personnes qui en sont atteintes, ne meurent pas à l'instant, mais vivent encore quelques heures. Les Arabes portent ordinairement en voyage de l'ail et des raisins secs, dont ils se servent avec succès, pour rappeler à la vie des personnes presque étouffées.

Comme pendant le solstice d'été le soleil est presque perpendiculairement au-dessus de l'Arabie, la chaleur en général, y est si forte dans les mois de juillet et d'août, que sans un cas de nécessité pressante, personne ne se met en route depuis onze heures du matin jusqu'à trois de l'après-midi. Les Arabes emploient ordinairement cet intervalle à dormir dans un souterrain. Des hommes et des animaux succombent quelquefois à la chaleur, dans les rues et les chemins.

Les maisons des Arabes de marque ne sont ni magnifiques au-dehors, ni embellies dans les appartemens des hommes, parce qu'ils ne placent leur luxe que dans les armes, les harnois, les chevaux et les domestiques. De quelque condition qu'ils soient, ils couvrent leurs planchers, ne fut-ce que d'une natte de paille, sur laquelle on ne marche qu'après s'être déchaussé. On dit que les appartemens des femmes sont ornés de tapis, de sophas et de meubles très-riches.

Toutes les maisons arabes qui sont de pierres, ont le toit en terrasse. Les plus petites, dans l'Hedsjas et dans l'Yémen, ont des parois fort minces, avec un toit en rond, et couvert d'une certaine herbe. Les Arabes du commun qui habitent les bords de l'Euphrate, ont de petites cabanes couvertes de nattes de jonc et soutenues par des branches de dattier. Elles sont terminées aussi en rond par le haut.

Les Arabes, comme les Turcs et les Indiens portent des habits longs. Dans l'Yémen, les gens du moyen-état ont un large haut-de-chausses, et par-dessus ils portent dans le Tchama, une chemise blanche fort ample, avec des manches fort longues et fort larges. Autour du corps ils ont un ceinturon de cuir brodé, ou garni en argent, sur le devant duquel ils passent le jambea, dont la pointe est tournée du côté droit. Leur habit de dessus ne descend que deux fois la largeur de la main, au-dessous du genou. Il a une doublure, mais point de manches. On jete sur une des épaules un grand linge fin, originairement destiné à les garantir du soleil et de la pluie, mais qui maintenant ne sert que de parure. La coëffure de ces Arabes est incommode et dispendieuse. Ils ont jusqu'à dix ou quinze bonnets, les uns sur les autres. Les uns sont de toile, d'autres de drap fort, ou de toile de coton piquée. Celui qui les couvre est souvent brodé en or, et porte toujours quelque sentence du Koran. Les Arabes enveloppent cette multitude de bonnets d'une grande pièce de mousseline, qui, aux deux bouts, a des franges de soie et même d'or, et ils la laissent pendre sur le dos. Ceux du moyen et du bas état n'ont pour souliers que des semelles attachées par une ou deux courroies au-dessus du pied, et par une autre au talon.

Les Arabes distingués de l'Yémen ont de plus que les précédens une veste à manches étroites, un habit à manches fort amples, et des pantoufles jaunes à la turque, ou des souliers de cuir de même couleur.

Les Arabes du commun ne portent que deux bonnets qu'ils entourent aussi d'une pièce de mousseline négligemment retroussée. Quelques-uns ont des caleçons et une chemise, mais la plupart n'ont autour des reins, qu'un linge qui pend jusqu'aux genoux, et qu'attache une large ceinture dans laquelle est passé le jambea, toujours sur le devant. Ils jetent aussi un grand morceau de toile sur une des épaules. Du reste ils vont nus, et rarement ils portent des souliers ; c'est pourquoi la plante des pieds leur devient très-épaisse et très-dure. Dans les montagnes où il fait plus froid, le peuple se couvre de peaux de mouton. On ne soupçonneroit pas que ce peu de vêtemens compose encore tout le lit d'un Arabe. En déployant sa vaste ceinture il a un matelas. Son manteau lui sert à se couvrir le corps et la tête. Ainsi couché, il dort nu et content.

Dans le royaume de l'iman, les hommes de toutes conditions se font raser la tête. Dans quelques autres contrées de l'Yémen, tous les Arabes, jusqu'aux chaiks mêmes, laissent croître leurs cheveux et ne portent point de turban. En place de cette coëffure, ils ont un mouchoir pour retenir leur chevelure, que quelques-uns cependant, laissent flotter sur les épaules. Les Bédouins, sur les frontières de l'Hedsjas et de l'Yémen, portent un bonnet de feuilles de dattiers, artistement entrelacées.

Non-seulement les Orientaux ont différentes manières de s'habiller, mais encore de se laisser croître la barbe. Les Arabes tiennent leur moustache très-courte, quelques-uns la coupent tout-à-fait, mais ils ne se rasent jamais. Il paroît qu'il n'y a chez eux aucun homme jeune, né d'ancêtres arabes, qui n'ait la barbe noire.

Les juifs en Turquie, en Arabie et en Perse, conservent leur barbe dès leur jeunesse, et elle diffère toujours de celle des chrétiens et des mahométans, en ce qu'ils ne la coupent point à côté des oreilles, au lieu que les derniers la rétrécissent en haut. Les juifs de l'Yémen ressemblent presque à ceux de Pologne, à cela près qu'ils paroissent plus propres et moins pauvres. Dans cette province, ils n'osent pas porter le turban et se contentent d'un petit bonnet. On ne leur permet que la couleur bleue, dans tout leur habillement. Les Banians ont l'habit blanc et le turban rouge. Ni les uns ni les autres, ne peuvent avoir des armes dans l'Yémen ni par conséquent, le grand couteau des Arabes.

Les Européens qui arrivent en Arabie, peuvent s'habiller comme ils veulent, et même être armés ; mais ils font mieux de prendre l'habit du pays.

Tout le vêtement d'une femme du commun, en Arabie, consiste en un caleçon et une chemise fort large, l'un et l'autre de toile bleue, ornée de quelque broderie en couleur. Les femmes du Tehama, portent, au lieu de caleçon, un linge assez large autour des reins. Celles de l'Hedsjas, comme celles d'Egypte, se couvrent le visage d'un linge étroit qui leur laisse les yeux libres. Dans quelques parties de l'Yémen, elles ont sur la tête un grand voile, qu'elles baissent lorsqu'elles sortent, et qu'elles tiennent de façon, qu'à peine on leur voit un œil. A Sanà, Taœs et Moka, elles ont le visage couvert d'une gaze, que quelques femmes de la première de ces villes, font souvent broder en or. Elles portent beaucoup d'anneaux aux doigts, aux bras, et quelquefois même aux oreilles et au nez, ainsi que des rangs de perles fines, ou fausses, autour du cou. Elles teignent leurs ongles en rouge, leurs mains et leurs pieds en un jaune brun; elles se peignent jusqu'aux bords des paupières en noir, avec de la mine de plomb préparée. Non-seulement elles élargissent leurs sourcils; mais elles impriment encore d'autres ornemens de même couleur, sur leur visage et leurs mains. A cet effet, elles se piquent la peau et y appliquent une poudre qui ne s'efface jamais. Tout cela passe pour des agrémens. Il y a des hommes qui suivent une partie de ces modes. Ceux qui vont presque nus, se teignent tout le corps en jaune brun.

Les femmes arabes des contrées basses et exposées aux chaleurs, ont naturellement la peau d'un jaune foncé; mais dans les montagnes, on trouve de jolis visages, même parmi les paysannes. Quant aux femmes d'un rang élevé, un étranger ne peut les voir, qu'en passant dans la rue, et enveloppées de la tête aux pieds.

On a déja lu quelques particularités du caractère des Arabes. En général, ils sont graves; mais moins sérieux que les Turcs. Ils aiment la compagnie et se rendent assiduement dans les cafés. Les négocians Européens les traitent d'hypocrites, de trompeurs et de voleurs. Tout ce qu'on doit en inférer, c'est qu'en Arabie, comme ailleurs, il y a de mal-honnêtes gens, mais il faut convenir aussi qu'il y en a beaucoup d'une probité reconnue. Les Arabes, sans être quérelleurs, poursuivent l'outrage; mais on peut les appaiser facilement, en leur disant deux ou trois fois: Pensez à Dieu et à son prophète. Il y a des parties de l'Arabie où le meurtre est puni par la mort. Dans le Tehama, les parens de celui qui a été tué, ont le choix, ou de se réconcilier avec ceux du meurtrier, devant le magistrat, ou d'obtenir qu'on le leur livre, afin qu'ils se fassent justice eux-mêmes. Enfin, il leur est encore permis de poursuivre leur vengeance par un combat avec le meurtrier ou quelqu'un de ses proches. Delà, des guerres de familles, qui, de meurtre en meutre, durent quelquefois cinquante ans.

Les Arabes sont fort sobres. Les gens du commun, ne boivent ordinairement que de l'eau, et ne mangent guère que de mauvais pain frais de Dourra, paîtri au lait de chameau, ou à l'huile, à la graisse, ou au beurre. Ils paroissent le préférer à celui de froment. Les autres alimens des Arabes consistent en riz, beurre, crême et légumes. Ils ne manquent pas de viande; mais on en mange peu dans les pays chauds. Tous leurs mets se cuisent sous un couvercle, ce qui les rend succulens. Les Arabes boivent peu pendant leur repas. Quand il est fini, ils avalent un grand trait d'eau, et prennent une tasse de café. Ils nomment *kahoué*, cette boisson. Leur manière de la préparer, est de brûler les grains dans une poële ouverte. Ils les pilent ensuite dans un mortier de pierre ou de bois, ils les cuisent dans un pot de cuivre bien étamé, et ils prennent cette décoction, sans sucre et sans lait. On boit rarement de cette liqueur dans l'Yémen , parce qu'on croit qu'elle échauffe le sang. Les habitans y composent une boisson des coques du café, et qui , pour la couleur et le goût, ressemble fort à du thé. Ils grillent modérément ces coques, ils les pilent et les font bouillir dans un pot de terre.

Les Arabes sont d'une taille médiocre, maigres et comme desséchés par la chaleur.

On a déja dit que ces peuples font cas de la noblesse. Parmi leurs plus grandes maisons, celles qui descendent de Mahomet, tiennent le premier rang. Il n'y a pas lieu de s'en étonner , puisque non-seulement il sortoit lui-même d'une famille des plus célèbres , mais qu'il devint un prince puissant, et que la plupart des Orientaux le révèrent comme un prophête. Les sectateurs de sa religion , donnèrent différens titres à ses descendans, pour les distinguer du reste de la noblesse. En Arabie, on les appelle *scherifs* et *Sejid*. Dans les pays mahométans , sitnés au nord, on les traite aussi de *scherifs* et d'*emirs*. Dans les colonies Arabes sur la côte orientale d'Afrique, dans les Indes, en Perse, à Basra, à Bagdad, on les nomme simplement *seijd*. Dans les villes turques et en Egypte, les schérifs, ou les émirs, portent toujours un turban vert. Les vaisseaux du golfe Persique, qui appartiennent à un Sejid, arborent un pavillon de même couleur. En d'autres pays, cependant, on ne reconnoît pas toujours à la couleur verte, les descendans de Mahomet. Les Maronites du Mont-Liban, portent souvent le turban vert.

Les schérifs, dans l'Hedsjas, passent pour être les plus nobles de la famille de Mahomet, parce qu'ils ne se sont pas autant mésalliés que ceux des pays éloignés. Ils sont respectés au dernier point, par les Arabes de cette contrée.

Les Arabes, dans leurs idées de noblesse, l'ont en quelque sorte transportée à leurs chevaux. On sait que ce sont les plus beaux que l'on connoisse. Ils sont d'une taille médiocre, fort dégagés, et plutôt maigres que gras. Il n'y a point de précaution qu'on ne prenne en Arabie, pour conserver la race également belle. Les Bédouins qui se soucient peu de la généalogie de leur famille, sont très-curieux de celle de leurs chevaux. Ils les distinguent en trois races, 1.°les nobles, 2.°, les *mésalliés*, 3.°, les *roturiers*. La première est de race pure et ancienne des deux côtés ; la seconde est de race ancienne, mais qui offre de temps en temps des alliances à des jumens communes; et la troisième est la race des chevaux ordinaires. Les Arabes ne font jamais couvrir les jumens de la première classe, que par des étalons qui en soient aussi, ce qui se fait devant des témoins qui en donnent une attestation signée et revêtue d'un sceau, en présence du secrétaire de l'émir ou du chaik. Dans cette attestation, on cite le nom du cheval et de la jument, et l'on y expose et vérifie toute leur génération. Lorsque la cavale a pouliné, on appelle encore des témoins, et l'on rédige une autre attestation, dans laquelle on fait la description du poulain qui vient de naître, et on marque le jour de sa naissance. Ces billets donnent le prix aux chevaux, et on les remet à ceux qui les achètent. Les moindres jumens de la première classe, sont de cinq cents écus, et il y en a beaucoup qui se vendent depuis mille jusqu'à deux mille écus.

LA PERSE.

Étendue et division du royaume de Perse. Description des villes principales, et particulièrement d'Ispahan. Climat, sol et productions de la Perse. Mœurs et coutumes des Persans. Leur religion et leur gouvernement.

La Perse a treize cents milles de long, sur onze cents de large. Elle est bornée au nord, par la Circassie et la mer Caspienne; à l'est, par les états du Mogol; au sud, par le golfe Persique, le golfe d'Ormus, et la mer des Indes; et à l'ouest, par la Turquie asiatique.

Ce royaume contient treize provinces, qui sont à l'orient, celles de *Send, Makeran, Sitzistan, Sablustan, Chorassan, Estabarad*; au nord, celles de *Masanderan*, de *Schirvan, Adir-Beitzam, Jrak-Azem*; au midi, celles de *Chuzistan*, de *Farzistan*, et de *Kirman*.

Les villes principales de la Perse sont celles de *Tauris*, d'*Ispahan* et de *Schiras*. La première est située dans la province d'Adir-Beitzam ; la seconde, dans celle d'Irak-Azem ; et la troisième, dans celle de Farsistan. Dans l'Armenie persane, on trouve celle d'*Erivan*.

Tauris est une ville très-considérable et la seconde de la Perse, en rang, en grandeur, en richesses, en commerce et en population. Elle est située dans une plaine, et au pied d'une montagne que les auteurs modernes croient être le Mont Oronte. Sa forme est tellement irrégulière qu'elle ne peut être définie. Cette ville n'est point fortifiée. Une rivière la traverse et fait souvent de tels ravages, qu'elle emporte les maisons bâties le long de ses bords. Il en passe une autre au nord et très-près de la ville. Celle-ci, depuis le printemps jusqu'à l'automne, est aussi large que la Seine à Paris en hiver. On la nomme *Agi*, c'est-à-dire, salée, parce que son eau l'est pendant six mois, ce qu'elle doit à des torrens qui, avant de se jeter dans cette rivière, passent sur des terres couvertes de sel.

La ville de Tauris renferme un grand nombre de bazars et de mosquées. Elle a une place, peut-être la plus vaste qui soit au monde. Les Turcs y ont rangé plusieurs fois trente mille hommes en bataille. Le peuple vient s'y divertir tous les soirs. Tauris fait un grand commerce, et principalement en étoffes de coton, de soie, de soie et or, qui se fabriquent dans ses manufactures, d'où sortent aussi les plus beaux turbans de la Perse. Elle est à la distance de cent trente lieues au nord-ouest d'Ispahan, et située par 64. 25. de longitude et 38. 2. de latitude. On croit qu'elle est l'ancienne Ecbatane.

Ispahan, *Sphahan* ou *Sphaon*, comme prononcent les Persans, est la capitale de tout le royaume. Elle est située dans une vaste plaine, qui, de trois côtés, s'étend à quinze ou vingt lieues, et qui est très-fertile, sur-tout dans les places où l'on peut conduire de l'eau. Du côté du midi, à la distance d'environ deux lieues de cette même ville, se trouve une très-haute montagne.

Chardin prétend qu'Ispahan est une des plus grandes villes, et qu'en y comprenant ses faubourgs, elle n'a pas moins de douze lieues de tour. Les Persans disent, pour exalter sa grandeur, qu'elle est *la moitié du monde*. On varie sur sa population. Le voyageur que nous venons de citer, dit que les uns la font monter à onze cent mille ames, et que d'autres la réduisent à six cent mille. Chaque famille a sa maison en particulier, et presque chaque maison son jardin, ce qui fait qu'il y a beaucoup de vide. De quelque côté qu'on arrive à Ispahan, on ne découvre que des dômes et les minarets des mosquées, desorte que de loin, on croit voir plutôt une forêt qu'une ville.

Cette capitale est bâtie le long du fleuve *Zenderoud*, sur lequel il y a trois beaux ponts, l'un au milieu et les deux autres à chaque extrémité. Ce fleuve prend sa source dans des montagnes qui sont à trois journées d'Ispahan, du côté du nord. Il est très-foible par lui-même; mais à force de dépenses, et en perçant des montagnes qui sont à trente lieues de la capitale, Abbas-le-Grand y a joint les eaux d'un autre fleuve plus considérable. En conséquence Zenderoud est aussi gros pendant le printemps que la Seine pendant l'hiver. Il s'enfle alors par la fonte des neiges, tandis que dans les autres saisons, on le saigne de toutes parts pour les arrosemens. Ce fleuve se perd sous terre entre Ispahan et la ville de Kirman, où il reparoît, et d'où il va se jeter dans la mer des Indes. L'eau en est douce et fort legère dans tout son cours.

Les murs de la ville d'Ispahan ont environ vingt mille pas de tour. Ils sont de terre et tellement couverts par les maisons et les jardins qui y touchent, tant au-dedans qu'au dehors, qu'il faut, en plusieurs endroits, les chercher pour les apercevoir.

La beauté d'Ispahan consiste principalement en un grand nombre de palais magnifiques, de jolies maisons, de caravanserais spacieux, de vastes bazars, de canaux et de rues ombragées de platanes élevés; mais beaucoup d'autres sont tortueuses et étroites. Ni les unes ni les autres ne sont pavées; cependant le soin que l'on a d'arroser le devant des maisons, et d'un autre côté la sécheresse de l'air sont cause que l'on ne trouve que peu de poussière ou de boue.

La ville d'Ispahan est divisée en deux quartiers, l'un à l'orient, l'autre à l'occident. Elle a huit portes, mais qui ne se ferment jamais, quoique les battans, qui sont couverts de lames de fer, soient bien entretenus. Autrefois elle en avoit douze, mais la superstition en a fait murer quatre. De ces huit portes, quatre regardent l'orient et le midi, et les autres, le couchant et le nord. Parmi les dernières est celle qu'on nomme la porte Impériale. Il y a encore six fausses portes ou entrées, qui n'ont point de nom. Les deux quartiers entre lesquels Ispahan est partagée, sont comme l'asyle de deux factions qui entraînent après elles les faubourgs et tout le territoire de la ville. On dit que leurs noms de *Nehamet-Olahi* et de *Heider* sont ceux de deux princes qui divisèrent autrefois le peuple persan en deux parties; et en effet, toutes les villes de Perse se trouvent ainsi divisées.

La *Maidan-Cha*, ou la place royale d'Ispahan, mérite d'être décrite. Elle forme un carré long de quatre cent quarante pas, sur cent soixante de large, et enfermé par un canal bâti de briques, recouvertes de plâtre, ou de *chaux noire*, plus dure que la pierre. Ce canal est large de six pieds et bordé d'un parapet de pierre noire et luisante, et si large que quatre hommes de front peuvent aisément s'y promener. Entre ce canal et les maisons dont la place est entourée, il y a un espace vide, de vingt pas de largeur, et garni de beaux platanes. Toutes ces maisons sont uniformes. Chacune a deux boutiques, dont l'une ouvre sur la place en dedans, et l'autre sur le bazar qui règne tout autour de cette place en dehors, et qui est le plus vaste d'Ispahan. Au-dessus des boutiques sont quatre chambres, deux devant, deux derrière. Les premières ont un petit balcon peint en rouge et en vert. Toutes ces maisons sont couvertes par des toits en terrasse, où l'on prend le frais pendant l'été.

Le tour de cette place est entrecoupé de grand édifices, qui sont le portail du palais et la porte du sérail à l'occident ; la mosquée du cèdre, vis-à-vis, de même qu'un pavillon de machines, qu'on nomme l'horlogerie ; la mosquée royale, du côté méridional, et le marché impérial, du côté septentrional.

La *Maidan-Cha*, a douze entrées principales et plusieurs petites. Le centre en est indiqué par un grand mât de cent vingt pieds de haut.

La mosquée royale et le marché impérial, forment un grand demi-cercle, au-devant duquel est un bassin de 70 pas de tour et de dix pieds de profondeur. Il est de forme angulaire, et ses bords sont revêtus de porphyre. Comme la fraicheur est la plus grande volupté des pays chauds, on a soin qu'il soit toujours rempli d'eau.

Le long du portail du palais, et à cent dix pas de chaque côté, règne une balustrade de bois peint. Elle enferme cent dix pièces de canons de fonte, qui la plupart, sont de petites pièces de campagne. Mais celles qu'on voit devant le portail, sont de forts grands mortiers, que les Persans appellent chameaux. Toutes sont aux armes d'Espagne, et ont été prises dans la forteresse d'Ormus, où il y avoit tant d'artillerie, dit-on, que les Persans en ont transporté dans toutes les parties de leur empire. Au coin de la porte du sérail, on voit deux bases de colonnes de marbre, d'un bel ouvrage, et qu'on dit tirées des ruines de Persépolis.

Le palais du roi de Perse est des plus vastes, car il n'a pas moins d'une lieue et demie de tour. La grande porte, comme on vient de le dire, donne sur la place royale. On la nomme *Aly-capi*, c'est-à-dire, *porte haute*, ou *porte sacrée*. Elle est entièrement revêtue de porphyre et fort élevée. Le seuil est aussi de porphyre de couleur verte, haut de cinq à six pouces et fait en demi-cercle. On le révère comme sacré. Quiconque oseroit y poser le pied, seroit puni. Il faut donc enjamber par-dessus. Ceux qui ont reçu quelque grace du roi, vont en cérémonie, baiser cette porte. Le roi même ne la passe jamais à cheval. Au devant, à cinq ou six pas du portail, sont deux grandes salles dans l'une desquelles le président du divan administre la justice, et dans l'autre, le grand maître de l'hôtel tient son bureau. A côté, il y a deux salles plus petites, appelées salles des gardes, parce que telle est leur destination; mais il n'y a jamais personne pendant le jour. Ceux que l'on y place pendant la nuit, y dorment comme dans leur maison. On ne ferme pas même le grand portail, où chacun entre et sort à volonté. La personne du roi est si sacrée en Perse, qu'on croit n'avoir pas besoin de grandes précautions pour la défendre. Le portail du palais est un asyle inviolable et sacré, dont il n'y a que le prince qui puisse arracher un homme.

Le palais renferme plusieurs corps de logis destinés à différens usages. Le plus vaste et le plus superbe, est celui des quarante piliers, non qu'on les y trouve, car il n'en a que dix-huit; mais parce que les Persans ont coutume de dire quarante, pour signifier un grand nombre. Ce corps de logis est un pavillon bâti, comme tous les autres, au milieu d'un jardin. La pièce principale est une salle de cinquante-deux pieds de largeur, de cent huit de profondeur, dont le plafond, fait en mosaïque, est porté par dix-huit colonnes tournées, dorées, et hautes de trente pieds. Les murs sont revêtus de marbre blanc, peint et doré, à hauteur d'appui. Le reste est un chassis de cristal de toutes couleurs. Au milieu du salon, sont trois bassins de marbre, l'un sur l'autre, et en diminuant. Le premier a dix pieds de diametre, sa forme est carrée, et celle des deux autres, octogone. Le trône est sur une estrade de douze pieds, large de huit. Ce trône est une sorte de lit de repos, garni de quatre coussins brodés d'or et de pierreries.

Le quartier des femmes, ou le harem, a

près d'une lieue de circuit. Aucun monastère d'Europe, n'est entouré de murs si élevés. Les appartemens en sont magnifiques et nombreux.

La ville d'Ispahan est située par 70. 30. de longitude, et 32. 23. de latitude.

La ville de *Schiras* est bâtie dans une plaine d'environ quatre lieues du nord au sud, et de cinq du levant au couchant. Cette plaine est environnée de montagnes, sur lesquelles il ne croît aucune plante. Le terroir de Schiras est assez fertile, et sur-tout renommé pour ses vins. La ville n'offre rien de remarquable, qu'une grande mosquée, qui encore tombe en ruines. Elle est à 90 lieues au sud-est d'Ispahan. Sa longitude est par 73. 3. et sa latitude par 29. 36. Elle est la patrie de *Sadi*.

La première ville de Perse, du côté de la Turquie, est *Erivan*. Cette ville, située par 62. 20. de longitude et 40. 20. de latitude, se trouve dans un pays abondant et qui produit aussi de bon vin. Elle est considérable ; mais sale et remplie de vignes et de jardins. Des montagnes environnent de toutes parts la plaine dans laquelle elle est assise. Deux fleuves coulent à côté, le *Zen-*

guy, au nord-ouest, le *Queur-Boulak*, au sud-ouest. Le nom du dernier signifie quarante fontaines, parce qu'on dit qu'il a autant de sources.

La forteresse pourroit passer pour une petite ville. Elle est de forme ovale ; elle a quatre mille pas de tour, et renferme près de huit cents maisons. Ses triples murailles sont de terre ou de briques d'argile, et à créneaux ; elles sont flanquées de tours. Cette forteresse s'étend au nord-ouest, sur un précipice très-large, très-escarpé, de plus de cent toises de profondeur, et dans lequel passe le fleuve. A la distance de mille pas et du côté du nord, elle est commandée par une butte dont on a fortifié le sommet.

A trois petites journées, au nord-ouest de cette ville, est le *Deriachirin*, ou le *lac Doux*, ainsi nommé, parce que ses eaux sont tout-à-fait douces. Il a 25 lieues de tour et beaucoup de profondeur. On y pêche une grande quantité de différens poissons.

On trouve à deux lieues d'Erivan, le célèbre monastère des *Trois Églises*, que les chrétiens d'Arménie ont en grande vénération.

La Perse est située sous la zône tempérée.

Le Mont Taurus la coupe par le milieu, à peu près comme l'Apennin coupe l'Italie, et il jete ses branches, çà et là, dans diverses provinces, où elles ont toutes des noms particuliers. La chaleur est très-forte dans les parties que cette montagne couvre du nord au sud. Celles qui l'ont au midi jouissent d'un air plus tempéré. Ainsi donc la Perse n'ayant pas par-tout la même température, ses anciens rois changeoient de demeure suivant les saisons. En été, ils faisoient leur résidence à Ecbatane, aujourd'hui Tauris; en hiver à Suze; au printemps et en automne à Persépolis ou à Babylone.

Le terroir de la Perse est généralement sablonneux et stérile dans la plaine. Presque par-tout on l'y trouve parsemé de petites pierres rouges, et il ne produit que des chardons et des ronces, dont on se sert en place de bois dans les lieux qui en manquent. Il n'y a que la province de *Kilan* qui ne participe point de cette stérilité. On peut aussi en excepter les pays où les montagnes forment des vallons. La terre y est très-bonne, et la plupart des villages y sont situés. Les Persans sont adroits à conduire dans leurs jardins, par des canaux de la largeur de quatre pieds, les eaux qui coulent des montagnes. Ils arrosent de la même manière leurs terres labourables; et pour donner à la terre l'humidité que le ciel lui refuse, ils enferment d'une levée d'un pied de hauteur, des pièces de champs de quinze ou vingt toises en carré; ils y font dégorger leurs canaux sur le soir, et le lendemain matin, ils laissent écouler les eaux. La terre ainsi humectée, recevant les rayons du soleil presque à-plomb, produit en abondance. Il y a peu de rivières dans toute la Perse, et même il n'y en a aucune de bien navigable dans tout son cours. La plus grande porte quelques radeaux; c'est l'Arxas ou l'Arac des anciens; elle passe par l'Arménie. Les autres au lieu de grossir à mesure qu'elles s'éloignent de leur source, diminuent et tarissent enfin par les fréquentes saignées qu'elles reçoivent.

Les fleurs que produit la Perse, n'ont ni l'éclat, ni la variété des nôtres. Dès qu'on a passé le tigre, on ne trouve en tirant vers ce royaume, que des roses et des lis, et quelques autres petites fleurs du pays. Les Persans distillent une grande quantité des premières, dont l'eau se transporte dans toute l'Asie, du côté de l'orient. Les fruits du pays sont des pommes, des poires, des grenades, des oranges, des prunes, des cerises, des abricots, des coins, des chataignes, des nefles, des melons, des pistaches, des amandes, des figues, des noisettes et quelques noix. Les seules provinces de Kilan et de Mazanderan, fournissent de l'huile; mais il n'y en a point qui ne produise du coton. Le climat de la Perse est sur-tout admirable pour la vigne. Il y a entre autres, trois sortes de vins qui sont excellens. Celui de *Schiras*, comme le meilleur, est gardé pour le roi et pour les grands de la cour; celui d'*Ysed*, est fort délicat, et on le transporte à *Lar* et à *Ormus*; celui d'*Ispahan* ne se fait que d'un seul raisin fort doux. On met le vin dans de grands pots de terre cuits au four, les uns vernis par dedans, et les autres enduits de graisse de queue de mouton, sans quoi la terre boiroit la liqueur. Quelques-uns de ces pots tiennent jusqu'à un muids.

Presque tous les jardins des Persans sont remplis de mûriers noirs et blancs. On les plante si serrés, qu'à peine un homme peut-il passer entre les arbres; mais on les taille en forme de buissons, et on ne les laisse pas croître au-delà de cinq pieds et demi, afin que l'on puisse atteindre à toutes les branches. Dès qu'au printemps, les arbres commencent à pousser leurs feuilles, les Persans commencent à faire éclore les vers à soie. La soie fait le premier commerce de presque tout l'Orient. On prétend que la Perse en produit tous les ans vingt mille balles, chaque balle pesant 216 livres. On n'en emploie pas plus de mille balles dans le pays, le reste se vend en Turquie, dans les Indes, en Italie, aux Anglais, aux Hollandais qui vont à Ormus.

La Perse produit assez de racines; mais il y croît peu de légumes.

On prend des turquoises à trois ou quatre journées de Mesched, dans une montagne nommée *Pirouskou*. La vielle roche est gardée pour la seule maison du roi. Il est libre à tout le monde d'acheter des turquoises de la nouvelle. Les perles se pêchent près de l'île de *Bahren* ou *Bahhrejn*, dans le golfe Persique, et le roi se réserve celles qui sont d'une certaine grosseur. Il n'y a pas fort long-temps que l'on a découvert des mines dans les montagnes. Ces mines sont presque toutes de cuivre, et les Persans en font avec assez d'industrie, des ustensiles de ménage. N'ayant point d'étain, celui qu'on apporte du dehors, sert à étamer leur vaisselle de cuivre. Le plomb vient de la province de Kerman, le fer et l'acier, de Casbin et de Korassan, qui en fournissent en quantité.

Les bêtes que l'on emploie en Perse, pour le service, sont les chevaux, les mulets, les ânes et les chameaux. Les chevaux sont de taille médiocre, plus petits que les nôtres, fort étrois, mais très-vifs et très-légers. Il y a deux sortes d'ânes. Ceux du pays ne servent qu'à porter des charges. On monte les autres qui sont de race d'Arabie. Il se trouve aussi dans quelques endroits de la Perse, des lions, des ours, des léopards et des porcs-épics. Il y a quantité de carpes et de brochets dans la rivière d'Arxas, et encore de plus belles truites; mais dans les autres rivières, il n'y a guères qu'une sorte de poisson, qui est une espèce de barbeau. On voit en Perse les mêmes oiseaux qu'en France, à l'exception des cailles. On y trouve aussi toutes sortes d'oiseaux de marais et de proie. Les Persans ont une bête appeléo *Once*, qui a la peau tachetée comme un tigre, mais qui est douce et privée. Un cavalier la porte en croupe, et quand il apperçoit une gazelle, il fait descendre l'once, qui est si légère, qu'en trois sauts, elle se jette au cou de la gazelle, qu'elle étrangle avec les dents.

Comme il n'y a point de forêts en Perse, et que le bois y manque aussi bien que la pierre, toutes les villes généralement, à la réserve de quelques maisons sont construites avec une terre, ou espèce d'argile, si bien paîtrie, qu'elle se coupe aisément par morceaux carrés. Les murailles se font par couches, à proportion de la hauteur qu'on veut leur donner ; et entre deux couches, qui sont chacune de trois pieds de haut, on met deux ou trois rangs de briques cuites au soleil. Les bâtimens qu'on fait de la sorte sont assez propres. Après qu'on a élevé la muraille, le maçon l'enduit avec du mortier fait de cette argile, mêlée de paille hachée, méthode qui rend les murs fort unis. Il couvre tout cela d'une espèce de chaux, colorée de vert de Moscovie qu'il broie avec de la gomme. Il frotte ensuite le mur avec une brosse, ce qui le rend poli et le fait paroître comme du marbre (1). Au milieu de chaque maison se trouve un portique de vingt ou trente pieds en carré, au centre duquel est un étang plein d'eau. A chaque coin du premier, est une chambre pour prendre le frais. Derrière, il y en a une dont le plancher est couvert d'un tapis, et des deux côtés, on en trouve plusieurs qui communiquent l'une à l'autre. Les maisons des grands seigneurs sont encore plus spacieuses. Elles ont quatre portiques avec deux chambres de chaque côté, ce qui fait qu'il y en a huit qui entourent une grande salle placée au milieu. Les maisons de Perse sont, en général, basses et couvertes d'une terrasse. Elles ont peu d'apparence au-dehors, mais elles sont assez décorées au-dedans, et toutes les murailles sont ornées de peintures ; elles ont beaucoup de fenêtres, et leurs vitrages sont de verres de toutes sortes de couleurs. On place les plus beaux meubles dans le corps-de-logis de devant. Il n'y en a que de médiocres dans le harem, parce qu'il

---

(1) Les maisons des pauvres sont plus grossières.

n'y va point d'étrangers. Les Persans, ainsi que les autres Orientaux, ignorent l'usage de lits élevés de terre. Ils étendent un matelas sur le plancher, et s'y couchent sous une couverture piquée. L'été ils passent la nuit à l'air sur leurs terrasses.

Les Persans sont d'une taille médiocre. Xénophon dit qu'ils étoient la plupart gros et gras; et Ammien-Marcellin, au contraire, dit que de son temps, ils étoient maigres et secs. Ils le sont encore aujourd'hui, mais en même temps forts et robustes. Ils ont le visage olivâtre, les cheveux noirs et le nez aquilin. Les hommes se font raser la tête tous les huit jours, contre la coutume des anciens Perses qui laissoient croître leurs cheveux, comme font encore aujourd'hui les *Sejid*, ou les descendans de Mahomet, qui, à ce qu'on assure, en usoit ainsi. Ils se font aussi raser le menton, mais ils laissent leurs moustaches. Il n'y a que certains religieux, appelés *Phyr*, qui se laissent croître la barbe au menton et aux joues. Ces religieux sont en grande vénération, à cause de leur sainteté apparente, qui consiste principalement dans l'abstinence. Les Persans aiment les cheveux noirs, et souffrent les blonds; mais ils ont une grande aversion pour les roux. Ils les peignent, lorsqu'ils pêchent en couleur. Ils se peignent aussi les mains, et sur-tout les ongles, d'une couleur rouge, tirant sur le jaune et l'orangé. Leurs habits n'ont point de proportion avec leur corps. Ils portent des casaques et des vestes lâches et larges, semblables aux vêtemens des femmes. Leur turban est fait de toile de coton, ou de quelque étoffe de soie fine et rayée de différentes couleurs, qui fait plusieurs tours. Celui de leurs prêtres est blanc, ainsi que tout leur habillement. Les plus grands seigneurs portent des bonnets fourrés, et comme ils sont presque tous rouges, les Turcs appellent les Persans *Kisilbasch*, c'est-à-dire, têtes rouges. Les Persans ont ordinairement une tunique de coton ou de soie de plusieurs couleurs, qui descend jusqu'au gras de la jambe. Les extrémités se passent sous le bras gauche, et on se ceint d'une écharpe qui fait plusieurs fois le tour du corps. Les riches mettent une belle ceinture sur cette écharpe. Le roi et les personnes de qualité, ont sur la tunique une mandille sans manche, qui ne va que jusqu'aux hanches. Quand ils sortent, ils revêtent, au-dessus de ces habits, une veste de soie de diverses couleurs et ouvragée d'or. Ils portent des caleçons qui descendent jusqu'à la cheville du pied. Leur chemise est de toile de coton, souvent rayée de rouge. Leurs bas sont fort larges et la plupart verts, ce qui offense les Turcs, de voir que les Persans ont à leurs pieds la couleur que Mahomet portoit à la tête. Leurs souliers sont très pointus, et ont le quartier très-bas.

Les Persanes n'ont point de turban. Leur front est couvert d'un bandeau de trois doigts de large, d'or émaillé, chargé de rubis, de diamans ou de perles, et bordé d'une espèce de frange assez agréable, qui leur tombe sur le front. Leurs cheveux sont tressés et pendent sur le dos. Elles ont la tête couverte d'un bonnet brodé d'or, et entourée d'une écharpe aussi richement brodée, dont une partie voltige par derrière. Leur veste de dessous est de brocard d'or ou d'argent, et par-dessus elles revêtent des espèces de juste-au-corps, fourrés de martre. Elles ont des manches l'hiver et point l'été. Leur caleçon descendant au-dessous de la cheville du pied, elles ne portent point de bas. L'hiver, elles chaussent des brodequins richement brodés. Elles se servent comme les hommes, de pantoufles de chagrin. Les Persanes usent d'une certaine poudre, pour peindre en rouge la paume de leurs mains, la plante de leurs pieds, et les extrémités de leurs ongles. Elles se noircissent les yeux. Ceux qui sont bleus, gris, ou cendrés, ne sont pas les plus beaux, selon elles ce sont les noirs.

Les Persans sont d'une grande propreté et ne souffriroient pas la moindre tache sur leurs meubles et leurs habits. Ils ont l'esprit vif et le jugement bon. Appliqués à l'étude, ils réussissent principalement dans la poësie. Ils sont riches d'invention. Leurs pensées sont belles, fines et entières. Ils ont la réputation de ne pas toujours dire la vérité, ce en quoi ils sont bien différens de ce qu'ils étoient du temps d'Hérodote. Cet historien dit que les Perses avoient un soin particulier de faire apprendre à leur jeunesse à monter à cheval, à bien tirer de l'arc et à dire la vérité. L'amitié des Persans dure toute la vie, et même il la préfèrent aux nœuds que forme le sang. A juger d'eux par quelques-unes de leurs démarches, on les croiroit chastes et amis de la pudeur; mais ces qualités ne sont guères qu'extérieures. Il n'y a point de villes dans la Perse, à la réserve d'*Ardebit*, où il n'y ait des courtisanes, et des lieux de débauche, sous la protection du magistrat.

La dépense de la table n'est pas consirable chez les Persans. Ceux qui ne peuvent souffrir l'eau pure, y mêlent du vinaigre. D'autres boivent du vin sans scrupule, quoique la loi le défende. Ils se persuadent que ce péché leur sera pardonné, pourvu qu'ils ne fassent pas eux-mêmes le vin. L'usage de l'opium est fort commun parmi eux. Il n'y a presque point de Persan, de quelque condition qu'il soit, qui ne prenne du tabac en poudre et à fumer.

Quand un jeune homme veut se marier, il s'informe des qualités du corps et de l'esprit de la jeune personne qu'il desire épouser, car il ne lui est pas permis de la voir. S'il est content du rapport, il fait faire sa demande par quelqu'un de ses amis. Si la recherche ne déplait pas, on traite de la dot que donnent les parens du marié. Elle consiste en argent qu'on envoie peu de jours avant le mariage, comme une récompense au père et à la mère, du soin qu'ils ont eu d'élever leur fille. On stipule aussi une somme d'argent, ou une certaine quantité de soie, pour la femme, en cas de divorce. La loi permet à l'époux de tuer l'adultère avec la femme, quand il les trouve en flagrant délit, et le juge récompense d'une veste neuve, celui qui fait une exécution de cette nature.

Les enfans ne sont plus nourris parmi les femmes, et les pères ne les éloignent plus d'eux, jusqu'à l'âge de quatre ou cinq ans, comme on le faisoit autrefois. On ne les exerce plus à tirer de l'arc, à monter à cheval; mais on les envoie à l'école, pour apprendre à lire et à écrire. Il n'y a presque point de Persan, de quelque condition qu'il soit, qui ne sache l'un et l'autre. Les mosquées servent en même temps pour la prière et les écoles. Il y en a autant que de rues. Tout le monde écrit sur le genou, parce qu'en Perse, on n'a point l'usage des tables, ni celui des sièges. Le papier des Persans est fait de loques de soie ou de coton. Leur encre est fort épaisse.

Les Persans ont leur langue particuliere, qui tient beaucoup de l'Arabe, et point du tout du Turc. On y trouve plusieurs mots étrangers, c'est-à-dire, allemands et latins. Elle est assez facile à apprendre, parce qu'elle a fort peu de verbes irréguliers. Tout ce qu'elle a de difficile, c'est sa prononciation du gozier. La plupart des Persans apprennent avec leur langue, celle des Turcs qui est devenue si familière à la cour, qu'à peine entend-t-on quelqu'un y parler l'idiôme du pays. Les Persans étudient la philosophie, la médecine, l'arithmétique, la géométrie, l'éloquence, la poésie, la physique, la morale, l'astronomie, l'astrologie et la jurisprudence. Leurs colléges ou universités, sont nommés *Medresca*.

La religion des Persans est le mahométisme. Ils sont regardés comme hérétiques par les autres sectateurs de Mahomet. La grande contestation regarde son successeur. Les premiers soutiennent que c'est Ali; les derniers prétendent que c'est Omar. L'interprétation de l'Alcoran est différente de part et d'autre. Les cérémonies de leur culte diffèrent aussi. Les Persans se moquent de la superstition que les Turcs ont pour la couleur verte.

Il y a encore aujourd'hui, en Perse,

beaucoup de descendans de ses anciens habitans qui n'ont pas voulu changer la religion de leurs pères, en celle de Mahomet. Ils n'ont plus rien du savoir et de la valeur de leurs ancêtres. Ils gémissent dans la servitude, et on leur interdit les arts libéraux. Ils ont retenu l'ancien idiôme persan ; et ils l'écrivent avec les mêmes caractères dont on usoit anciennement. Les Perses modernes, les appellent *Guèbres,* c'est-à-dire, idolâtres. Ils les accusent d'adorer le soleil et le feu. Les Guèbres cependant, n'ont point d'idoles, et ils ont en horreur ceux qui les adorent. Ils rendent leurs hommages au soleil, parce qu'ils le regardent comme la créature la plus parfaite après l'homme. Ils disent que Dieu y a établi son trône, et que c'est ce trône qu'ils saluent. Ils ont aussi beaucoup de respect pour le feu, comme étant le plus pur des élémens.

Le royaume étant despotique et monarchique, la volonté du monarque sert de loi. Quelques écrivains donnent aux rois de Perse de la dernière race le titre de *sophi.* Le royaume est héréditaire. Les enfans légitimes succèdent, et, à leur défaut, on appelle au trône les fils des concubines. Si le roi ne laisse point d'enfans mâles, on a recours au plus proche parent du côté paternel. Les princes du sang sont ordinairement très-pauvres. Les fils du roi sont encore plus malheureux : ils vivent au fond d'un sérail, d'où ils ne sortent pas du vivant de leur père. Celui qui monte sur le trône prive ses frères de l'usage de la vue, en leur faisant arracher les yeux.

Les ministres de la religion mahométane tiennent le premier rang à la cour de Perse. Ils prennent le pas sur les officiers de la couronne ; ils ont la préséance dans le conseil, dans les festins publics et dans les audiences que le roi donne aux ministres des princes étrangers.

Il y a six ministres d'état en Perse. On les appelle en général *Rhona doulet*, c'est-à-dire les colonnes qui soutiennent l'empire. Le premier est un grand visir, appelé *athemadoulet*, c'est-à-dire le soutien de la puissance. Il est chef du conseil et de la justice ; il est à la tête des finances, des affaires étrangères, du commerce ; et toutes les pensions et gratifications ne se paient que par son ordre. Il a sous lui six visirs qui sont du conseil, et qui assistent aux festins et aux audiences publiques. Le second ministre est un chef militaire, non qu'il commande les armées, car le roi nomme toujours un autre général, il est seulement à la tête des cavaliers destinés à couvrir les frontières. On le nomme *korichi-bachi*. Le troisième ministre est chef des troupes d'esclaves, ou plutôt d'un corps de gens de qualité qui se disent esclaves du roi. On le nomme *kouler-agasi*. Le quatrième est général de l'infanterie qui n'est composée que de deux mille carabiniers à pied, et qui font un régiment des gardes. Il est appelé *tefantktchi-agasi*. Le cinquième est le grand-maître de l'artillerie. Il a sous lui quatre mille hommes, commandés par quatre colonels, qui se tiennent debout aux côtés du roi, les jours de cérémonie. On le nomme *topchi-bachi*. Le sixième est chef de la justice. Ses ordonnances sont respectées dans tout le royaume, et on appelle à son tribunal des jugemens rendus par les gouverneurs. Il y a beaucoup de grands officiers dans la maison du roi. On peut dire que toute la Perse est de son domaine. Si les seigneurs possèdent des terres, ce n'est que par gratification du prince qui les leur donne et les ôte à volonté. Les enfans n'héritent que sous son bon plaisir. Le roi établit des impôts sur les personnes, les terres et les marchandises.

Le royaume de Perse étant vaste, et tous ses voisins d'une secte mahométane différente de la sienne, le prince est obligé d'entretenir des troupes nombreuses. On peut, en y joignant celles de sa maison, les porter à cent cinquante mille cavaliers, sans y comprendre les garnisons de l'intérieur. Tous sont entretenus sur le domaine et les biens que le roi y réunit. Il n'est pas question d'infanterie dans ce pays. Elle ne pourroit, dit-on, soutenir les fatigues des déserts et des montagnes, dont la Perse est remplie. On ne se sert point d'artillerie par la même raison. Il n'en faut point pour défendre les villes qui n'ont ni murailles ni fortifications, ou quelques châteaux qui sont sur les frontières, mais qui ne peuvent opposer aucune résistance. Le roi de Perse n'a pas non plus d'armée navale. Cependant il ne tiendroit qu'à lui d'être maître du golfe d'Ormus, de la mer d'Arabie et de la mer Caspienne; mais les Persans n'aiment point la navigation. Ils en ont même tant d'horreur, qu'ils traitent d'athées ceux qui exposent leur vie sur un élément si perfide.

Le royaume de Perse a subi de tout temps de grandes révolutions. Le calife Omar le réduisit sous la puissance des Sarrasins, en 632. Cette servitude dura jusqu'en 1258, que ce pays recommença à fleurir sous ses propres rois.

Tamerlan en fit la conquête vers l'an 1396.

Thamas-Kouli-Kan s'empara du gouvernement, et se fit couronner roi de Perse, en 1736, sous le nom de *Nadir-Chah*.

L'INDE. (1)

CHAPITRE I.er

Division de l'Inde. Inde citérieure. Le Bengale. Description des villes de Calcutta, de Moorshedabad, Dacca, Patna, Benares, Lucknow, Fyzabad, etc.

L'Inde est une contrée d'une étendue immense, qui n'a pas moins de 2,400 milles de long, et de 2,000 de large. Elle est située entre le 1. et le 40. dégré de latit. nord, et le 66. 109. de long. est. Sa population se monte à cent millions d'habitans.

L'Inde se divise en citérieure, ou en deçà du Gange, appelée aussi *Indostan*, *Hindoustan*, ou *l'Empire du Grand Mogol*,

---

(1) Nous croyons qu'il est bon de rappeler que toute la partie géographique de ce pays est extraite et traduite de l'ouvrage du *major Rennel* sur l'Inde.

et en ultérieure, ou au-delà de ce fleuve.

L'Inde citérieure, ou l'Indostan a 2,000 milles de long, ou à peu près, et 1,500 de large. Elle est située entre 7. 40. de latitude nord, et 66. 92. de longitude est.

Celle-ci est encore divisée en deux parties, le *Continent* et la *Péninsule*.

Le premier renferme, vers l'embouchure du Gange, la riche province de Bengale, qui appartient aux Anglois. La ville principale de cette province, celle où réside le gouverneur-général, est *Calcutta*, située par 23. 33. de latit. nord, et 88. 28. de long. est du méridien de *Gréenwich*. Cette ville est bâtie sur la rive occidentale du Gange, à cent milles de la mer. Elle n'existe que depuis à peu près vingt ans, et se trouve dans le lieu où étoit autrefois le village de *Govindpour*. On évalue sa population à 500,000 habitans, pour le moins. Sa citadelle, nommée le *fort Guillaume*, a été construite immédiatement après la victoire de *Plassey*. Elle est la plus forte et la plus régulière de l'Inde, mais trop étendue. On porte à deux millions de livres sterling, les sommes quelle a coûtées. Les villes de l'Inde sont généralement bâties sur le même plan. Les rues en sont mal percées, obstruées et étroites. Il n'y en a qu'un petit nombre de pavées, et encore elles ne le sont qu'en briques. Ces villes renferment beaucoup de réservoirs, de viviers, et de nombreux jardins. Les maisons sont bâties de différentes manières. Il y en a de briques, il y en a de terre, et d'autres de bambous et de joncs : celles-ci sont en nombre plus considérable. Le mélange de ces maisons de construction si différente, offre un désagréable aspect. Les dernières sont couvertes de chaume, et n'ont toutes qu'un seul étage. Celles de briques rarement en ont plus de deux, et leurs toits sont formés en terrasse. Le nombre des maisons de terre ou de joncs, passe tellement celui des autres, et celles-ci sont si peu communes, qu'il arrive souvent que dans un incendie, le feu ne rencontre pas une seule brique dans toute une rue. Calcutta est une ville très-mal située ; car elle est entourée de marais, et voisine d'une vaste forêt. On a toutefois eu le plus grand soin de creuser des canaux et des réservoirs pour en rendre l'air plus salubre.

L'aspect du pays à l'entrée du Gange, ou

plutôt de la rivière de *Hougly*, qui n'en fait qu'une branche, est peu flatteur. Quelques buissons qui croissent sur le rivage et forment une ligne obscure, tracent la séparation entre le ciel et l'eau, et sont les seuls objets que l'on aperçoive. A mesure que le vaisseau approche de Calcutta, le lit de la rivière se rétrécit. Ce qu'on nomme le *Garden-Réach*, offre un ensemble de beaux bâtimens, construits sur un terrain plat, et entouré de jardins : ce sont les maisons de campagne des habitans les plus riches de Calcutta. Bientôt après on est en vue de cette capitale des possessions anglaises dans l'Inde. Elle s'étend depuis la pointe occidentale du fort Guillaume, le long de la rivière, jusqu'au village de *Cossipour*, ce qui fait environ quatre milles et demi d'Angleterre. Sa largeur est peu considérable sur quelques points ; mais il n'en est pas de même de ses rues. La ligne des bâtimens qui environnent les deux côtés de l'esplanade du fort, est des plus magnifiques. Ces bâtimens sont séparés les uns des autres, et à de grandes distances, ce qui ajoute infiniment à la magnificence extraordinaire de cet aspect. Tous, généralement sont élevés de plusieurs degrés, et décorés de grands portiques avancés, ou sont entourés de colonades, ce qui les fait ressembler à des temples d'architecture grecque. Calcutta doit sa splendeur au bon goût et à la générosité du dernier gouverneur général; et il faut convenir que la maison qu'y fit élever M. Hastings, doit passer pour un chef-d'œuvre d'architecture. Elle est même d'un style plus pur que toutes celles qu'on a bâties depuis, quoiqu'elle soit sur un plan plus petit que celui de plusieurs autres.

On peut observer à Calcutta, un curieux mélange des coutumes européennes et asiatiques. Les carosses, les cabriolets, les voitures légères de toutes sortes, se confondent dans les rues, avec les palanquins des naturels du pays. On y voit passer différentes processions des Hindous. Les faquirs s'y montrent sous plusieurs aspects ; et le tout forme un ensemble des plus extraordinaires et des plus nouveaux pour un étranger.

A vingt-six milles environ au-dessus de Calcutta et sur la même rivière, mais du côté opposé, est *Hougliy*, ville petite, mais ancienne. Les Français, les Hollandais, les Danois et les Portugais possèdent tous une ville et une factorerie sur cette partie du fleuve. L'établissement français de *Chandernagor*, et celui de *Chinsura* qui appartient aux Hollandois, forment deux villes très-jolies et assez grandes qui, de plus, sont bien mieux situées que Calcutta.

A cent vingt milles environ, au-dessus de celle-ci, est *Moorshedabad*, ville située aussi sur le bras occidental du Gange, qui s'y trouve très-bas dans la saison de la sécheresse. Avant l'établissement de la puissance angloise dans l'Inde, cette ville étoit la capitale des provinces du Bengale, mais elle est à présent considérablement diminuée. Cependant, elle renferme encore quelques bâtimens importans, parmi lesquels on remarque un ancien séminaire musulman, tout en ruines. C'est une grande aire carrée, dont chacun des côtés a plus de soixante et dix pieds de long. Elle est entourée d'un cloître divisé par des chambres détachées, couronnées d'un dôme et éclairées par une seule fenêtre. Au centre, et vis-à-vis l'entrée, étoit une mosquée considérablement élevée au-dessus des autres bâtimens. Les deux angles du côté où elle se trouvoit, sont terminés chacun par une tour, plus haute de plusieurs pieds que le reste de l'édifice.

Ce bâtiment fut élevé au commencement du siècle par *Jaffer-Cawn*, nabab du Bengale, que la douceur de ses mœurs, que son amour pour les sciences et son zèle pour la justice, rendoient l'homme le plus recommandable qui jamais ait été revêtu de cette dignité sous l'Empire Mogol. Moorshedabad étoit le lieu de sa résidence, et il y attiroit tous les gens à talens. Sur le côté opposé de la rivière est le tombeau d'*Aliverdi-Cawn*, aïeul de *Suraja-Dowlah*, si bien connu par sa haine contre les Anglais. Ce tombeau forme un bâtiment oblong, surmonté de cinq dômes. Celui du centre est le plus grand, et ceux des deux extrémités sont les plus petits. Cette forme pyramidale est ordinaire dans l'Orient pour tous les bâtimens, soit d'architecture moresque, soit indienne. Les guerres qu'Aliverdi-Cawn eut à soutenir contre les Marattes qui, pendant son usurpation, faisoient de continuelles irruptions dans son pays, lui laissèrent peu de loisir pour embellir sa ville, quelles que fussent ses dispositions à ce sujet.

Les musulmans qui habitent cette ville, ont coutume, les jours de fête, des e réjouir la vue par une sorte d'illumination des plus singulières. Ils fabriquent un grand nombre de petites lampes, qu'ils allument et mettent à flot sur la rivière. Elles sont ainsi emportées par le courant, à une distance considérable, et elles durent quelques heures de suite.

L'ancienne capitale de cette même partie de l'Inde étoit *Gour*, qu'on suppose la *Gangia-Régia* de Ptolémée. Elle s'étendoit sur la rive septentrionale du Gange. Sa longueur étoit de douze milles, et sa largeur de deux ou trois. Son emplacement n'est aujourd'hui tracé que par ses ruines. Tout auprès on trouve la ville moderne de *Mauldah*.

La ville la plus considérable de la partie orientale du Bengale, est *Dacca* qui est bâtie au-delà de la branche principale du Gange, quoiqu'il en coule encore une très-forte ensuite. Dacca se trouve dans une situation très-favorable au commerce, en ce qu'elle communique avec tous les différens canaux de navigation intérieure. Cette ville est à cent milles au-dessus de l'embouchure du Gange, et à cent quatre-vingts de Calcutta.

A cinq milles environ de cette même embouchure est située *Patna*, capitale de la province de *Bahar*. Cette ville, bâtie le long de la rive méridionale du fleuve, est très-étendue et très-peuplée. On croit que c'est l'ancienne *Palibothra*. Ayant été exposée à des guerres fréquentes, elle est fortifiée à la manière indienne, c'est-à-dire, avec une enceinte de murs et une petite citadelle.

A quelque distance de Patna, dans l'intérieur des terres, est la mosquée de *Mounheir* sur la rivière de *Soane*. Cet édifice, quoique peu vaste, est certainement très-beau. Il est carré. Ses quatre angles sont surmontés d'un pavillon, et au centre, s'élève un dôme majestueux, terminé par ce que les architectes indiens nomment un *cullus*. La ligne de la courbe de ce dôme n'est point rompue, mais elle est continuée par une autre courbe renversée, jusqu'à ce qu'elle finisse en un croissant. Sa surface extérieure est entièrement ornée de feuilles de platane sculptées dans la pierre. Les lignes sont entrecoupées les unes par les autres, ce qui forme de grandes losanges d'un très-bel effet. L'entrée principale de la mosquée ressemble au portail d'une de nos cathédrales gothiques. Un vaste réservoir aux bouts duquel sont construits plusieurs édifices qui renferment des pavillons, est creusé près de cette mosquée. Le tout, cependant, est dans un état assez délâbré.

Patna fait un commerce considérable. La plus grande partie du salpêtre importé par la compagnie des Indes orientales, se fabrique dans la province de Bahar. A soixante milles au-dessus de Patna, se trouve *Bénarès*, capitale du district de *Zémindary*, qui renferme aussi les cercles de *Jianpour*, de *Guzar* et de *Gazypour*.

On assure que les coutumes et les mœurs de ses habitans, sont aujourd'hui ce qu'elles étoient aux époques les plus reculées dont parle l'histoire. Ce peuple n'a admis aucune innovation, ni quant à la vie civile, ni quant à la religion. Selon le sentiment général, Bénarès est une des villes les plus anciennes des Hindous; et, si l'on s'en rapporte à leur chronologie, elle est peut-être celle de l'antiquité la plus reculée. Le major Rennel n'est cependant pas de cet avis, parce que ni les ambassadeurs Syriens envoyés dans l'Inde, peu de temps après la mort d'Alexandre, ni Pline, n'en parlent pas.

Bénarès portoit autrefois le nom de *Kasi*, mais l'histoire se tait sur l'époque où elle reçut celui qu'elle a aujourd'hui. Elle est bâtie au nord du Gange, qui est très-large sous ses murs, et dont les bords sont fort élevés. La vue de cette ville est très-belle, prise du milieu de l'eau. L'œil est frappé d'une grande variété d'édifices, et sur-tout, d'une innombrable quantité de degrés de pierres, qui conduisent à des temples ou des maisons. Plusieurs de ces édifices, soit publics, soit particuliers, sont d'une grande magnificence. La plupart de ceux qu'on voit sur les bords du fleuve, et parmi lesquels il y a de très-beaux temples hindous, ont été indubitablement construits pour empêcher, et l'inondation qui survient à la saison des pluies, et le courant de l'eau qui est très-fort quelque temps après, d'entraîner les bords. Le plus considérable des bâtimens élevés à ce dessein, est nommé le *Gelsigaut*. Il est aussi placé sur de nombreux degrés. La façade en est élégante et superbe, mais derrière, il n'y a rien que la rive, au haut de laquelle on trouve un jardin. Au centre de cette facade, du côté du fleuve, est une tour carrée, fort élevée et couverte, dans laquelle on va respirer la fraîcheur de l'air du soir. Chacun des deux angles est terminé par un pavillon octogone, destiné au même usage. La plupart de ces bâtimens ont été construits du produit des contributions des riches, pour l'agrément du public.

Presque au centre de la ville de Bénarès, et sur le fleuve, est une grande mosquée avec deux minarets, qui ont 232 pieds de hauteur, à compter du bord de l'eau. Cet édifice fut élevé par le plus ambitieux, le plus intolérant des hommes, par l'empereur Aureng-Zèb, qui détruisit un magnifique temple indien, construit à la même place. Cette mosquée, dit-on, est de la même hauteur et de la même étendue que ce temple.

Les rues de Bénarès sont étroites et assez mal-propres. Les maisons sont élevées ; plusieurs ont jusqu'à cinq étages, et chacune d'elles est habitée par différentes familles. Cependant, les Indiens riches demeurent dans des maisons séparées, bâties au milieu d'une vaste cour, entourée de murs. La chaleur est très-forte dans cette ville, en été. Sa position géographique, sans doute, en est cause; mais la construction de ses maisons, qui sont presque toutes en pierres, et le peu de largeur de ses rues, qui produit une double et triple réflexion des rayons du soleil, y contribuent fortement aussi. Depuis le mois de mars, jusqu'à la fin de juin que les pluies commencent, elle est presque insupportable.

La ville de Bénarès est entourée de bâtimens en ruines, effets de l'intolérance des mahométans. L'un d'eux est un vaste édifice de forme circulaire, qui fut évidemment un temple indien, ou du moins en fit partie. Il y reste encore quelques ornemens, parmi lesquels on en trouve du style de l'architecture grecque, dit M. Hodges.

Au nord-ouest du district de Zémindary est la province d'*Oude.* La ville principale, celle où le nabab fait sa résidence, est Lucknow, sur une petite rivière nommée *Goomty,* qui communique au Gange à quarante-cinq milles au sud-ouest de Lucknow. Cette ville est à six cent cinquante milles de Calcutta par la route la plus courte. Elle est considérable, mais assez mal bâtie. La plupart des maisons ne sont faites que de bousillage et couvertes de chaume. Plusieurs sont entièrement construites de joncs et de bambous, et leurs toîts chargés de feuilles de cocotiers, de palmiers, et même de paille. On n'en voit que très-peu qui soient bâties en briques. Les rues sont tortueuses, étroites et les plus mauvaises de l'Inde. Dans la saison de la sécheresse, la poussière et la chaleur y sont insupportables; dans celle des pluies, la boue est telle qu'à peine on y peut marcher. On y trouve continuellement un grand nombre d'éléphans qui appartiennent, soit au nabab, soit aux grands de sa cour, et qui vont continuellement du palais à la rivière, ou de la rivière au palais, rencontre des plus dangereuse pour les piétons, classe dont on s'inquiète fort peu.

Le palais du nabab est bâti au bord de la rivière, sur un terrain élevé, et jouit d'une très-belle vue à droite et à gauche. Le feu nabab *Sujah-oul-Dowlah*, père d'*Asoph-oul-Dowlah*, le commença. Le prince actuel l'a considérablement augmenté. Il y a renfermé de vastes cours et un *durbar* où il reçoit publiquement tous ceux qui lui demandent audience. Ce durbar est un rang de trois arcades, parallèles les unes aux autres, et supportées par des colonnes de l'ordre moresque. Les lambris, ainsi que tout l'ensemble, en sont superbement dorés et peints en fleurs et en divers autres ornemens. On y monte par un escalier qui donne dans un parterre, formé comme ceux que nous voyons dans les peintures des Indes, c'est-à-dire, partagé en carreaux plats, remplis de fleurs dont l'odeur est si forte, qu'un Européen ne peut d'abord la soutenir. L'extérieur du bâtiment n'a rien de beau : on croiroit voir le château d'un baron du onzième siècle. Le jardin du palais en est séparé par une route boueuse, ou poudreuse, selon la saison. Ce jardin est entouré de murs. A chaque angle, s'élève un grand pavillon bâti en briques, recouvertes en stuc, le tout peint d'ornemens qui, au loin, produisent un très-bel effet.

Depuis Lucknow jusqu'à l'embouchure du Gange, ce n'est qu'une vaste plaine. A quatre-vingts milles environ, à l'est de cette ville, est celle de *Fyzabad*, éloignée de cinq cent soixante milles de Calcutta.

Elle est d'une étendue considérable, et paroît contenir une population des plus nombreuses, sur-tout de la dernière classe : car la cour en quittant cette ville, a attiré après elle les personnes du premier rang, les marchands les plus riches, les banquiers, les changeurs. Ces derniers, dans toutes les villes et même dans les villages, gagnent considérablement par la connoissance des changes qui, dans l'Inde, sont toujours très-variables, au grand détriment de l'industrie et du peuple.

Fyzabad renferme plusieurs beaux restes de bâtimens de briques. Celui dans lequel logea M. Hodges, est décoré d'un superbe pavillon, construit au-dessus de la principale entrée, et auquel on monte par un escalier étroit. Ce pavillon est composé de trois chambres. D'un côté, il commande la ville, et de l'autre le jardin, au-delà duquel on découvre une vaste campagne, ainsi que la rivière de *Grogra* qui est très-belle et coule à peu de distance. En face de la porte est une mosquée avec trois dômes, dont la forme est absolument celle d'un œuf posé sur sa pointe. Cette base, en apparence peu solide, produit un désagréable effet à l'œil; et le mérite de la difficulté vaincue ne compense pas ce manque d'élégance, et presque même de convenance.

L'ancien palais, bâti par le feu nabab *Sujah-oul-Dowlah*, est un vaste bâtiment qui couvre une grande étendue de terre. Il renferme plusieurs aires, ou cours, dans lesquelles sont des bâtimens séparés. Celle qui est la plus intérieure, offre les restes du durbar, ou de la salle d'audience publique. Ce durbar étoit sur le même plan, mais moins grand que celui du palais de Lucknow. La dorure et la peinture en sont fort effacées. Dans une autre cour intérieure, on trouve un bâtiment très-étendu, dont la façade principale a vue sur la rivière. Celui-ci devoit être aussi fort beau. Il étoit destiné à l'habitation particulière du nabab. Tout près sont d'autres bâtimens qui formoient le *zananah*, ou le sérail, et entre lesquels sont les jardins. Une grande et belle porte qui faisoit un corps de garde, et sous laquelle sont toujours quelques hommes armés, sert d'entrée au palais. Au haut de cette porte étoit placé le *nobut*, grand tambour qui est l'insigne de la royauté dans l'Inde, et qui se fait entendre dans toute l'étendue d'une grande ville. On le bat ordinairement au lever et au coucher du soleil. Près de Fyzabad, sont les restes de l'ancienne ville d'*Oude*, qu'on dit avoir été une des premières villes impériales de l'Indostan et bâtie par le héros indien *Krisken*. Dans l'histoire de *Féristha*, elle est citée comme la capitale d'un grand royaume, mille deux cent neuf ans avant l'ère chrétienne. Il en est souvent question sous le nom d'*Adjudéa* dans le fameux ouvrage indien, écrit en langue sanscrite, dans le *Mahabaret*. Quelle que fût jadis sa magnificence, elle n'en conserve plus de traces aujourd'hui. Elle est située sur les bords du Grogra ; mais, selon toute apparence, elle en étoit fort éloignée autrefois, ne faisant qu'une ligne avec Fyzabad ; car on dit qu'il n'y a pas long-temps, lorsque l'on construisoit le palais de Sujah-oul-Dowlah, ce prince demandoit tous les jours dans ses prières, que la rivière coulât plus proche. Ce qu'elle fait maintenant, puisqu'elle baigne complètement les murs de la façade principale. Oude est une ville sainte, et en conséquence, on y vient en pélerinage de toutes les parties de l'Inde.

Au confluent des deux grands fleuves du *Gange* et du *Gemné*, et dans une situation très-importante, est *Allahabad*, qui appartient au nabab d'Oude. Elle se trouve à huit cent vingt milles au-dessus de l'embouchure du premier de ces fleuves, et quelques auteurs la regardent aussi comme la *Palibothra* des anciens.

CHAPITRE II.

Agra. Description de cette ville, du tombeau d'Acbar, et du Tadje-Mahel. Forteresse de Gwalior.

A TROIS CENTS MILLES environ au-dessus d'Allahabad, on trouve *Agra*, ville située sur la rive méridionale du *Gemné*, fleuve rarement guéable. Cette ville forme un vaste demi-cercle, et semble sortir de l'eau. On dit qu'elle est de la plus haute antiquité. Sa situation ayant plu à l'empereur Acbar, il en fit sa capitale et le siége principal de son gouvernement, vers l'an 1566. En conséquence, on la nomme souvent *Acbarabad* durant le dernier siècle et au commencement de celui-ci, elle fut une des villes les plus brillantes de l'Inde. Mais si sa prospérité fut prompte, sa chûte le fut aussi. Elle offre maintenant les ruines les plus magnifiques. Le fort renferme le palais impérial, et il est d'une vaste étendue. Il est construit en pierres de taille rouges, et il doit avoir été d'une grande défense. Originairement il étoit entouré d'un double fossé très-large, très-profond, et que le Gemné fournissoit d'une grande quantité d'eau. Ce fort faisoit une île formée de trois côtés par ce même fossé, et du quatrième par le fleuve qui baignoit ses murs. Le fossé extérieur est maintenant tout-à-fait comblé, et la grande route le traverse. Celui qui est en dedans se trouve en mauvais état, et dans plusieurs endroits, il est absolument à sec. La ville d'Agra avoit une enceinte de murailles flanquées de tours, à la distance d'une portée de fusil l'une de l'autre.

Shah-Jehan, petit-fils d'Acbar, dégoûté de la situation d'Agra, à cause des chaleurs excessives qu'on y endure en été, et voulant fonder une métropole qui portât son nom, bâtit une grande ville tout auprès de l'ancienne *Dehly*, et il la nomma *Jehanabad*; mais le nom de cette ville, ainsi que l'empire, n'existe plus. On dit que, pour peupler sa nouvelle capitale, il y traîna la moitié des habitans de l'ancienne, c'est-à-dire près de cinq cent mille ames. Les ruines qui furent immédiatement la suite de cette dépopulation d'Agra, obligèrent, pour la sûreté de ceux qui restoient, de construire un autre mur, formant une partie d'un cercle avec l'ancien ; et ce mur fut élevé par ordre de *Joy-Singh*, rajah indien, au service de l'empereur Aureng-Zèb.

Tout l'espace entre ces deux murs n'est donc plus qu'une masse de ruines. Celui de l'intérieur est passable ; mais on peut voir facilement qu'il est principalement composé de décombres, à l'exception cependant de la partie qui avoisine la porte du fort, du côté de Dehly, où se trouve la grande *musjid* ou mosquée, bâtie en pierres rouges, mais qui est maintenant en très-mauvais état. Tout auprès est le *choke*, ou l'échange, qui n'offre plus qu'un amas de ruines. Le fort lui-même est fort endommagé, pour avoir fréquemment changé de maître depuis quatre-vingts ans. Il fut pris par le colonel *Polier*, dans le temps que cet officier étoit au service du nabab *Zout-Feccar-oul-Dowlah*, mieux connu sous le nom de *Nedjif-Khaun*. La façade méridionale du fort servoit de résidence à l'empereur. Elle étoit bâtie de marbre blanc, et son toît est encore couvert de plaques de cuivre doré qui conserve tout son lustre. A quelque distance est une mosquée, bâtie de même en marbre, et décorée d'ornemens aussi de cuivre doré. Il est impossible de contempler les ruines de cette grande ville, sans ressentir la plus profonde tristesse. Elles s'étendent le long du fleuve, pendant plus de quatorze milles anglais.

Le palais de *Dara-Sheko*, bâti par ce prince, renferme un grand espace de terre. Il est même très-dangereux de marcher sur ses ruines ; car, à moins d'une extrême attention, on court risque de tomber, par des trous, dans des voûtes couvertes, qui servent maintenant d'habitation aux plus dangereux reptiles. Les rues d'Agra sont très-étroites, et ne semblent pas avoir été tracées sur un bon plan. M. Hodges parle d'un *hoummaoum*, ou bain de cette ville, qui, autrefois, appartenoit à l'un des premiers seigneurs de la cour, ce qu'annonce clairement sa magnificence. Ce bain est entouré de colonnes du plus beau marbre. Lorsque l'artiste célèbre que l'on vient de nommer le visita, plusieurs morceaux de lapis-lazuli brilloient parmi les autres ornemens qui étoient très-beaux, et d'architecture moresque. On y voyoit encore des fleurs en mosaïque parfaitement imitées.

A la distance de six milles d'Agra, sur la grande route qui conduit à Dehly, et dans un lieu appelé *Secundrii*, est construit le tombeau de l'empereur Acbar. Cette masse énorme se trouve au milieu d'un jardin planté d'arbres fruitiers et autres, entremêlés d'arbustes en fleurs. Ce jardin est entouré de murs, et l'on suppose qu'il contient plus de vingt acres d'Angleterre. Le monument est un édifice carré qui a quatre portes, une à chaque face : toutes quatre sont surmontées de grands pavillons ; les angles en ont aussi. Cet édifice a cinq étages qui diminuent graduellement, mais qui tous ont la même forme de construction. Le dôme de plusieurs de ces pavillons est de marbre blanc. Le reste du bâtiment est de pierres rouges entrecoupées de morceaux de même marbre. Le cinquième ou le dernier étage est entièrement de marbre blanc, avec un rang de fenêtres à chaque face. Les pavillons qui terminent cet étage, sont également de marbre. Ils ont été extrêmement endommagés par la foudre et par un tremblement de terre. L'un d'eux est même tout-à-fait abattu, et le dôme des autres est en très-mauvais état. L'intérieur de ce cinquième étage est curieusement incrusté de marbre noir, sur lequel sont tracés plusieurs passages du Koran. De vastes terrasses règnent autour de chaque étage de l'édifice; et, pendant le règne des empereurs *Jehanguire* et *Jehan*, elles étoient couvertes d'étoffes d'or, soutenues par des piliers d'argent. Les mollahs, ou les prêtres de la religion de Mahomet, conversoient, à l'ombre de ces tentes, avec les savans.

L'entrée principale a lieu par une grande porte qui conduit au jardin. Le fronton de cette porte est extrêmement orné en compartimens de mosaïque de différentes couleurs. Des deux côtés du centre de l'édifice, sont deux étages d'arcades, faites en pointe, avec de grands enfoncemens. Au milieu de l'étage supérieur est une porte, et, au-dessus, une fenêtre, avec une balustrade en avant. Les enfoncemens les plus bas ont aussi chacun une fenêtre. Au centre est une arche pointue très-grande; et cette partie du bâtiment s'élève considérablement au-dessus des deux autres étages qui viennent d'être décrits. Au sommet, et un peu derrière le front de cette partie de l'édifice, sont deux sarcophages élevés sur des colonnes de marbre noir. Immédiatement derrière la porte, il y en a aussi deux autres qui répondent à ceux du front principal. A chaque angle de cette porte (ce bâtiment formant un carré oblong), sont deux minarets de marbre blanc, d'une grande élévation, et en partie cannelés. Au-dessus des cannelures, et à mi-hauteur, règnent des balustrades. Il y en a également près du sommet. Ces minarets étoient autrefois surmontés de pavillons ouverts, et terminés en dômes, depuis longtemps détruits. Ils renferment chacun un escalier qui conduit aux deux balcons qui les entourent. De la porte on passe dans une grande salle ouverte, et qui s'élève en dôme, presque jusqu'à la hauteur de l'édifice. Cette salle, par ordre de l'empereur *Jehanguire*, fils d'Acbar, fut extrêmement décorée de peintures et de dorures ; mais le temps les ayant fort endommagées, l'empereur Aureng-Zèb, soit par esprit de superstition, soit par avarice, les fit effacer entièrement. De cette salle, et par une autre arcade semblable à celle de la façade, on descend dans le jardin, d'où l'ensemble du tombeau se développe à travers une avenue garnie d'arbres élevés. Cette avenue est pavée de pierres. Au centre est un grand bassin carré, qui autrefois étoit rempli d'eau, mais qui se trouvoit à sec quand M. Hodges le vit. Au milieu de ce bassin, il y avoit une fontaine dont le tuyau seul restoit. Le volume d'eau fut sans doute considérable, car l'avenue est toute remplie de canaux. A très-peu de distance du bâtiment principal s'élève une très-grande porte, toute entière de marbre blanc, d'une beauté parfaite.

« Les rayons brillans d'un soleil d'orient,
« tombant à-plomb sur cet édifice, com-
« posé de tant de matériaux différens (dit
« M. Hodges), leur donnoient un éclat bien
« supérieur à tout ce que peut concevoir
« un habitant de nos régions septentrio-
« nales. La solitude qui règne actuellement
« dans toutes les partiss de ce jardin

« négligé, jette dans l'ame une mélancolie
« involontaire. Après avoir vu ce monu-
« ment élevé à la mémoire d'un empereur,
« dont les grandes actions ont rempli le
« monde, dont la générosité étoit égale à son
« humanité, je desirai comtempler jusqu'à
« la pierre qui renferme ses froides reliques.
« J'étois accompagné d'un vieux mollah,
« qui avoit les clefs de l'intérieur de l'edifice
« (toujours en vénération), et qui gagne
« une subsistance précaire à le montrer au
« voyageur curieux. L'intérieur du tombeau
« est une vaste salle, qui se termine en
« dôme. Quelques fenêtres percées en haut,
« admettent un jour religieux et sombre,
« et les murs sont revêtus de marbre blanc.
« Le corps est déposé dans un sarcophage
« aussi de même marbre, sans la moindre
« sculpture, et dans lequel est incrusté un
«   autre morceau de marbre noir, portant
» cette seule inscription : ACBAR. »

Du haut des minarets de la façade, l'œil peut parcourir une étendue prodigieuse de pays, c'est-à-dire, au moins trente milles en ligne directe. Tout ce pays est plat, et couvert de ruines qui annoncent son ancienne splendeur. A quelque distance, on aperçoit le Gemné et les tours brillantes d'Agra. L'état présent de cette belle contrée démontre les tristes suites d'un mauvais gouvernement, celles d'une ambition désordonnée, et des horreurs qui accompagnent les dissentions civiles. Quand les chefs de cette contrée jouissoient de toute la plénitude du pouvoir, et quand ils exerçoient leurs droits avec sagesse, elle dut, en raison de l'excellence du sol, et au moyen d'une foible industrie, être un superbe jardin : à présent il n'y règne plus que silence et désolation. Autour du monument d'Acbar, il y a plusieurs tombeaux, dont quelques-uns sont d'une grande beauté. Ils renferment probablement les cendres de quelques branches de la famille de ce prince ; mais la tradition populaire du pays veut que ces tombeaux soient ceux de ses femmes.

Sur la grande route d'Agra à Dehly, on voit plusieurs petits bâtimens, formés d'un piédestal carré, sur lequel s'élève un cône de la hauteur d'environ huit pieds. Un grand nombre de niches, aussi carrées, sont pratiquées dans ce cône, et l'on y place pour l'exemple la tête des malfaiteurs. Ces bâtimens servent encore à marquer les distances. La plupart maintenant sont en ruines, et couverts de poussière.

Au sud-est de la ville d'Agra, on trouve encore un autre monument très-beau, élevé par l'empereur Shah-Jehan, à la mémoire de sa femme bien-aimée, dont cet édifice porte le nom, et qu'en conséquence on appelle le *Tadje-Mahel*. Il est maintenant à deux milles de la ville, quoiqu'il y touchât autrefois. Près de ce monument étoit un grand bazar ou marché pour la vente des marchandises les plus précieuses de l'Inde et des pays étrangers. Il étoit composé de six cours, et entouré de grands portiques ouverts; mais à présent à peine en reste-t-il quelques vestiges. Le Tadje-Mahel est immédiatement au bord de la rivière, et posé sur une base de pierres de taille rouges, à chaque extrémité de laquelle est un pavillon octogone, à trois étages. Cette même base porte encore deux bâtimens parfaitement semblables l'un à l'autre, placés de chaque côté de celui du milieu. Ils sont couronnés de trois dômes de marbre blanc et de grandeur inégale, celui du centre étant le plus considérable. L'un de ces bâtimens est une *musjüd*, ou une mosquée; l'autre étoit destiné à recevoir tout personnage d'importance qui viendroit, par sentiment de religion, visiter la tombe, ou contenter une juste curiosité. Sur cette base de pierres rouges (qui offre une plate-forme au moins de vingt-cinq pieds de largeur) il y en a une autre de marbre blanc, et de forme carrée, qui est à peu près de quatorze pieds de hauteur. De ses angles octogones s'élèvent des minarets, ou de vastes colonnes, qui vont en diminuant vers le haut. Ils sont entourés chacun de trois galeries différentes, et surmontés de pavillons ouverts, couronnés d'un dôme. Ces minarets sont aussi de marbre blanc, et renferment des degrés qui mènent jusqu'au sommet. De sa base magnifique s'élève le corps de l'édifice, qui a aussi une plate-forme semblable à celle ci-dessus. Le plan en est octogone, et les quatre angles principaux sont dirigés vers les quatre points cardinaux. Une arcade vaste et pointue, semblable à celle de la porte du tombeau d'Acbar, est pratiquée au centre de chacune des quatre faces. Au-dessus de chacune de ces arcades est une sorte de fronton qui s'élance bien plus que toutes les autres parties du bâtiment. Les faces qui forment l'octogone de chaque côté des grandes arcades, en ont deux l'une sur l'autre, qui sont aussi en pointe, et qui ont des enfoncemens avec une balustrade en avant. Le mur au-dessus des arches est réellement incrusté de marbres de différentes couleurs. La tête de chacune des arcades enfoncées est ornée de même. Dans toutes celles qui sont autour de l'édifice, on a pratiqué des fenêtres ciselées dans la pierre. Derrière ce fronton octogone, et s'élevant considérablement plus haut, sont quatre pavillons de même forme, et couronnés de dômes. Du centre de tout l'édifice s'élève un cône de même hauteur que les pavillons, et soutenant le grand dôme, qui s'élargit considérablement au-dessus de sa base, avec une belle courbe finissant à la partie supérieure du cullus, sur laquelle sont, l'une au-dessus de l'autre, deux boules de cuivre doré. La dernière est surmontée d'un croissant, du milieu duquel sort une lance qui termine le tout. Chacune des faces de cet édifice est absolument la contre-partie de l'autre, et toutes sont d'un travail également fini.

Ce mausolée, vu de l'autre côté de la rivière, offre un aspect de la plus grande beauté, que produisent l'excellence des matériaux et la perfection du travail, qualités qui ne sont surpassées par la grandeur, l'étendue et la magnificence générale de l'ensemble. Le marbre blanc est le plus commun de ceux qui entrent dans sa formation. Les autres sont de différentes couleurs, et des mieux choisis; ce sont eux qui forment les ornemens. Le tout, au loin, semble un bijou précieux, placé sur un fond d'azur. L'effet en est tel, dit M. Hodges, qu'aucun ouvrage de l'art ne lui a fait éprouver jamais une pareille sensation.

Shah-Jehan avoit dessein de faire construire de l'autre côté de la rivière un édifice absolument semblable à celui-ci, pour lui servir de tombeau; et tous deux devoient être joints par un pont de marbre. Sa maladie, les fréquentes contestations survenues entre ses fils pour se disputer sa future succession, et à la fin son propre emprisonnement par Aureng-Zèb, l'empêchèrent de mettre à exécution ce magnifique projet.

Le jardin dans lequel est construit le Tadje-Mahel, a son entrée du côté opposé à la rivière, par une grande et belle porte de pierre de taille rouge, d'où l'on monte par un large escalier dans le jardin. Du haut des degrés, on aperçoit la partie du centre du bâtiment du milieu, à travers une avenue de cyprès entremêlés d'autres arbres. Cette avenue, pavée de pierres, est ornée de compartimens, ou de lits de fleurs, avec des fontaines. Le tout à distance égale. Quatre des plus magnifiques de celles-ci sont placées à la moitié de l'avenue, et s'élèvent sur une base carrée de marbre blanc. Un réservoir, creusé dans l'intérieur du bâtiment, leur fournit l'eau qu'il reçoit de la rivière par des pompes. Ces fontaines sont en bon état. Le jardin est toujours entretenu convenablement, cet édifice n'ayant pas été dépouillé des terres qui lui sont affectées. Le bâtiment du centre est parfaitement entier; mais le reste porte de fortes marques de décadence. Plusieurs mollahs desservent la mosquée avec beaucoup de décence et d'ordre. Ils sont fort attentifs envers les étrangers, auxquels ils montrent avec empressement, et expliquent avec soin, toutes les parties de ce monument. L'intérieur de l'édifice est revêtu de marbre blanc, et orné de fleurs parfaitement ciselées. La tombe est dans une chambre souterraine; et le corps de Tadje-Mahel repose, sous le centre du bâtiment, dans un sarcophage aussi de marbre blanc. Tout près de celui-ci, on en voit un autre qui renferme le corps de Shah-Jehan. Ces sarcophages ressemblent parfaitement à ceux qui sont dans le tombeau d'Acbar.

Le jardin de Tadje-Mahel et les bâtimens qui l'entourent, occupent un espace de près de la moitié de celui du tombeau de *Secundrii*. Tavernier dit qu'il vit commencer et finir le Tadje-Mahel, et que vingt mille ouvriers y travaillèrent pendant vingt-deux ans. Les environs fournirent la pierre de taille qui servit à sa construction; mais il fallut faire venir le marbre du Candahar, province orientale de la Perse : on le transporta par terre, et par une route de plus de six cents milles. On dit que les frais de tout l'édifice se montèrent à plus d'un million sterling.

A quatre-vingts milles au sud d'Agra, et au centre de l'Indostan proprement dit, se trouve la forteresse de *Gwalior*, située au sommet d'une montagne considérable, qui s'élève au milieu d'un pays absolument plat. A l'ouest, sont quelques autres montagnes assez hautes, entre lesquelles est le passage de *Narwah*, qui conduit à *Ougion*, capitale du pays de *Malwah*, maintenant au pouvoir de *Madajy-Scindia*. Le rocher sur lequel la forteresse est assise, est perpendiculaire de toutes parts, soit par la nature, soit par effet de l'art. La citadelle et un palais sont à l'extrémité nord-ouest, et une chaîne de sept portes conduit à la ville qui est au bas de la montagne. Toute la base de l'une et l'autre est entourée d'une muraille. Cette place, tant par sa situation naturelle, que par les ouvrages qu'on y a faits, est généralement regardée, par les Européens, comme le Gibraltar de l'Orient. La ville de Gwalior est assez grande; elle renferme les ruines de quelques belles maisons et une mosquée.

Pendant le gouvernement du Mogol, cette forteresse étoit la prison d'état, dans laquelle étoient renfermés les membres des différentes branches de la famille impériale, qu'on avoit sujet de redouter. On y entretenoit pour leur amusement, une nombreuse ménagerie, composée de lions, de tygres, etc. Au haut de la montagne, il y a de vastes plaines en culture, et une source d'eau suffisante, de sorte qu'un gouverneur actif et vigilant, pourroit défendre ce fort contre d'innombrables ennemis, ceux-ci ne pouvant l'attaquer que par le pied.

Cette ancienne et célèbre forteresse est à cent trente milles de la partie la plus voisine du Gange. Elle est éloignée de Calcutta, et par la route la plus courte, de plus de huit cents milles, de neuf à dix milles par la route ordinaire, et d'environ deux cent quatre-vingts milles des frontières angloises. Dans l'ancienne division de l'empire Mogol, elle est classée dans la soubabie d'Agra, et l'histoire en parle souvent comme de la capitale d'un district qui produisoit un revenu considérable. La première fois qu'il en est question, se trouve sous la date de 1008 ; et pendant les deux siècles suivans, la forteresse de Gwalior fut réduite deux fois par famine. Il est probable que dans tous les temps elle fut regardée comme un poste militaire de la plus haute importance, tant à cause de sa position, quant à la capitale, qu'en raison de sa situation particulière qui la fait généralement juger imprenable. Quant à sa position relative, il faut considérer qu'elle se trouve sur la route principale qui va d'Agra à *Malwah*, à *Guzerat* et au *Décan* ; et que tout auprès commence ce pays montueux qui, s'avançant de *Bundel-Cund*, *Malwah* et *Agimère*, forme une parallèle avec le Gemné, pendant la plus grande partie du cours de ce fleuve. De toutes ces circonstances réunies, aussi bien que des avantages qu'elle doit à la nature et l'art, il résulte, que la possession de cette forteresse fut jugée aussi importante aux empereurs qui ont gouverné l'Indostan, que le château de Douvres pouvoit l'être pour les princes saxons ou normands qui ont régné sur l'Angleterre.

Il paroît que Gwalior, au démembrement de l'empire Mogol, tomba en partage au rajah de la tribu des Hindous de *Jaut*, qui, sous le titre de rana de Gohud ou Gohd, prit le gouvernement du district dans lequel cette forteresse est située. Depuis cette époque, elle a changé de maître plus d'une fois. Les Marattes, dont les domaines sont voisins, l'ont souvent possédée. Le rana la leur a reprise en d'autre temps, mais on n'a pu jamais s'en emparer que par famine ou trahison.

La forteresse de Gwalior, l'an 1779, étoit au pouvoir de Madajy-Scindia. A la fin de cette même année, le gouverneur-général et le conseil du Bengale, conclurent avec le rana de Gohud, une alliance en vertu de laquelle on lui fournit un secours de quatre bataillons de cipayes, chacun de cinq cents hommes, et de quelques pièces d'artillerie, son district étant envahi par les Marattes et lui-même assiégé dans sa forteresse de *Gohud*. Le principal objet de cette alliance, étoit de pénétrer dans le pays de Scindia, et de lui faire quitter la partie occidentale de l'Inde, où il étoit alors à observer les mouvemens du général *Goddard*, occupé de la réduction de la province de Guzarate. Le but de M. *Hasting* étoit de mettre Scindia dans le cas, lorsqu'il verroit ses propres états en danger, de se détacher de la confédération dont il étoit l'ame, ce qui applaniroit les voies à un accomodement avec la cour de *Pounah*, le siége principal du gouvernement des Marattes. L'évènement répondit à son attente. Le major *Popham* fut nommé chef de cette petite armée, qu'on envoyoit au secours du rana. Il eut le bonheur, non-seulement de chasser l'ennemi, mais encore de lui enlever un de ses meilleurs districts qu'il conserva. M. Hasting qui calculoit avec raison que la prise de Gwalior, si elle étoit possible, procureroit le double avantage d'ouvrir l'entrée du pays de Scindia, et d'ajouter à la réputation des armes anglaises, à un point infiniment supérieur aux risques et à la dépense de l'entreprise, en conféra plusieurs fois avec le major Popham, lui témoignant en même temps son desir d'en faire la tentative. Il espéroit que la garnison, se reposant sur la force naturelle de la place, ne feroit qu'une foible garde, et en conséquence, il se détermina à l'attaquer. On connoît le succès de cette entreprise, et voici la manière dont elle s'effectua. Le récit suivant est tiré d'une lettre du capitaine *Jonathan-Scott*, interprète du major Popham, pour la langue persane, adressée à son frère, le major *John-Scott* :

« La forteresse de Gwalior est assise sur
« un vaste rocher d'environ quatre milles
« de longueur, mais étroit, de largeur iné-
« gale, et presque plat au sommet. Les
« côtés en sont si escarpés, qu'il paroît
« presque perpendiculaire de toutes parts :
« car, par-tout où il n'étoit point ainsi par
« la nature, il l'est devenu par l'art. Son
« élévation est de deux à trois cents pieds

« au-dessus de la plaine. Le rempart borde de
« tous côtés le précipice. La seule entrée qui
« existe a lieu par des degrés pratiqués dans
« l'un des flancs du rocher. Ces degrés sont
« protégés au-dehors par un mur et des bas-
« tions, et gardés plus loin par sept portes de
« pierres, à quelque distance l'une de l'autre.
« Dans l'intérieur de la forteresse, on trouve
« de superbes bâtimens, des réservoirs d'eau,
« des puits, des terres cultivées, de sorte
« qu'elle forme, pour ainsi dire, un petit
« district. Au nord-ouest, et au pied de
« la montagne, est située la ville, qui est
« assez grande, bien bâtie, et dont les
« maisons sont toutes de pierres. Il eût été
« inutile d'assiéger ce fort; on ne pouvoit
« s'en emparer que par un blocus, ou par
« surprise.

« Des brigands du district de Rana,
« accoutumés à piller aux environs de la
« ville de Gwalior, ayant escaladé le rocher
« à la faveur des ténèbres, pénétrèrent dans
« le fort. Ils en donnèrent avis au rana
« qui eut souvent envie d'en profiter, mais
« qui craignit de tenter une entreprise d'une
« telle importance, avec des troupes comme
« les siennes. A la fin, il en fit part au

« major Popham, qui envoya, avec quelques-
« uns de ces brigands, ses propres espions
« sur les lieux. Tous grimpèrent au haut
« du rocher pendant la nuit, et ils remar-
« quèrent que les gardes étoient générale-
« ment endormies après les rondes. Le major
« Popham alors fit construire des échelles,
« mais avec tant de secret, que jusqu'à
« l'instant de la surprise, un petit nombre
« de personnes en eurent seules connois-
« sance.

« Le 3 août au soir, un détachement,
« commandé par le *capitaine William Bruce*,
« eut ordre de se tenir prêt à marcher. Le
« major Popham, lui-même, se mit à la
« tête de eux bataillons, qui devoient suivre
« immédiatement les troupes chargées de
« monter à l'assaut. Afin de prévenir,
« autant qu'il seroit possible, tout bruit
« en approchant du rocher, ou en l'esca-
« ladant, on fit prendre aux cipayes, des
« souliers entièrement faits d'étoffe de laine,
« et rembourrés de coton. A onze heures
« du soir, tout le détachement partit du
« camp de Reypour, éloigné de huit milles
« de Gwalior, où il arriva peu de temps
« avant la pointe du jour, après avoir

« marché par des chemins non-fréquentés.
« Au moment même où le capitaine Bruce
« parvenoit au pied du rocher, il vit la lu-
« mière des rondes, sur les remparts, et il
« entendit tousser les sentinelles (manière
« dont les Indiens font entendre que tout est
« en ordre dans une place forte ou dans un
« camp). Cette circonstance qui eût pu af-
« foiblir le courage d'un autre, ne servit
« qu'à lui donner plus de confiance, quant
« au moment de l'action, l'intervalle entre
« le passage des rondes étant alors connu.
« En conséquence, et lorsque les lumières
« eurent disparu, on plaça des échelles de
« bois contre le rocher. Un des brigands
« monta d'abord, et revint bientôt annoncer
« que la garde s'étoit retirée pour aller
« dormir. Le lieutenant Caméron, notre
« ingénieur, monta ensuite, et attacha une
« échelle de corde à l'un des créneaux de
« la muraille, cette espèce d'échelle étant la
« seule propre au dessein d'escalader le mur
« en corps (les échelles de bois ne servant
« qu'à monter au haut du rocher, et à aider
« à fixer celle de corde). Quand tout fut
« prêt, vingt grenadiers cipayes, à la tête
« desquels étoit le capitaine Bruce, se ras-

« semblèrent et se tapirent sous le parapet
« sans être découverts. Mais, avant que de
« nouvelles forces arrivassent, trois hommes
« de ce parti, furent assez imprudens pour
« faire feu sur quelques soldats de la gar-
« nison, qui étoient endormis près d'eux,
« ce qui faillit renverser tout le projet. Les
« troupes du fort ayant eu l'alarme, ac-
« coururent en grand nombre, vers le lieu
« d'où le bruit étoit parti; mais ignorant
« quelle étoit la force des assaillans (quant
« à ceux qui avoient tiré, ils furent tués à
« l'instant), elles se laissèrent arrêter par
« le feu soutenu d'une partie des grena-
« diers, au secours desquels le major Po-
« pham vint avec un considérable renfort.
« La garnison alors se réfugia dans les bâ-
« timens intérieurs, d'où elle lança quel-
« ques fusées; mais bientôt, elle s'enfuit par
« la porte du fort. Les principaux officiers
« se voyant abandonnés de la sorte, se ras-
« semblèrent dans une maison, et arbo-
« rèrent le drapeau blanc. Le Major Popham
« les fit assurer qu'il ne leur seroit fait aucun
« mal. Ainsi, cette importante, cette éton-
« nante forteresse, dans l'espace de deux
« heures, fut absolument en notre pouvoir.

« Nous ne perdîmes qu'un homme (sans
« compter les trois précédens), et nous
« n'eûmes que vingt blessés ; du côté de
« l'ennemi, la plupart des principaux offi-
« ciers le furent, et le gouverneur *Bapogy*,
« fut tué. »

La forteresse de Gwalior, quelque temps après, fut cédée au rana de Gohud, qui la posséda jusqu'au moment dont on parle. La paix étant sur le point de se conclure entre le gouvernement anglais et Scindia, ce chef se trouva à même d'investir cette place avec soixante et dix mille hommes. Il ne parvint cependant à la réduire que par la trahison de l'un des officiers du rana, qui reçut des troupes marattes dans cette forteresse.

CHAPITRE III.

Suite de la description géographique de l'Inde. Delhy. Lahor. Serinde. L'Indus *et ses branches différentes. Ville et province de* Cachemire. Le Sinde. *Provinces de* Guzarate *et d'*Agimère, *etc.*

A CENT DIX-NEUF milles au nord d'Agra, est située *Dehli*, ou *Dehly*, sur la rive droite ou occidentale du Gemné, par 77. 40. de longitude, et 28. 37. de latit. Cette ville est, de nom, la capitale de l'empire Mogol. Elle étoit anciennement bâtie sur la rive opposée. On dit que, pendant la dernière partie du siècle précédent, et au commencement de celui-ci, elle contenoit deux millions d'habitans; mais le nombre en est, maintenant, considérablement réduit. Cette étendue de terre fertile, renfermée entre le Gemné et le Gange, est nommée *Dooab*, nom donné à toute terre qui se trouve entre deux fleuves ou rivières.

A trois cent quatre-vingt-six milles

environ, au nord-ouest de Dehly, est *Lahor,* sur le *Rauvye,* anciennement l'*Hydraotes,* rivière navigable qui communique avec toutes les branches de l'Indus. Cette ville (située par 93. 30. de long. et 31. 40. de latit. du mérid. de Paris) fut la résidence des premiers mahométans qui conquirent l'Indostan, et maintenant elle est la capitale des *Seiks.* C'est à l'une de ses portes que commence la fameuse avenue d'arbres, tant vantée par les premiers voyageurs dans l'Inde, et qui conduit à Agra, par un chemin d'environ cinq cents milles anglais. A moitié chemin entre Dehly et Lahor, est *Sirhind,* ou *Serinde,* ville d'une haute antiquité, d'où l'art de travailler la soie a été apporté à Constantinople par quelques moines, dans le seizième siècle ; car, quoique cet art fût connu en Europe, sous les empereurs romains, il s'étoit perdu, pendant la confusion qui suivit la chûte de l'empire d'Occident. Procope dit que, du temps de Justinien, la soie fut apportée de *Serinda,* ville de l'Inde. Pline et d'autres écrivains plus anciens supposent qu'elle le fut de *Serica,* contrée qui borde la partie nord-ouest de la muraille de la Chine, et que 'est de son nom que vient celui de la soie en latin. Entre Dehly et Serinde, on trouve des plaines très-étendues, dans lesquelles sont situées les villes de *Panniput* et de *Carnawl*, et fameuses par de grandes batailles, tant dans les temps anciens que dans les temps modernes. Ces plaines sont à l'entrée du passage, à travers les montagnes de la Tartarie et de la Perse, pays originaire des conquérans de l'Indostan. Toute cette contrée est appelée *Lahor*, comme la capitale, ou plus souvent le *Panjab*, ou la contrée des cinq rivières, parce qu'elle est renfermée entre les cinq branches orientales de l'Indus. Quatre de ces branches sont indiquées dans l'histoire des conquêtes d'Alexandre. Ce sont l'*Hydaspes*, maintenant le *Behut*, ou le *Chelum*; l'*Acesines*, maintenant le *Jenaub*, ou le *Chunaub*; l'*Hydraotes*, maintenant le *Rauvye*; l'*Hypasis*, ou l'*Hupasis*, maintenant le *Beyah*: la cinquième branche est le *Setlege*, le *Suttuluz*, ou *Sutluj*, qu'on suppose être celle que Pline nomme le *Hesudurus*; Ptolémée, le *Zaradrus*, et Arrien, le *Saranges*. Les trois premières se réunissent successivement, à quelque distance au-dessus de la ville de Moultan, qu'on croit avoir été la capitale des anciens *Malli*, et qui est située par 29. 52. latitude nord, et 70. 40. longitude est. Cette réunion forme un courant égal à celui de l'Indus, même à son confluent, qui est à peu près à vingt milles à l'ouest de Moultan. Il est à remarquer que ces trois courans réunis prennent le nom de *Jenaub*, comme ils prenoient celui d'*Acesines*, du temps d'Alexandre. Les deux autres branches se réunissent aussi, et joignent l'Indus fort loin, au sud de la même ville.

A deux cent vingt milles environ, au nord de Lahor, et sur le *Chelum*, ou l'*Hydaspes*, est la ville de *Cachemire* (située par 93. de long. et 34. 30. de lat. du méridien de Paris), capitale d'une province de même nom, célèbre par de très-beaux sites, par la fertilité de son terroir et par la température de son atmosphère. Cette contrée fait un vallon élevé et fort étendu, de forme ovale, long d'environ quatre-vingts milles, et large de quarante, entouré de hautes montagnes de toutes parts. On croit que le sol en est formé par la vase que dépose le *Chelum*, qui, originairement, tiroit ses eaux d'un lac, dont toute la vallée étoit couverte, jusqu'à ce qu'il s'ouvrît un passage à travers les montagnes, comme fit, dit-on, le Penée en Thessalie. C'est dans la province de Cachemire que l'on fabrique les *shawls*, ou *challs*, d'un si grand usage dans plusieurs parties de l'Asie, en Egypte, et depuis peu en Europe. Ils sont tissus d'une laine très-fine que donne une espèce de chèvre, soit de ce pays, soit du Thibet. La province de Cachemire est frontière de l'Indostan, vers la Tartarie et le Thibet. Elle est très-sujette aux tremblemens de terre ; c'est pourquoi les maisons y sont construites en bois. Ses habitans sont remarquables par leur superstition. On suppose qu'ils sont Juifs d'origine, ayant toujours à la bouche le nom de Moïse, qu'ils croient avoir été dans leur pays, aussi-bien que Salomon. Les femmes de cette contrée sont très-belles. A près de deux cents milles, au nord-ouest de Cachemire, est *Caboul*, presque au pied du Caucase indien, aussi nommé *Paropamisus*, ou *Imaus*, maintenant *Hindou-Kø*, ou la ceinture de pierre. Caboul est sur la rivière *Atock*, qui sort de l'Indus, à peu de distance de sa source. Cette ville est la capitale de la province de Caboulistan, qui est agréablement diversifiée de montagnes et de valons. La situation de Caboul est délicieuse, et on la considère elle-même comme la clef de l'Inde vers la Tartarie. Maintenant elle fait la capitale des états de Timur-Shah, roi de Candahar. Elle est située par 86. 30. de long. et 34. 30. de lat. du méridien de Paris. La ville de Candahar est à 138 milles, au sud-ouest de Caboul. Elle passe pour avoir été bâtie par Alexandre qui lui donna son nom. Lorsque la Perse et le Mogol ne faisoient point deux empires séparés, Candahar étoit la ville frontière et le boulevard de l'Indostan, vers le premier de ces états, et en conséquence elle a souvent changé de maître. Elle est capitale d'une province de même nom. Sa défense consiste en deux citadelles. Elle est située par 89. de long. et 33. de latit. même méridien. A deux cents milles environ au sud de Caboul, et par 70. 36. de longitude, et 32. 27. de latitude, est située Atock, ville bâtie sur la rive orientale de l'Indus, qui, en descendant vers le confluent du Chanaub, ou Jenaub, près Moultan, est appelé le fleuve d'*Atock*, c'est-à-dire, *défendu*, comme formant au nord-ouest la barrière originaire de l'Indostan, barrière que les sujets de l'empire ne pouvoient passer sans une permission spéciale. Atock est à deux cents milles environ au nord-ouest de Lahor, et appartient aussi aux Seiks. C'est une chose remarquable que cette partie de l'Inde, la première qui fût connue des Européens, maintenant l'est moins que toute autre.

Atock est capitale d'une province aussi de même nom. On place ordinairement les sources de l'Indus au côté méridional des montagnes qui séparent l'Indostan de la Tartarie, et qui toutes, anciennement, recevoient collectivement le nom d'*Imaus*, ou de Caucase indien. Quelques auteurs, cependant, supposent ces sources plus reculées. A la distance d'environ cent soixante et dix milles de la mer, suivant le cours du fleuve, l'Indus se divise en deux branches, et forme un delta, ou un triangle, comme le Nil. L'une de ces branches se sous-divise en deux parties, et forme un autre delta. A cinq milles au-dessous de cette seconde séparation (par 86. de long. et 25. 20. de lat. du méridien de Paris), est située la ville de *Tatta*, capitale de la province de *Sindy*, ou de *Sinde*, dont on suppose que l'ancienne *Pattala* étoit proche. Le bas de ce delta est entrecoupé de rivières et de criques, comme le delta du Gange;

mais avec cette différence qu'il est sans arbres, les parties solides du sol n'étant couvertes que de broussailles, et le reste, qui est le plus considérable, ne formant que des marais mal-sains, ou des lacs de vase. Dans les premières, on élève un grand nombre de chameaux qui se nourrissent dans ces mêmes broussailles. La partie supérieure du delta est bien cultivée, et donne beaucoup de riz. Il est remarquable que le flot n'est visible dans l'Indus qu'à la distance, tout au plus, de soixante ou soixante-cinq milles de la mer. Dans le Gange, le flot et le jussant sont sensibles à deux cent quarante milles de son embouchure; et, dans la rivière des Amazones, à six cents. L'entrée soudaine du flot à l'embouchure de l'Indus est dangereuse, sur-tout par la hauteur des vagues; de la vint l'accident qu'essuya la flotte d'Alexandre. L'Indus et ses branches sont entièrement navigables de Tatta à Moultan, Lahor et Cachemire pour les navires d'environ deux cents tonneaux.

La province de Sinde borde l'Indus, jusqu'à son embouchure, sur une distance de 300 milles. Sa largeur est inégale, et la plus forte, d'environ cent soixante milles. Le

Sinde, quant à plusieurs particularités du climat, du sol et de l'apparence extérieure de sa surface, ressemble à l'Egypte. La partie inférieure est formée d'un riche terreau et fait un vaste delta. La partie supérieure est une sorte de langue de terre, resserrée d'un côté, par une, ou plusieurs chaînes de montagnes, et bornée de l'autre, par un désert de sable. L'Indus, dont la largeur est au moins égale à celle du Nil, traverse cette vallée par le milieu, et l'inonde tous les ans. Durant les mois de juillet, d'août et une partie de septembre, qui forment la saison pluvieuse, dans la plupart des autres pays de l'Inde, l'atmosphère de celui-ci est surchargée de nuages, mais il ne pleut que très-près de la mer. Il ne tombe généralement que peu de pluie dans cette contrée, pendant toute l'année. Le prince du Sinde est tributaire du roi de Candahar, et professe la religion de Mahomet. Il réside ordinairement dans la forteresse d'*Hydrabad*, située sur l'Indus, un peu au-dessus de la tête du Delta, et près de la ville de *Nusserpour*. Les Hindous y sont traités avec beaucoup de rigueur, par les gouverneurs mahométans, ce qui force plusieurs d'entr'eux à fuir dans d'autres contrées.

Au nord-est du Sinde sont les différens territoires des *Seiks* ; et au nord, ceux du roi de Candahar. A l'ouest est le *Makran*, anciennement *Gedrosia*, province de Perse, dont le prince est tributaire du même roi. Un désert sabloneux borne le Sinde à l'est. Ce désert de près de cinq cent cinquante milles de longueur, et de cent et cent cinquante de largeur, est mentionné par Hérodote. (III. 98.). En raison de ce voisinage et du défaut de pluie dans le Sinde, les chaleurs de l'été y sont si violentes, et les vents qui soufflent du désert, si pernicieux, que l'on y construit les maisons de manière à être rafraîchies par des ventilateurs, pratiqués au haut du toît, et qui ressemblent à de petits tuyaux de cheminée. Lorsque les vents chauds règnent, on ferme hermétiquement toutes les fenêtres. Par ce moyen, le courant d'air le plus chaud, c'est-à-dire, celui qui s'approche le plus de la terre, est exclu ; et le courant le plus frais, ou le plus élevé, s'introduit dans la maison par les ouvertures qu'on lui a préparées. On prévient aussi de la sorte l'entrée de nombreux nuages de poussière, qui suffiroient pour rendre inhabitable une telle demeure. Les toîts sont faits de couches de terre, fort épaisses, au lieu de terrasse. Peu de contrées, et sur-tout la partie inférieure du delta, sont plus mal-saines pour des Européens. Les pêcheurs et ceux qui font le trafic des bestiaux forment des villages, ou des villes temporaires, sur les bords de l'Indus, et changent à volonté de position comme on fait pour un camp. Arrien nous apprend que *Nearque*, amiral de la flotte d'Alexandre, remarqua cette particularité. On croit que ces pêcheurs et pasteurs descendent des *Scythes-Nomades*, ou des Tartares errans, vu qu'une telle telle coutume n'a lieu dans aucune autre partie de l'Inde.

Le pays au sud-est du Sinde est appelé *Cutch*, et s'étend de la branche orientale de l'Indus jusqu'au *Poudder*, rivière qui le sépare du Guzarate, l'une des provinces des Marattes. Sur la côte méridionale du golfe de Cutch, est un district habité par une tribu de pirates, nommés *Sangariens* qui donnent la chasse aux vaisseaux marchands, jusqu'à l'entrée du golfe Persique. On croit qu'elle est la même que celle, nommée *Sangada* par Arrien.

La province de *Guzarate* est une espèce de péninsule de deux cents milles de long et de cent quarante de large, formée par la mer Arabique, et les golfes de Cambaie et de Cutch qui s'enfoncent très-loin dans le continent. Cette province a pour capitale *Amedabad*, qui, en 1780, dans la dernière guerre, fut prise, par le général Goddard, sur les Marattes. Elle est située dans un pays plat, et sur une rivière, petite mais navigable, appelée *Sabermaty*, et qui, après avoir reçu d'autres courans, se jette dans le haut du golfe de Cambaie, près de la ville de ce nom, qui est absolument le port d'Amedabad, dont elle est éloignée d'environ cinquante-six milles.

A l'est du désert de sable, et au nord du Guzarate, est l'*Agimère*, ou le *Marwar*, pays des *Rajpouts*, tribu guerrière des Hindous. C'est delà qu'elle est appelée *Rajpoutana*, et l'on suppose que c'est la *Gagasmira* de Ptolémée. Cette contrée a trois cent vingt milles de l'est à l'ouest, et deux cent quatre-vingt-cinq, du nord au sud. Généralement elle consiste en montagnes élevées, séparées par des valons étroits; ou ce sont des plaines environnées de hautes montagnes, et dans lesquelles on ne peut pénétrer que par des défilés. En conséquence, elle est des mieux fortifiées par la nature, et ses habitans ont toujours maintenu leur indépendance. Ils ont été plusieurs fois vaincus, mais jamais subjugués. Une partie de ce pays a été cependant soumise par Aureng-Zeb, et maintenant elle est tributaire des Marattes, mais la nation en général est libre. Le pays des Rajpouts confine aux provinces de Dehly et d'Agra, du côté de l'est. Il étoit autrefois divisé en trois grandes principautés, sous les noms d'*Oudipour*, de *Joudpour* et d'*Ambire*, ou d'*Amire*, et celle-ci maintenant est nommée *Joinagour*, ou *Jyenagour*. L'ancienne capitale étoit *Cheitore*, mais *Doudipour* est celle d'aujourd'hui. La ville d'*Agimère* est éloignée de deux cent trente milles de Dehly, et bâtie au pied d'une montagne très-élevée, au sommet de laquelle est une forteresse importante.

Au sud d'Agimère est la province de *Malwah*, dont la capitale est *Ougion*, résidence du *Sindia*, chef des Marattes du

Pounah. Cette ville est située à quatre cent trente-cinq milles au sud de Dehly. On croit que c'est l'*Ozene* de Ptolémée. A trente-six milles au sud-ouest d'Ougion', est *Moundou*, qui, du temps d'Acbar, étoit une ville prodigieusement peuplée, et de vingt-deux milles de circonférence. Elle est située au sommet d'une très-vaste et très-haute montagne. La province de *Malwah* forme évidemment la terre la plus élevée de l'Indostan, car elle renferme les sources de plusieurs rivières qui courent dans le golfe de Cambaie et dans le Gange. D'un même lac coule le *Nerbudda* qui se jette aussi dans le golfe de Cambaie, au nord de Surate, et le *Soane*, ou *Soanne-Budda*, qui joint le Gange à vingt-deux milles au-dessus de Patna. Tous deux vont en direction opposée et font absolument une île de la partie méridionale de l'Inde.

CHAPITRE IV.

Suite de la description géographique de l'Inde. Côte de Malabar. Surate. Bombaie. Visapour. Goa. Bisnagar. Calicut. *Le cap* Comorin. Tranguebar. Pondichéry. Madrass. *Côte de* Coromandel. *Domaine de* Tippoo-Saib. Seringapatan. *Le pays de* Carnate. Golconde, *etc. Le* Decan. *L'*Inde *au-delà du Gange.*

LES principales villes dans la Péninsule de l'Inde, sont, du côté de l'ouest, qu'on nomme ordinairement la côte de *Malabar*, celle de *Surate*, située près de l'embouchure de la rivière de Taphy, par 72. 48. de long. et 22. 11. de latitude.

Cette ville est dans une charmante position. Elle seroit la plus commerçante des Indes, si elle étoit sur la mer, mais elle en est éloignée de quatre lieues, et le mouillage se trouve à trois lieues de la côte. La rivière ne peut recevoir que des bateaux ordinaires, qui sont obligés d'attendre la marée pour en sortir ; et quelquefois ceux qui sont chargés, mettent quinze jours à gagner les vaisseaux. La ville de Surate a environ cinq lieues de tour. On y voit un nombre prodigieux de commerçans de toutes les nations. Les Anglais, les Français, les Hollandais y ont des loges. Le commerce des premiers y est très-considérable. En 1758, ils s'emparèrent du château, et le Nabab qui réside à une lieue de Surate, est leur tributaire. Les Marattes viennent aussi, tous les ans, y lever un tribut.

A l'est de Surate, et au nord de la même rivière, se trouve *Bourhanpour*, ville des Marattes, qui étoit autrefois la capitale de la soubabie de *Candeish*. Elle est située au milieu d'un pays délicieux. Le général Goddard passa, à la tête de son armée, par cette place, dans sa célèbre marche à travers le continent de l'Inde, en 1780, marche qu'il effectua depuis *Calpi*, sur la rive méridionale du Cemné, jusqu'à Surate. Les autres places importantes par lesquelles il passa, sont *Chatterpour*, *Sirong*, ou *Sironge*, *Bopal*, ou *Bopaltol* et *Hourdah*.

A cent soixante dix sept milles au sud de Surate est la ville de Bombaie, située dans une île de même nom, par 72. 40. de longit. et 18. 58. de latit. Cette île qui est fort étroite, a un peu plus de sept milles de longueur, et environ trente de circonférence. Elle forme le principal établissement des Anglais sur cette côte ; elle offre un bon port ; et la ville renferme, outre une forteresse importante, un chantier pour les vaisseaux et un arsenal pour la marine. Les Portugais, en 1662, la cédèrent aux Anglais comme une partie de la dot de la femme de Charles II. Un détroit, au nord-est, la sépare de *Salsette*, île très-belle, d'environ quinze mille carrés, qui fut prise sur les Marattes en 1773. Dans les environs sont plusieurs autres îles, mais particulièrement celles de *Caranjah* et de l'*Elephant* que les Marattes ont cédées aux Anglais. A l'opposite de l'extrêmité septentrionale de Salsette, est la forteresse de *Basseen* que les Anglais prirent sur les Marattes, après un siége opiniâtre, mais qu'ils leur rendirent à la paix.

A cent milles environ, à l'est de Bombaie, et à-peu-près à soixante et quinze milles de la côte de la mer, la plus voisine, est située *Pounah*, capitale des Marattes occidentaux dont l'empire s'étend au loin, et du sud au nord, dans l'intérieur de l'Indostan. Cette ville est petite, assez mal bâtie, toute ouverte et sans défense. En cas d'invasion, la place de refuge est *Pourounder*, forteresse construite au sommet d'une montagne, à dix-huit milles environ au sud-est de Pounah. C'est dans cette forteresse que sont déposées les archives du gouvernement. A cinquante milles au sud-est de Pounah, est *Fattarah*, précédemment capitale des Marattes. Elle est située près de la source de la rivière de *Krisnah*, qui sort du côté oriental des *Gattes*, ou de l'Appenin indien. A cent trente-six milles au sud de Pounah (par 94. de long. et 17. 30. de lat. du méridien de Paris), est située *Visapour*, ou *Bajapour*, ancienne capitale du royaume de ce nom, qui maintenant appartient aux Marattes.

Celui qui posa les premiers fondemens de la puissance de ces peuples, est *Sevajy*, officier de l'armée du roi de Visapour, qui, profitant des troubles survenus dans le royaume, se mit à la tête d'un corps d'aventuriers militaires, espèce de gens qui sont très-nombreux dans l'Inde. Ses succès furent tels, qu'à sa mort, arrivée en

1680, ses domaines, fruits de ses conquêtes, s'étendoient, de la partie septentrionale de *Baglana*, près Surate, fort au loin au sud de Bombaie. Son fils qui étoit homme de mérite, périt la même année 1680, par la trahison d'Aureng-Zèb. Mais son petit-fils *Sajoujy*, pendant les convulsions qui suivirent la mort du même Aureng-Zèb, étendit les domaines des Marattes, de l'Océan occidental, aux confins du Bengale, et au nord, aussi loin qu'Agra. Il mourut en 1740. Son successeur *Ram-Rajah*, étant un prince foible, les deux principaux officiers de l'état, le premier ministre, appelé *Paishwah* et le commandant de l'armée, ou le *Bouski*, convinrent de partager entr'eux les états de leur maître. Le premier s'empara des provinces occidentales, et continua de résider à Pounah. Le second envahit les provinces orientales, et fixa sa résidence à *Nagpour*, dans le Berar. Ce partage violent de l'empire par ses ministres, produisit d'autres usurpations qui furent proportionnées au degré de crédit et de puissance de ceux qui les firent. Ainsi donc, en peu d'années, l'état, d'une monarchie absolue, devint une simple confédération de chefs, ou le modèle du gouvernement féodal, le plus odieux qui ait jamais existé. Les Marattes, cependant continuèrent à augmenter leurs domaines, jusqu'au terrible échec qu'*Abdalla* leur fit essuyer à la bataille de *Panniput*, en 1761.

A deux cent quatre-vingts milles environ du sud de Bombaie, est la ville de *Goa*, dans une île de même nom. Cette capitale des établissemens portugais dans l'Inde, est située par 72. 45. de longitude, et 15. 28. de latitude. *Albuquerque* en prit possession le premier, en 1510. La côte entre cette ville et Bombaie, est peu connue. A cent quatre-vingts milles, à l'est de Goa, et à trois cent quatre-vingt-dix-huit milles de Bombaie, est *Bisnagar* ou *Bijinagour*, capitale de l'ancien royaume de *Narsinga*. Cette ville est située près de la rive occidentale de la rivière de *Tungebrada* (par 95. 30. de long. et 13. 20. de latitude du méridien de Paris). Au nord-est, elle a celle d'*Adoni*. A deux cent vingt milles au sud de Goa, par 74. 44. de longitude et 12. 50. de latitude, est *Mangalor*, qui a au sud, *Tellichery*, et ensuite *Calicut*, le premier port de l'Inde, dans lequel les Portugais prirent terre, en 1498, sous Vasco de Gama. La ville de Calicut (située par 91. 30. de longit. et 11. 21. de latit. du méridien de Paris), autrefois la capitale des états du *Samorin*, ou de l'empereur de cette contrée, étoit la plus florissante qui fût sur la côte de Malabar ; mais elle est à présent considérablement déchue. Au sud de Calicut, est la ville de *Paniany*, à l'embouchure de la rivière de même nom. Le principal établissement des Hollandais sur cette côte, est la ville de *Cochin*, située par 76. 52. de longitude et 90. 58. de latitude. Près de cette ville est un promontoire remarquable, appelé le mont *Dilla* ou *Dilly*. A quelques distance de Cochin, on trouve un grand lac, au sud duquel jusqu'à *Anjenga* et le lac de Travancore, non loin du cap de Comorin, le pays est presque entièrement couvert de forêts et foiblement habité.

Le cap *Comorin*, situé par 77. 32. de longitude, et 8. 12. de latitude, fait la pointe la plus méridionale de la péninsule. C'est delà que part cette chaîne de montagnes, nommées les *Gauts*, les *Gattes*, ou l'*Apennin indien*, qui, courant au nord jusqu'à Surate, où la rivière de Taphy divise, en deux parties, cette même péninsule. Les vents varient constamment de chaque côté du cap Comorin, c'est-à-dire, que de l'un ils sont à l'est, et de l'autre, à l'ouest, alternativement. La température, en conséquence, y éprouve les mêmes variations.

Les villes principales du côté oriental de la péninsule, communément appelé *côte de Coromandel*, sont *Palamcotta*, ou *Tinnevelly*, *Romanah*, *Maduré* et *Négapatan*. A l'embouchure de la rivière de *Kauvery*, ou plutôt au milieu de ses trois embouchures, sont situées par 79. 54. de long. et 10. 20. de lat. les ville et forteresse de Négapatan qui appartiennent aux Anglais. Ceux-ci les prirent aux Hollandais dans la dernière guerre. A l'ouest de Négapatan, est la ville de *Tanjaor*, (située par 96. 41. de long. et 11. 27. de lat. du mérid. de Paris) qui donne son nom au pays, et au nord de laquelle se trouve celle de *Trichinopoli*. Vient ensuite la ville de *Tranguebar* (située par 97. 50. de longit. et 10. 56. de latit. du méridien de Paris). Elle appartient aux Danois. — A soixante-cinq milles au nord de Tranguebar, est *Pondichéry*, capitale des établissemens Français, dans l'Inde, et dont les Anglais se sont emparés dans cette guerre. Elle est située par 97. 31.

de long. du mérid. de Paris, et 11. 55. de lat. A cent milles environ, au nord de Pondichéry, est *Madrass*, ou le Fort Saint-Georges, le principal établissement des Anglais sur cette côte. Ils en étoient déja en possession, vers l'an 1640. Madrass est la meilleur forteresse que la nation Anglaise possède dans l'Inde. Elle est située par 80. 25. de longitude, et 13. 5. de latitude. Comme tous les établissemens Européens sur la côte de Coromandel, cette ville ou forteresse, n'a point de port. La côte y forme une ligne droite, et d'ailleurs elle est fort tourmentée d'un ressac dangereux et haut qui s'y jette avec violence, de sorte qu'il ne peut y aborder que des barques d'une construction particulière : ce sont des bateaux plats, sans côtes, ni quilles, dont les planches sont liées ensemble, mais sans fer. Par ce moyen, ils reçoivent sans danger, le choc violent des vagues, choc qui renverseroit ou briseroit un navire de forme Européenne. Il n'y a pas de port pour les grands vaisseaux, entre *Trinquemale*, dans l'île de Ceylan, et le Gange. Le territoire (ou *Jaghire*) de Madrass, s'étend à près de cent huit milles sur la côte. Sa profondeur est de quarante-sept, dans la partie la plus large de l'intérieur des terres.

A soixante-dix milles au sud-ouest de Madrass, est *Arcot*, l'ancienne capitale de tout le pays. On croit que c'est le *Soramandulum* de Ptolémée, d'où sera venu par corruption, le mot *Choro-mandel*. A l'ouest d'Arcot, est le *Mysore* ou *Messour*, pays du célèbre *Hyder-Aly*, qui, par ses grands talens, s'éleva d'un état subordonné au rang d'un puissant prince. Soldat de fortune, son père étoit *killadar* ou gouverneur d'une petite forteresse, appartenant à l'un des rois du pays. Hyder se signala d'abord, en 1753, comme auxiliaire des Français, dans le camp desquels, il apprit, dit-on, l'art de la guerre. Dix ans après, s'étant mis à la tête de l'armée de Mysore, il détrôna son souverain et gouverna l'empire, sous le titre de régent. Il étendit ses domaines de toutes parts. Après différentes révolutions de fortune, et en 1782, il mourut possesseur d'un état égal en étendue à la Grande-Bretagne, et produisant un revenu de quatre millions sterl. La puissance de *Tippoo-Saïb* ou *Tippoo-Sultan*, son fils, a été considérablement réduite depuis peu par les Anglais, sous le commandement de lord *Cornwallis*, et par une confédération des princes du pays. La capitale du Mysore est *Seringapatan*, ville située dans une île formée par la Kauvery. Au nord de la ville est la forteresse de *Bangalor*, et au nord-ouest de l'une et l'autre, est la belle province de *Bednor*, ou *Biddannor*, l'une des premières conquêtes d'Hyder Aly. A cent vingt milles au nord de Madrass, est *Nellor*, forteresse d'une grande défense, et située près de l'embouchure de la rivière de *Pennar*. *Gandicotta*, ville bâtie sur le bord méridional de cette rivière, est remarquable par une bonne forteresse et par une mine de diamans tout auprès.

Toute la partie de la péninsule, au sud de la rivière de *Krisnah*, étoit anciennement nommée le pays de *Carnate*; mais on ne comprend communément aujourd'hui, sous ce nom, que le côté oriental dont la longueur est d'environ sept cent cinquante milles, du nord au sud, et la largeur ordinaire de soixante et quinze, mais jamais de plus de cent vingt. Le pays de Carnate renferme une grande quantité de forts et forteresses de différentes sortes, ce qui en rend la géographie très-importante.

Au nord de l'embouchure de la *Krisnah*, on trouve une langue de terre fort longue, dite *les Quatre Circars Septentrionaux*, qui sont *Cicacole*, *Rajamundry*, *Lllore* et *Candapilly*. Cette contrée s'étend le long de la mer, jusqu'au lac *Chilka*, sur les confins du *Cattack*, ce qui fait trois cent cinquante milles de longueur : sa largeur est de vingt-cinq à soixante et quinze milles. Une chaîne de montagnes escarpées, à travers lesquelles on ne peut trouver de passage qu'aux deux extrémités, la défend à l'ouest. Elle est totalement détachée des autres établissemens anglais. Ses bornes septentrionales se trouvent à trois cent cinquante milles du Bengale, et ses bornes méridionales à deux cent cinquante milles de Madrass. Près de l'embouchure de la Krisnah, et dans le district appelé *Mesolia* par Ptolémée, est bâtie la ville de *Masulipatan*, qui possède un port marchand. Cette ville est située à 99. de long. et 16.30. de lat. du mérid. de Paris. Au nord de la même rivière de Krisnah, coule celle de *Godavery*, la plus considérable qui soit depuis le Gange au cap Comorin. Elle a sa source à soixante et dix milles au nord-est de Bombaie, ensorte qu'elle parcourt la péninsule dans toute sa largeur, c'est-à-dire qu'elle traverse la soubabie de *Dowlatabad*, et le pays de *Tellinghana*. A quatre-vingt-dix milles au-dessus de la mer, elle reçoit celle de *Bain-Gonga*. Elle se divise, à *Rajamundry*, en deux branches principales; et celles-ci se sondivisant, forment plusieurs ports, qui sont principalement *Ingeram*, *Coringa*, *Yanam*. *Bandar-malanka* et *Narsapour*, dans lesquels des navires d'une charge modérée peuvent entrer à la basse marée. D'immenses forêts couvrent les montagnes qui bordent cette rivière, et fournissent le bois nécessaire pour les bâtimens que l'on construit dans ses ports. Les navires d'Europe ne durent guère que cinq ans dans les mers de l'Inde; mais ceux à la construction desquels on a employé le bois du pays, servent plus de quarante ans. Au nord de la Godavery, et sur la côte, on trouve *Visagapatan*, avec un comptoir françois, puis *Ganjam*, etc.

A l'est de Circars, sont les domaines du *Nizam*, ou du successeur du fameux *Nizam-al-Moulouck*. Ils renferment la province de *Golconde*, célèbre par ses belles mines de diamans. Celle-ci étoit anciennement appelée

Tellingana, ou *Tilling*, et se trouve située entre les rivières de Krisnah et de Godavery, vers l'extrémité de leur cours. Cette province fait la partie principale du *Dowlatabad*. Le même souverain possède aussi la partie occidentale du *Berar*, qui est assujétie au tribut d'un *chout*, ou du quart du revenu net, envers les Marattes du Berar. Sa capitale est *Hyder-Abad*, ou *Bagnagour*, sur la rivière de *Maussy*. A cinq ou six milles au nord-ouest de cette ville, est la fameuse forteresse de Golconde, bâtie sur le sommet d'une montagne faite en cône. On la suppose inexpugnable, et elle est jointe à Hyder-Abad, par un mur de communication. Lorsqu'en 1687, Aureng-Zèb conquit le royaume de Golconde, cette forteresse fut livrée par trahison. Ce conquérant choisit pour capitale Aurengabad, ville située au nord de la rivière de Godavery, et à laquelle il donna ensuite son propre nom. L'ancienne capitale étoit *Dowlatabad*, ou *Deogire*, près de laquelle étoit une forteresse du même nom, et bâtie au sommet d'une montagne, située à neuf ou dix milles, au nord-ouest d'Aurengabad. L'empereur Mahomed, qui, au quatorzième siècle, conquit une partie de ce pays, entreprit d'établir le siége de son empire à Dowlatabad ; et, dans ce dessein, il ruina Dehly, dont il força les habitans d'aller à sept cent cinquante milles de leur demeure, peupler sa nouvelle capitale. Près de Dowlatabad, on voit les pagodes d'*Elora*, qui, la plupart, sont taillées dans le roc.

Au nord des domaines du Nizam et des Circars, sont les possessions des Marattes orientaux, ou du Berar, qui sont formées de la province de Berar et de celle d'*Orizza*, ou *Orixa*. Ils ont pour chef actuel, ou pour rajah, *Moudajy-Bounsla*, ou *Bonsola*, descendant de Sevajy, fondateur de l'empire Maratte. La capitale du Berar, et le lieu de la résidence du rajah, est *Nagpour*, ville fort populeuse et très-considérable, quoique mal bâtie, et presque sans défense. Placée à peu près au centre de l'Inde, elle forme celui auquel aboutissent la plupart des grandes routes qui traversent cette contrée ; et c'est pourquoi elle fait un point important en géographie. Elle est distante de sept cent vingt-deux milles de Calcutta, de six cent trente-un de Dehly, de cinq cent cinquante-deux de Bombaie, et de six cent soixante et treize de Madrass. La principale forteresse de

Moudajy, celle dans laquelle sont déposés ses effets précieux et ses trésors, est *Gyalgour* ou *Gawile*, qui est située près d'une montagne escarpée, à cent milles au nord-ouest de Nagpour. Chacun des princes de l'Inde possède une citadelle de cette sorte, placée ordinairement à quelque distance du lieu de sa résidence, ce que rend nécessaire le peu de stabilité de leur puissance. Au nord-est de Nagpour est *Ruttunpour*, capitale et la résidence de *Bambajy*, prince qui possède la partie orientale du territoire de Nagpour, sous la puissance de son frère *Moudajy*. La capitale du royaume d'Orixa est *Cattack*, ou *Couttack*, ville située sur la rivière de *Mahamouddy*, à quatre cent quatre-vingts milles presque en ligne directe à l'est de Nagpour. Elle se trouve sur la seule route qui communique du Bengale au Circars septentrional, position qui en fait une place très-importante pour les Anglais. La partie intérieure du Berar nous est moins connue que la plupart des autres contrées de l'Indostan. Celle qui confine au Bengale est, en général, couverte de bois et peu peuplée. En conséquence, la cause ordinaire de la jalousie entre puissances voisines, le desir de reculer ses limites, n'existe pas de ce côté.

Les provinces septentrionales de la péninsule sont appelées le *Decan*, c'est-à-dire du *sud*, parce qu'elles sont dans cette situation à l'égard des anciens domaines de l'empire de Dehly. Cette dénomination étoit autrefois celle de toute la péninsule même. Quelques auteurs ne donnent aussi ce nom de péninsule qu'à la partie située au sud de la rivière de Krisnah.

L'Inde au-delà du Gange forme une grande péninsule, entre la baie de Bengale à l'ouest et la mer de la Chine à l'est. Elle a environ un mille de largeur et le double de longueur, et renferme les royaumes d'*Achem*, d'*Ava*, d'*Aracan*, de *Pegu*, de *Siam*, de *Malacca*, de *Cambodia*, de *Cochinchine*, de *Laos* et de *Tonquin*. La capitale du royaume d'Achem est *Chamdara*; celle de la Cochinchine est *Thoanon*; celle de Laos, *Lanchang*, et de *Tonquin*, *Cachao* ou *Keccio*. Celles des autres royaumes sont de même nom que chacun d'eux. Les Européens connoissent très-peu la plupart de toutes ces contrées.

Une chaîne de montagnes, courant du

nord au sud divise cette péninsule de la même manière que la première.

CHAPITRE V.

Le Gange. Source, profondeur, largeur et cours de ce fleuve. Violentes rafales qu'on y essuye. Bateaux particuliers avec lesquels on y navigue.

Le Gange, que les habitans du pays nomment *Poudda* ou *Padda*, et *Bourra-Ganga*, la grande rivière, ou enfin par excellence, *Ganga*, ce fleuve a sa source dans les vastes montagnes du Thibet (par 96. de long. et 35.45. de lat. du mérid. de Paris). Après un cours d'environ huit cents milles à travers ces âpres contrées, il se fait passage dans les montagnes appelées *Himmaleh*, l'*Himaüs* ou *Imäus* des anciens, se précipitant delà, dans un vaste bassin que ses eaux ont creusé dans le roc. La superstition a donné à la bouche de la caverne d'où il s'élance, la forme d'une tête de vache, animal pour lequel les Hindous ont presque la même vénération que les anciens Égyptiens pour le bœuf Apis. C'est de cette source supposée du Gange, qu'il a reçu le sur-nom de *Gangotri*, ou de bouche de vache. Selon le récit fabuleux de l'origine de ce fleuve, il sort du pied de *Beschan* (le même que Visnou), la déité conservatrice. En conséquence, disent les Brahmines, il a le nom de *Poudda*, mot qui signifie *pied* dans le *Sanscrit*.

Depuis *Hurdwar*, ou *Hurdoar*, lieu d'où le Gange entre dans les plaines délicieuses de l'Indostan, il roule des eaux paisibles, le reste de son cours qui est toujours navigable jusqu'à la mer. Ce cours est d'environ treize cent cinquante milles; et, tant par les animaux que ce fleuve nourrit dans ses eaux, que par ses inondations annuelles, il répand l'abondance dans les contrées qu'il traverse. Il reçoit onze rivières, dont quelques-unes sont égales au Rhin, et dont aucune n'est moindre que la Tamise. Plusieurs autres, moins considérables, s'y réunissent aussi. Son lit est très-inégal en largeur. Depuis l'arrivée du Gange dans les plaines, jusqu'au confluent du Gemné, le premier fleuve considérable qui vienne y confondre ses eaux, ce lit a généralement un mille et un mille et un quart de largeur. Comparé à ce qu'il est dans la dernière partie du cours du fleuve, il peut passer pour assez étroit. Depuis ce confluent, le Gange court plus en serpentant, et devient conséquemment plus large. Mais dans sa partie la plus étroite, jamais il n'a moins d'un demi-mille; et sa plus grande largeur ne passe pas trois milles, même dans les lieux où il n'y a pas d'îles. La masse de ses eaux augmente ou diminue toujours selon la saison. Elle s'élève à la fin d'avril, jusqu'à la mi-août, et baisse pendant le reste de l'année. Quand elle est au plus bas, la largeur du lit est d'environ trois quarts de mille. Le Gange est guéable, dans quelques endroits au-dessus du confluent du Gemné, mais la navigation n'en est jamais interrompue. Après cette jonction, le canal est d'une grande profondeur; car les courans qu'il reçoit, en ont une considérable eux-mêmes. A cinq cents milles de la mer, et lorsque les eaux sont très-basses, cette profondeur est de trente pieds. Elle continue ainsi jusqu'à l'embouchure du fleuve, dont le courant s'étendant tout-à-coup, manque de la force nécessaire, pour balayer les bancs de sable et de vase qu'y jetent des vents violens du midi. Ainsi donc, de grands vaisseaux ne peuvent entrer dans la branche principale du Gange. C'est à près de deux cent vingt milles de la mer, mais à trois cents, selon les sinuosités du fleuve, que commence la tête du *Delta* du Gange, qui a plus du double de surface que celui du Nil. Les deux branches les plus occidentales, nommées les rivières de *Cossimbuzard* et de *Jellingy*, se réunissant, font ce qu'on appelle la rivière de Hougly, sur laquelle est le port de Calcutta; et c'est le seul bras du Gange où naviguent de grands vaisseaux. Les nombreux canaux que l'on tire des différentes branches de ce fleuve, produisent la navigation intérieure, la plus étendue qui soit dans le monde, et qui, dit-on, occupe constamment jusqu'à trente mille mariniers.

Le plus grand danger auquel on soit exposé pendant cette même navigation, provient des violentes rafales qui soufflent ordinairement du nord-ouest. Elles commencent vers le milieu de mars, dans la partie orientale du Bengale, et un peu plus tard, dans la partie occidentale. Elles reviennent, tous les trois ou quatre jours, jusqu'à la saison des pluies ; et quoiqu'elles ne soient pas de longue durée à chaque fois, elles produisent souvent de funestes effets, si l'on ne se tient sur ses gardes. Des flottes entières de vaisseaux marchands se sont abimées tout-à-coup par l'effet de ces terribles coups de vent. Les rafales sont plus fréquentes dans les parties orientales que dans les parties occidentales du Bengale, et elles arrivent plus souvent à la chûte du jour que dans tout autre moment. Comme elles sont annoncées quelques heures d'avance, par l'apparition très-singulière des nuages, d'ordinaire on a le temps de chercher un lieu de sûreté. Ce n'est que dans les parties les plus larges du fleuve, qu'elles sont vraiment redoutables.

La partie du Delta qui borde la mer est entrecoupée d'une grande quantité de rivières et de criques, dont quelques-unes sont d'eau salée, à l'exception, cependant, de celles qui communiquent immédiatement au bras principal du Gange. Cette étendue de terre est de même grandeur que celle de la principauté de Galles. Elle est connue sous le nom de *Sunderbounds,* ou des *forêts,* car elle en est couverte, et elle renferme un grand nombre de tigres. On y fait du sel en quantité suffisante pour la consommation du Bengale et des pays qui en dépendent ; et on le transporte avec une grande facilité. Cette contrée est aussi inépuisable en beaux bois de construction. Mais les ouvriers qui coupent ces bois, et ceux qui font le sel, y travaillent constamment au péril de leur vie : car les tigres non-seulement paroissent à la lisière des forêts, pour y chercher leur proie, mais encore ils nagent souvent pendant la nuit, jusqu'aux bateaux qui sont à l'ancre au milieu du fleuve Le Delta du Gange, dans sa partie inférieure, a plus de cent quatre-vingts milles de largeur. Si l'on ajoute celle des deux branches du fleuve, qui le bordent, elle sera de deux cents milles, en raison de la distance à laquelle le Gange jette ses branches à son embouchure. La déclivité de la plaine d'*Hurdware* jusqu'à la mer, quoique imperceptible à l'œil, est d'environ neuf pouces par mille ; mais les détours du fleuve réduisent à moins de quatre, celle sur laquelle il roule ses eaux. Le courant, dans le milieu du lit, ne parcourt que trois milles par heure, dans la saison de la sécheresse. Les deux rives du Gange ne se ressemblent point. L'une est presque perpendiculaire, et plus ou moins élevée, au-dessus de l'eau, selon la saison ; l'autre va tellement en pente, qu'elle produit des bas-fonds, à quelque distance du bord. Cette différence est occasionnée par le cours sinueux du fleuve. Quelques-unes des rivières du Bengale ont entièrement changé de lit, et celui du Gange, fut, dit-on, autrefois sur un autre sol que celui qu'il occupe aujourd'hui.

Rien n'est plus agréable que de descendre le Gange, pendant la saison de la chaleur. L'air, après avoir passé sur ce fleuve pendant plusieurs milles, est si tempéré, si rafraîchissant, qu'on le respire avec délices. Après le coucher du soleil, on amarre généralement des bateaux au rivage, du côté où il est le plus élevé, et près de quelque marché, pour la commodité publique. Il est assez commun de voir de petits temples hindous au bord du fleuve auquel ils communiquent par des degrés. Le matin, ou après le lever du soleil, les femmes se baignent, et les jeunes filles, en particulier, restent un temps considérable dans l'eau, où elles se jouent comme des naïades ou des syrènes.

Les barques ou bateaux dont se servent les naturels du pays et les Européens qui habitent les rives du Gange, ont des voiles et des rames : celles-ci sont ordinairement au nombre de douze à vingt. La forme de ces barques varie selon la qualité du propriétaire. Quelques-unes sont de soixante pieds de long, et ont des poupes fort élevées. On les gouverne avec une large rame, ou pagage, qui s'étend de dix pieds en avant de la poupe. Il y a généralement, au centre, un mât sur lequel est hissée une grande voile carrée. Ces barques ont encore un mât de perroquet, avec une voile aussi carrée, pour le beau temps. Elles sont mal calculées pour aller près du vent, et des plus dangereuses à cause de leur poids à la poupe. Cependant leur commodité est très-grande, en ce qu'elles ont au centre un petit portique ouvert qui communique, par une porte, à une très-belle salle éclairée par une rangée de fenêtres de chaque côté. C'est la salle à manger, ou de compagnie. La hauteur de cette pièce est ordinairement de sept à neuf pieds. Un petit cabinet, attenant, sert de chambre à coucher. Lorsqu'un homme de quelque importance voyage dans ce petit navire, il est ordinairement suivi de deux autres barques, l'une appelée *pulwah*, qui sert de cuisine, et l'autre plus petite, nommée *panchway*, destinée à conduire le maître au rivage, ou à bord, car le bateau principal ne peut souvent aborder où l'on voudroit prendre terre.

On se sert, aussi dans l'Inde, d'un autre bateau, curieusement construit, qu'on appelle un *mour-pounky*. Il est très-long, très-étroit, et quelquefois de plus de cent pieds de longueur, sur huit de largeur. Il va à la rame, et le nombre des rameurs est d'environ quarante. On gouverne avec une large pagaye, placée à la poupe, qui a la forme d'un paon, d'un serpent, ou de quelque autre animal. Les rameurs sont dirigés par un homme qui se tient debout, et qui souvent, se sert d'une branche d'arbuste, pour régler leurs mouvemens. Dans une partie de la poupe est un canapé sur lequel le maître s'assied avec ses amis, pour jouir de la fraîcheur du soir. Un tel bateau est très-couteux, en raison de ses beaux ornemens peints ou dorés, et parfaitement ver-

nissés, qui annoncent beaucoup de goût.
« Il étoit curieux pour moi, dit M. Hodges,
« d'observer la ressemblance de coutumes
« qui existe entre les Indiens et les habi-
« tans de l'île de Taïti, quant à ces ex-
« cursions sur l'eau. Les bateaux de plaisir
« des insulaires de la mer du sud ressem-
« blent en beaucoup de points à ceux des
« Indiens. Ces insulaires voguant dans
« l'Océan, ont senti la nécessité d'un (*out
« rigger*) balancier, ou celle de lier deux
« pirogues ensemble, pour n'être pas ren-
« versés par le vent. Les leurs sont de même
« manœuvrées par des pagayeurs, dirigés
« aussi par un homme tenant une branche
« d'arbre à la main, et qui, comme celui
« du *mour-pounky*, fait beaucoup de gestes
« et raconte son histoire, pour égayer, ou
« pour animer ses rameurs. »

CHAPITRE VI.

Histoire abrégée des révolutions principales et du commerce de l'Inde.

La géographie de l'Inde, ainsi que son histoire, n'étoit que très-imparfaitement connue avant les conquêtes qu'y firent les Européens modernes. Le premier prince étranger qui se rendit maître d'une partie de ce pays, fut Darius, fils d'Histapes, roi de Perse. Il poussa ses conquêtes jusqu'à l'Indus, et imposa à cette contrée un tribut annuel, égal au tiers des revenus de ses autres domaines. Il est à observer que les Indiens acquittoient le leur en or, et les satrapes du roi de Perse, en argent. L'invasion de l'Inde par Sémiramis paroît fabuleuse.

Darius, avant de commencer son expédition, donna ordre à Scylax, de *Cariandre*, en Syrie, de descendre l'Indus jusqu'à l'Océan, avec quelques vaisseaux qui avoient été équipés à *Caspatyrus*, dans la contrée de *Pactya*, maintenant *Pek Kely*, vers la partie supérieure du cours navigable de ce fleuve. Scylax s'acquitta de son entreprise, quoiqu'il semble que ce fut avec beaucoup de peine, et de grandes difficultés. Il n'employa pas moins de deux ans à conduire sa petite flotte du lieu d'où elle partit dans le golfe Arabique. Étant arrivé à l'embouchure de l'Indus, il fit voile à l'ouest, conformément à ses instructions, et cotoyant la mer d'*Erythrée*, il rentra dans la mer Rouge par le détroit de Babelmandel. Le trentième mois, à dater de l'instant de son départ, il arriva au même lieu d'où *Necho*, roi d'Égypte, avoit envoyé les Phéniciens faire le tour de l'Afrique.

Celui qui le second envahit l'Inde, fut Alexandre-le-Grand. Ce prince ayant écrasé Bessus, le meurtrier de Darius, quitta la Bactriane et traversant le *Mont Imaüs*, ou la ceinture de pierre, comme le nomment les géographes orientaux, il passa l'Indus avec son armée, à Taxile, maintenant *Attack*, le seul endroit où la rapidité de ce fleuve le permette. C'est une chose remarquable, que dans les temps modernes, *Timur*, ou *Tamerlan*, et *Nadir Shah*, ou Thamas-Kouli-Kan, entrèrent dans l'Inde par la même route qu'Alexandre. Sur les bords de l'Hydaspe, maintenant le *Betah*, ou le *Chelum*, Alexandre rencontra Porus; et il s'étoit avancé jusqu'à l'*Hyphase*, maintenant *Beyah*, dans le dessein de gagner le Gange, quand son armée refusa d'aller plus loin. Il se vit donc forcé de revenir sur ses pas. Ce prince divisa son armée en deux parties. L'une cotoya l'Indus jusqu'à l'embouchure de l'Euphrate, et delà fut embarquée pour se rendre à Babylone : l'autre, commandée par Alexandre lui-même, revint par terre et rencontra les plus grandes difficultés.

Ce ne fut pas sans une juste cause que les troupes d'Alexandre refusèrent d'aller plus loin; elles avoient essuyé soixante et dix jours de pluie. Il paroît que ce prince ignoroit les pluies périodiques qui tombent dans cette contrée, pendant une grande partie de la mousson du sud-ouest, ou du moins, dans les mois de juillet, d'août et une partie de septembre : car il entra dans l'Inde au printemps, quand les pluies avoient déja commencé dans les montagnes, et il passa l'Hydaspe à la mi-été, au plus fort de la saison pluvieuse. Ce fut cette circonstance qui probablement l'empêcha d'achever la conquête de l'Inde. Tamerlan et Nadir Shah conduisirent leurs opérations dans la saison de la sécheresse. Arrien et Strabon donnent une description des pluies périodiques et des inondations qui ont lieu dans l'Inde. Le dernier, sur l'autorité d'Aristobule, rapporte un fait curieux, c'est que, quoique de fortes pluies et de la neige tombent dans les montagnes et les pays situés à leur pied, il n'en tombe point dans les plaines qui sont au-dessous. La même chose a été observée par les modernes.

Alexandre fit construire des vaisseaux sur l'Hydaspe, pour transporter son armée de l'Indus à l'Océan. On compte que la distance fut d'environ 1000 milles. Les mœurs et coutumes des Indiens, du tems de ce prince, comme elles sont décrites par Arrien, ont beaucoup de ressemblance à celles des Hindous modernes.

Cet auteur, parmi d'autres particularités, fait mention de leur taille déliée, de leurs formes délicates, de leur teint bazané, de leurs cheveux noirs et lisses. Il cite leurs vêtemens de coton d'une blancheur éclatante; il dit qu'ils ne vivoient que de substances végétales; il parle de leur distribution en castes séparées, et de la continuité du même commerce dans les familles. Selon lui, les femmes se marioient à sept ans, et les différentes castes ne pouvoient s'allier entre elles par des mariages. Les veuves se brûloient sur le corps de leur mari. Celles qui s'y refusoient étoient déclarées infâmes. Les hommes portoient des anneaux aux oreilles, des souliers mi-partie colorés, et se couvroient d'un voile la tête et la plus grande partie des épaules. Ils se peignoient la figure. On portoit des parasols au-dessus des principaux d'entr'eux. Ils se servoient d'épées à deux mains, et d'arcs qu'ils tiroient avec le pied.

Hérodote, quoique son récit soit plus imparfait et plus fabuleux que celui des historiens cités ci-dessus, rapporte cependant aussi, quelques particularités qu'on retrouve entièrement dans les Hindous d'aujourd'hui. Il dit que les Indiens ne tuoient point d'animaux et se contentoient du produit de la terre; qu'ils exposoient les malades du rétablissement desquels ils désespéroient; qu'ils vivoient principalement de riz; qu'ils avoient des chevaux plus petits que leurs voisins occidentaux, et qu'ils fabriquoient des toiles avec leur beau coton.

Seleucus eut pour son partage, après la mort d'Alexandre, les principales provinces de l'empire Persan, et les conquêtes de l'Inde, qu'il augmenta considérablement. Il conclut un traité avec *Sandracottus*, roi des *Prasiens*, ou des *Gandarides*, prince puissant, dont la capitale étoit *Palibothra*, que quelques auteurs supposent être aujourd'hui *Allahabad*, au confluent des deux grands fleuves du *Gemmé* et du *Gange*. En vue de cultiver l'amitié de ce monarque, Seleucus lui envoya, comme ambassadeur, Megasthènes qui résida pendant plusieurs années à Palibothra, et qui, à son retour, donna le récit de son voyage. C'est de lui que les écrivains qui sont venus ensuite, ont tiré tout ce qu'ils ont dit sur l'état intérieur de l'Inde. Mégasthènes affoiblit cependant son propre crédit, par ses histoires merveilleuses d'hommes dont les oreilles étoient si larges qu'elles pouvoient leur servir à s'envelopper ; d'autres qui n'avoient qu'un œil, point de nez, dont les pieds étoient très-longs et les doigts placés derrière ; d'hommes qui n'avoient que trois palmes de haut, et appelés *Pygmées*; de fourmis aussi grosses que des renards, qui creusoient les entrailles de la terre pour en rapporter de l'or ; etc. Sa géographie de l'Inde est toutefois très-exacte, et sa description des richesses et de la puissance des *Prasiens*, ressemble parfaitement à celle qu'on nous donne des grands empires de l'Indostan moderne, avant l'établissement de la puissance des Mahométans et des Européens dans l'Inde, est conforme aussi aux rapports faits à Alexandre, à qui l'on dit que ce peuple l'attendoit sur les bords du Gange, avec 20,000 de cavalerie, 200,000 d'infanterie, 2000 chariots et 4000 éléphans. Mégasthènes dit qu'il visita Sandrocattus lorsqu'il étoit campé avec une armée de 400,000 hommes. Patibothra avoit, selon lui, dix milles de longueur sur deux de largeur. Elle étoit entourée de murs flanqués de 570 tours, et qui avoient 64 portes. Plusieurs villes indiennes de ce temps-ci, ont une circonférence plus vaste.

Bientôt après la mort de Seleucus, les monarques Syriens perdirent leurs possessions dans l'Inde ; mais nous ignorons de quelle manière, et quelle en fut la cause. Quelques années ensuite, les provinces indiennes furent assujetties au royaume de

Bactriane qui avoit été originairement soumis à Seleucus, mais qui devint indépendant sous son fils, ou son petit-fils. Ce royaume, après avoir existé avec une sorte d'éclat, pendant cent cinquante ans, fut renversé par l'irruption d'une puissante horde de Tartares.

Il paroît que pendant plusieurs siècles, depuis cette époque, aucune puissance étrangère à l'Inde, n'entreprit d'y établir sa domination. Les rois d'Égypte et de Syrie, et les Romains après eux, n'eurent d'autre vue que d'assurer des relations de commerce avec cette opulente contrée. Les communications de la Grèce et des parties du nord de l'Asie avec l'Inde, ont été dans tous les temps, de grandes sources de richesses. Les productions de ce pays étoient apportées par terre jusqu'à l'Oxus, d'où elles se rendoient dans la mer Caspienne ; puis remontant le *Cyrus*, on les transportoit une seconde fois par terre, jusqu'au Phase, d'où elles arrivoient au Pont-Euxin. On suppose que les richesses acquises par ce commerce ont donné lieu à la fable du voyage de Jason sur le vaisseau *Argo*, pour aller à la recherche de la toison d'or. Cette communication est totalement interceptée aujourd'hui par les Tartares. Ils ont détourné le cours de l'Oxus, qui ne se jette plus maintenant dans la mer Caspienne.

Les Romains, à quelque époque que ce fût de leur empire, n'encouragèrent jamais le commerce. Vers la fin de la république, cependant, et sous les empereurs, il attira plus l'attention, comme étant plus nécessaire pour fournir divers articles de luxe, qui étoient apportés à Rome de plusieurs endroits différens. De l'Inde et de l'Arabie, ils venoient à Alexandrie par la mer Rouge; ou par le golfe Persique, l'Euphrate, les déserts de l'Arabie, Palmyre, et de cette ville, par la Méditerranée. Strabon dit que de son temps, cent-vingt vaisseaux étoient employés à transporter les marchandises de l'Inde en Egypte. Ce commerce se faisoit entièrement en lingots, comme on en use aujourd'hui encore à la Chine. Pline regrettoit qu'on envoyât dans l'Inde 50 millions de sesterces par an, et que les marchandises que l'on en rapportoit, se vendissent avec un bénéfice de cent pour cent.

Le commerce s'éteignit dans les parties occidentales de l'empire Romain par suite des irruptions des nations barbares ; et les communications de l'empire d'Orient avec l'Inde, par la mer Rouge, furent interrompues par les conquêtes des Arabes. Ceux-ci continuèrent, cependant, à faire ce commerce avec l'ardeur qui caractérise tous les premiers efforts des sectateurs de Mahomet. Ils s'avancèrent bien au-delà des bornes de l'ancienne navigation, et ils rapportèrent la plupart des objets précieux de l'Orient, des contrées qui les produisent. Pour augmenter les profits de ce commerce, le calife Omar fonda la ville de Bassora, sur la rive occidentale du Grand Courant, formé par la jonction de l'Euphrate et du Tigre. Cette ville, en peu de temps, devint un entrepôt qui ne fut pas inférieur à celui d'Alexandrie même.

Les marchands de Constantinople, privés du canal ordinaire de leur commerce avec l'Inde, eurent recours à l'ancienne communication par terre jusqu'aux bords de l'Oxus, puis de ce fleuve jusqu'à la mer Caspienne. Quelque difficile et dangereuse que fut cette voie, l'Europe reçut par elle, pendant plus de deux siècles, les marchandises de l'Orient. Durant cette période de temps, les chrétiens et les mahométans furent engagés dans des guerres presque continuelles, ce qui, joint à l'antipathie causée par la différence de leurs religions, excita entr'eux l'animosité la plus violente et la haîne la plus vive. Cette inimitié s'accrut et se perpétua par les croisades, dont l'effet fut cependant de rouvrir le canal ordinaire du commerce de l'Inde. Dans l'espace de cinquante-sept ans que les Latins furent en possession de Constantinople, les Vénitiens, qui avoient grandement contribué à la prise de cette ville, firent la plus forte partie de son commerce et sur-tout celui de l'Inde. Quand les Latins furent chassés de cette capitale de l'empire d'Orient, ce qui eut lieu, en partie, au moyen des secours que les Gênois, rivaux des Vénitiens, fournirent aux Grecs les premiers pour récompense de leurs services, et entre autres donations, obtinrent le faubourg principal de Constantinople, celui de *Pera*, avec exemption des droits ordinaires sur l'importation et l'exportation des marchandises, ce qui leur donna une supériorité décidée dans le commerce. Ils entourèrent de fortifications leur nouvel établissement, et ils en firent autant de leurs factoreries sur les côtes voisines. Ils devinrent maîtres du port de Constantinople plus que ne l'étoient les Grecs eux-mêmes. Tout le commerce de la mer Noire passa par leurs mains. Non contens de ces avantages, ils s'emparèrent de la *Chersonèse Taurique*, aujourd'hui la Crimée, et firent de *Caffa* sa ville la plus considérable, le principal entrepôt de tout leur commerce avec l'Orient. En conséquence de cette révolution, *Gênes* devint la puissance la plus commerçante de l'Europe ; et si la sagesse de son gouvernement eût été égale à l'industrie et au courage de ses citoyens, elle eût long-temps conservé cette prééminence ; mais à cet égard, elle étoit bien inférieure à Venise.

Les Vénitiens pour balancer l'avantage que leurs rivaux venoient d'obtenir sur eux, eurent recours aux anciens débouchés du commerce de l'Inde. Ayant conclu un traité avec les soudans d'Egypte, ou les princes des Mamlouks, qui étoient aussi en possession de la Syrie, ils établirent des comptoirs à Alexandrie et à Damas, et nommèrent des consuls, pour résider dans chacune de ces places, avec un caractère public, et pour exercer une jurisdiction spéciale, sous l'autorité des soudans. Pour sanctionner cette communication avec les infidèles, ils obtinrent une dispense du pape, mesure indispensable dans ce siècle, afin d'appaiser les scrupules du peuple. L'heureuse entreprise de *Marco-Paolo*, l'un de leurs principaux citoyens, leur procura d'utiles informations sur le commerce de l'Inde. Ce Vénitien ayant pénétré à la cour du grand Kan de Tartarie, sur la frontière du *Cathay*, ou de la Chine, gagna la faveur de ce prince, et passa vingt-six ans à parcourir plusieurs régions de l'Orient que les Européens n'avoient pas encore visitées.

Les Génois se virent en même-temps frustrés de leur commerce de l'Inde, par la prise de Constantinople par les Turcs, en 1453. Affoiblis par des dissentions domestiques, ils l'abandonnèrent entièrement aux Vénitiens, qui par là se virent au plus haut degré de richesse et de puissance. Les négocians de Florence, quoique foiblement, eurent aussi part à ce commerce. Les Vénitiens passent pour avoir poussé le leur dans l'Inde, avec plus d'avantage qu'aucune nation n'ait jamais fait. N'ayant aucune relation directe avec cette contrée, ils échangeoient les marchandises de l'Orient, transportées dans l'Egypte et la Syrie, par les Mahométans, plus souvent contre les produits de leurs propres manufactures, qu'avec de l'argent comptant. La découverte d'un nouveau passage aux Indes orientales, par les Portugais sous *Vasco-de-Gama*, en 1497, ruina le commerce de Venise. Ce navigateur, dont l'équipage n'étoit que de cent soixante hommes, soldats et matelots, surmonta tous les dangers de l'Océan, il doubla la pointe méridionale de l'Afrique, qu'il nomma Cap de Bonne-Espérance, prit terre dans plusieurs parties de l'Inde, et revint en Portugal, au bout de deux ans.

Le premier conquérant de l'Inde, dans les temps modernes, est *Mahmoud*, empereur ou sultan de *Ghizni*, anciennement la Bactriane, dont la capitale, située entre les sources occidentales de l'Indus, étoit aussi nommé *Ghizni*, ou *Ghazna*. Il entra dans l'Indostan, ou l'Hindoustan, l'an 1000 de notre ère. Mais, pendant huit années de course, il n'alla pas plus loin que *Moultan*.

Ce prince conquit ensuite la plus grande partie de la contrée à l'est du Gange, détruisant sur sa route toutes es pagodes, ou temples des Hindous qu'il traita avec la plus affreuse barbarie, et que la fureur de son zèle pour l'islamisme lui faisoit desirer d'exterminer. Sa postérité fut expulsée, l'an 1184, par la famille des *Gaurides*, ainsi appelée du nom de la contrée de *Gaur*, ou *Ghor*, située au-delà du Caucase indien, et dont les princes fixèrent leur résidence à *Lahor*. *Mahomed Gori*, étendit son empire à l'est, et prit la ville de *Benares*, où il commit les plus horribles cruautés. On pense que c'est à cette époque que la langue du pays, dite le *sanscrit*, ou le *sanskreet*, commença à perdre de sa pureté par le mélange d'expressions tirées de celle des conquérans. Cette corruption s'étant toujours accrue, le *sanscrit* n'est plus qu'une langue morte. On ne la retrouve que dans les anciens manuscrits, et il n'y a que les bramines les plus savans qui la comprennent.

Après la mort de Mahomed Gori, arrivée l'an 1205, son empire fut divisé. La partie de l'Inde échut au partage à *Cuttub*, l'un de ses généraux, qui fonda le *Patan*, ou la dynastie des *Aghuans*, dans l'Hindoustan. Elle est ainsi nommée des peuples qui habitoient originairement cette chaîne de montagnes, située entre l'Inde et la Perse, ou l'ancien *Paropamisus*. Cuttub fixa la résidence impériale à Dehly, où elle est toujours restée, à quelques interruptions près.

La dynastie *Patan* conserva le trône de Dehly, jusqu'à Mahmoud III, pendant le règne duquel, en 1398, *Timur*, ou *Tamerlan*, parcourut l'Inde, où il se conduisit avec tant d'inhumanité, qu'il en reçut le surnom de *prince destructeur*. Il ne changea cependant pas l'ordre de la succession, et il laissa Mahmoud sur le trône. Timur ayant résolu de faire la guerre aux Turcs, ne resta que cinq mois dans l'Inde, d'où il emporta peu de butin. Il mourut en 1405.

Après la mort de Mahmoud, arrivée l'an 1413, la couronne de Dehly fut dévolue à *Chizer*, qui étoit *sejid*, c'est-à-dire descendant du prophête. La postérité de Chizer jouit du trône, jusqu'en 1450, que *Belloli*, aghuan de la tribu de *Lodi*, l'obtint. Son fils, l'an 1501, fit de la ville d'Agra le siége de son empire. C'est pendant son règne que les Portugais arrivèrent pour la première fois dans l'Inde. Sous la famille de Lodi, l'empire fut agité d'horribles convulsions, par suite desquelles elle fut expulsée.

Baber, descendant de Tamerlan et de Gengiz-Kan, et sultan des Tartares Moungales qui possédoient les provinces entre l'Indus et Samarcande, se voyant dépouillé de la partie septentrionale de ses domaines, par les Tartares *Usbecks*, se détermina à tenter la fortune dans l'Indostan, dont les déchiremens lui firent espérer des succès. Après des efforts multipliés, il défit Ibrahim II, empereur de Dehli, et de la sorte il mit fin au règne de la dynastie de Lodi, en 1525. Les contrées que ses successeurs et lui subjuguèrent, furent appelées l'empire Mogol. Baber étant mort en 1530, son fils *Houmaioun* lui succéda. Celui-ci, quoique prince habile et vertueux, fut renversé du trône par les intrigues de ses frères, et l'artifice de *Sheec-Kan* qui usurpa l'empire, en 1541. Mais Sheer ayant été tué au siége de *Cheitore*, en 1545, Houmaioun, qui avoit souffert de grands maux dans son exil, fut rappelé, l'an 1554. Ce prince étant mort l'année suivante, transmit la couronne à *Acbar*, ou *Akber* son fils, qui fut un des princes les plus illustres de l'Indostan. Il étoit aussi recommandable par son humanité, par sa tolérance envers les Hindous, que par sa sagesse et son courage. Il mourut en 1605. Son règne a été célébré par son visir, ou son premier ministre, le fameux *Aboul-Fazel*, dans un ouvrage nommé *Acbar-Namma*, ou histoire d'Acbar. Cet empereur partagea ses domaines en onze soubabies, ou provinces, dont quelques-unes étoient égales en étendue aux plus grands royaumes de l'Europe. Chaque soubabie fut divisée en un certain nombre de *circars*, ou de districts; et ceux-ci, en autant de *pourgounnahs*, ou de cantons. La population, le revenu, le produit, la religion, les arts et le commerce de chaque district, étoient réglés. Plusieurs de ces particularités furent recueillies par Aboul-Fazel, dans un autre livre, appelé *Ayin-Acbary*, ou les instituts d'Acbar, qui forment encore aujourd'hui un registre authentique sur toutes ces matières. *Johang-Jure*, fils d'Acbar, lui succéda. Ce fut sous son règne que *sir Thomas Roe* fut envoyé, comme le premier ambassadeur anglais, vers l'empereur de l'Indostan, en 1615. Les derniers jours de cet empereur furent empoisonnés par la révolte de son fils, *Shah-Jehan*. Celui-ci succéda à son père, mort en 1627. Les Portugais ayant eu querelle avec lui, il les chassa de Hougly, sur le Gange.

Ce fut l'an 1658, que les guerres civiles entre Jehan et ses fils, et de ceux-ci entre eux, commencèrent. Elles se terminèrent par l'élévation du plus jeune, d'Aureng-Zèb, qui déposa son père, et massacra ou chassa ses trois frères, l'an 1660. Ce prince, après avoir achevé la conquête du *Decan*, et subjugué plusieurs autres contrées, éleva l'empire Mogol au plus haut degré de splendeur. Il mourut, en 1707, dans la quatre-vingt-dixième année de son âge. Son empire s'étendoit du dixième au trente-cinquième degré de latitude, et presque autant en longitude. Il contenoit au moins soixante-quatre millions d'habitans, et ses revenus passoient trente-deux millions de livres sterling, dans un pays où les productions de la terre sont à quatre fois meilleur marché qu'en Angleterre. Mais les foibles princes qui lui succédèrent, étant incapables de porter un sceptre aussi pesant, ce vaste empire, dans l'espace de cinquante ans, fut réduit à rien.

Aureng-Zèb laissa quatre fils. Les deux

aînés se disputèrent l'empire. Chacun d'eux mit en campagne environ trois cent mille hommes. La querelle fut décidée près d'Agra, en faveur du plus âgé, qui prit le nom de *Bahader-Shah*, mais qu'on nomme ordinairement *Shah-Aulum*. Son compétiteur périt dans le combat. Le plus jeune des frères se révolta ensuite, et fut aussi défait. Un autre, trente ans auparavant, s'étoit aussi révolté contre son père, et avoit fui en Perse. Sous le règne de Shah-Aulum, les *Seiks*, qui formoient une nouvelle secte de religionnaires, établis au pied des montagnes, à l'orient de l'empire, attaquèrent la province de Lahor. Bahader ne les ayant réduits qu'avec peine, fixa sa résidence dans cette province, afin d'être plus à portée de les tenir en sujétion. Il mourut en 1712.

Ce prince laissa aussi quatre fils qui se disputèrent également son empire. Trois d'entre eux, à différentes époques, périrent dans cette lutte; et, peu de temps après, le quatrième fut détrôné pour faire place à son neveu *Feroksère*, qui fut élevé à l'empire par les *Seids* ou *Syeds*, deux frères qui étoient omrahs, ou chefs d'un grand pouvoir. Ce fut sous son règne que la compagnie anglaise des Indes orientales obtint le *firman*, ou la concession par laquelle toutes ses marchandises d'importation et d'exportation furent exemptes de tous droits.

En l'année 1717, Feroksère fut deposé et privé de la vue par les Seids qui mirent à sa place un fils de Bahader-Shah ; mais ils le renversèrent aussi, et encore après lui son frère, dans l'espace d'un an. Tous deux furent mis à mort par ces factieux qui disposèrent de tout à leur gré. Ils élévèrent ensuite à l'empire *Mahomed - Shah*, petit-fils de Bahader-Shah, qui, averti par l'exemple de ses prédécesseurs, secoua le joug des Seids, mais non sans révolte de leur part, et seulement après les avoir vaincus dans un combat.

Les *Marattes* devinrent inquiétans sous le règne de ce prince. Ils tiroient leur nom de *Marhat*, prince du Decan, leur pays originaire. *Nizam - al - Moulouck*, vice-roi de ce pays, aspira aussi à l'indépendance. Pour réussir dans son entreprise, il invita Nadir-Shah, ordinairement appelé Thamas-Kouli-Kan, usurpateur du trône de Perse, d'envahir l'Indostan ; et il eut l'adresse d'engager le foible empereur à se remettre lui-même à la discrétion du vainqueur. Nadir, entré à Dehly, massacra plus de cent mille de ses habitans, et emporta un butin, évalué plus de soixante-deux millions de livres sterling. Quelques auteurs même le font monter plus haut. Nadir laissa cependant Mohamed en possession du trône, et retourna en Perse, après avoir obtenu la cession de toutes les contrées sujètes de l'Indostan, à l'ouest de l'Indus. Nizam alors devint indépendant dans le Decan ; et d'autres gouverneurs de province suivirent son exemple. Les *Rohilas*, qui forment une tribu habitant les montagnes entre l'Inde et la Perse, fondèrent un état libre, sur les bords du Gange, à quatre-vingts milles de Dehly. Les Marattes devinrent si puissans, qu'ils forcèrent l'empereur à leur payer un tribut pour arrêter leurs déprédations. Ils exigèrent la quatrième partie du revenu net de quelques provinces. Cette proportion étant nommée un *chout*, dans la langue de l'Indostan, ce nom fut donné à toutes les demandes que firent depuis ces peuples. Mohamed finit ses jours en 1747. Nadir-Shah mourut aussi la même année. Ses cruautés le firent assassiner par ses principaux officiers.

Ahmed-Shah, fils de Mohamed, lui succéda. Il régna environ six ans, pendant lesquels ce qui restoit de l'empire Mogol fut totalement dissous. Les empereurs suivans n'en eurent guère que le nom. Il ne demeura à la maison de Timur qu'un petit territoire autour de Dehly, qui ne fut plus une capitale, et qui se dépeupla, en quelque sorte, par suite de nombreuses déprédations, par des massacres et plusieurs famines. La dernière armée, qu'on peut regarder comme impériale, fut défaite par les *Rohillas*, en 1749. Les *Iates*, ou *Iats*, tribu des Hindous, s'établirent dans la province d'Agra. Le *Bengale* fut envahi par son vice-roi *Aliverdy*. *Onde* le fut par *Seisdar Joung*, père du dernier *Sujah-Doulah*; *Allahabad*, par *Mahomed-Kouli*, etc. Mais les Marattes, dont la puissance venoit de s'accroître extrêmement, s'emparèrent de la portion la plus considérable de l'empire. Ils ajoutèrent à leurs possessions une grande partie du *Guzarate*, du *Berar* et de l'*Orixa*. La personne et le nom de l'empereur, cependant, furent toujours respectés. Les différens usurpateurs essayèrent de légitimer leurs envahissemens par une concession réelle ou prétendue du prince. Quelques-uns d'entre eux s'étant emparés de sa personne, entreprirent de faire passer leurs actes pour les siens. Telle est la force de l'opinion populaire, qu'aujourd'hui, dans tout l'empire Mogol, la monnoie est toujours frappée au coin de l'empereur, quoiqu'il n'en ait que le nom. Ainsi, la longue possession du pouvoir, quoique d'abord acquis par violence, et depuis exercé avec cruauté, semble, aux yeux du vulgaire, y donner un droit légitime.

Le nizam mourut à l'âge de cent quatre ans, en 1748. Les Anglais et les Français prirent parti, comme auxiliaires, dans les contestations qui eurent lieu pour le trône du Decan, entre ses fils et deux autres familles de la nababie d'Arcot. Après beaucoup de sang répandu, *Mahomed-Aly* fut fait nabab de cette dernière principauté ; et *Salabi-Joung*, troisième fils du feu *Nizam-al-Moulouck*, fut fait *soubah*, ou prince du Decan, les premiers contendans ayant été assassinés ou tués dans les combats. En conséquence de ces évènemens, les Anglais établirent leur influence dans le pays de Carnate.

En 1753 *Ahmed* fut déposé par *Gazi*, son visir, qui, pour la forme, plaça sur le trône *Allumguire*, petit-fils de Bahader-Shah.

Celui-ci voulant se défaire de Gazi, invita à venir à Dehly, Abdalla, successeur de Nadir-Shah, dans la partie orientale de la Perse, et dans les provinces indiennes cédées à Nadir, provinces connues maintenant sous le nom de royaume de *Candahar*, anciennement le *Parapomisan-Alexandria*. On les nomme aussi le royaume d'*Abdalli*, du nom d'*Abdal*, tribu des Aghuans, dont Ahmed-Abdalla étoit originairement chef ou prince. Celui-ci ayant été chassé de son pays par Nadir-Shah, fut forcé de joindre l'armée persane en 1739. A la mort de Nadir, Abdalla se fit un royaume considérable dans la partie orientale de la Perse, et qui comprenoit presque la même étendue de territoire que l'ancien royaume de Ghizni. Ce prince, qui parcourut six fois l'Indostan, commit à Dehly les plus affreux excès, de sorte que cette malheureuse ville qui, du temps d'Aureng-Zeb, contenoit, dit-on, deux millions d'habitans, fut presque dépeuplée.

Parmi tant de troubles et de révolutions, les Marattes ayant acquis de nouvelles forces, formèrent le projet de chasser Abdalla, et de rétablir le gouvernement des Hindous dans tout l'empire, c'est-à-dire, de se rendre maîtres de tout l'Indostan. Les *Iats* et d'autres peuples Hindous se joignirent à eux. Abdalla eut pour alliés *Sujah-Doluah*, les *Rohillas*, et d'autres puissances mahométanes de moindre importance. Les forces des premiers se montèrent à deux cent mille hommes, et celles des autres à cent cinquante mille. Les deux partis se livrèrent, l'an 1761, dans les plaines de *Carnawl* et *Panniput*, un sanglant combat, dans lequel, après la résistance la plus opiniâtre, les Marattes furent défaits avec grande perte. Avant l'action, ils avoient été abandonnés par les *Iats*, ce qui contribua fort à l'évènement de cette journée. Depuis cette époque, la puissance de Marattes déclina sensiblement.

Abdalla, qui jouissoit à Dehly d'un pouvoir illimité, invita *Shah-Aulum*, fils d'*Allumguire*, qui, l'année précédente, avoit été déposé et assassiné par Gazi, à se rendre dans cette capitale, lui promettant de le placer sur le trône de ses ancêtres. Ce prince ayant craint de se remettre entre les mains d'Abdalla, celui-ci proclama *Jehan-Bought*, fils de Shah-Aulum, qui étoit sous la tutelle et la protection de *Nidjib-Doula*, de qui il tiroit un tribut annuel. Abdalla devint ainsi, de fait, empereur de Dehly; et, s'il eût voulu l'être réellement, il eût pu établir une nouvelle dynastie dans l'Indostan. Probablement il remit à quelque autre temps à poursuivre ses desseins, soit pour lui-même, soit pour l'héritier de la maison de Timur, à laquelle il s'étoit allié, en épousant une des princesses du sang de ce conquérant : son fils et son successeur, Timur-Shah qui règne actuellement, en a épousé une autre. Craignant une attaque des Seiks, Abdalla quitta Dehly et se retira avec ses troupes à Lahor.

L'empereur légitime *Shah-Aulum*, après un grand nombre d'évènemens, se mit lui-même sous la protection des Anglais. Ceux-ci se servirent de son autorité et de son nom, pour sanctionner leurs droits aux conquêtes qu'ils avaient faites dans la province de Bengale, par l'habileté du colonel, qui fut depuis *lord Clive*. La puissance anglaise dans l'Inde est due principalement à la victoire éclatante que ce général remporta sur Sujah-Doulah et ses alliés, à la célèbre bataille de Plassey, en juin 1757. Le colonel, maintenant sir *Hector Munro*, remporta aussi, à Bouxar, en 1764, une autre victoire importante sur Sujah-Doulah, et sur *Cossim-Aly*, nabab du Bengale. La grande infériorité du nombre d'hommes avec lesquels ces avantages furent obtenus, peut diminuer notre incrédulité sur les conquêtes d'Alexandre. A la bataille de Bouxar, toutes les forces angloises ne passoient pas sept mille hommes, dont environ douze cents seulement étoient Européens; celle de Plassey fut gagnée par une armée de trois mille hommes, parmi lesquels il n'y avoit que neuf cents Européens. *Shah-Aulum*, qui n'étoit empereur que de nom, fatigué de sa dépendance, se jeta entre les bras des Marattes de Pounah, qui promirent de le rétablir sur son trône. Mais il est tenu maintenant, comme prisonnier d'état à Dehly, par *Sindia*, le plus puissant *Jaghiredar*, ou chef de la nation des Marattes du Pounah, ou Marattes occidentaux.

Les principales puissances de l'Indostan sont à présent formées des états des *Marattes*, de ceux du *Nizoun*, ou prince de Decan, de *Tippoo-Saib*, des *Seiks* et des *Anglais*.

Ces derniers possèdent en toute souveraineté la province de *Bengale* et la plus grande partie du *Bahar*, qui, avec le district de *Benares*, contiennent 162,000 milles anglais, carrés, c'est-à-dire 30,000 de plus qu'il n'y en a dans la Grande-Bretagne et l'Irlande, et dont la population est de près de onze millions d'habitans. Le revenu brut, en y comprenant le tribut payé par le nabab, d'Oude, se montoit en 1788, à 4,210,000 l.; et le revenu net, après la déduction des frais militaires et civils, etc. à 1,670,000 l. sterling. Le territoire de Madrass, dans le pays de Carnate, est peu considérable en comparaison. Son revenu brut se monte à 1,070,000 l., et le revenu net à 85,000 l. sterl. A *Bombay*, les dépenses excèdent les recettes d'environ 300,000 livres sterling.

Le revenu brut des possessions anglaises dans l'Inde, se alloit en 1792 et 1793, au moins à la somme de 8,245,560 livres sterling.

La nation anglaise, tant par ses alliés et ses tributaires, que par elle-même, jouit de tout le cours navigable du Gange, depuis son entrée dans les plaines jusqu'à la mer, ce qui, au moyen des sinuosités de ce fleuve, fait plus de treize cent cinquante milles anglais. Les Indiens comptent par *cosses*, ou *croses*, chacun desquels est égal à près de deux milles d'Angleterre.

CHAPITRE VII.

Mœurs et coutumes des Indiens, anciens et modernes. Leur religion. Femmes qui se brûlent sur le corps de leur mari. Sacrifices de ce genre. Récit de M. Hodges qui en vit un, il y a quelques années.

Les Indiens étoient considérés comme une race indigène par les Romains. Il paroît, par les plus anciens détails que nous ayons sur eux, qu'à l'époque la plus reculée, ils avoient déja fait de grands progrès dans les arts. La sagesse de l'Orient est célébrée dans le livre des rois. Tout le corps du peuple étoit anciennement partagé dans l'Inde, comme il l'est toujours, en quatre ordres ou castes. La première est celle des philosophes et des prêtres, appelés bramines ; les plus instruits d'entr'eux sont nommés *Poundits*.

La seconde renferme les magistrats et les soldats ; la troisième, les agriculteurs et les marchands ; la quatrième, les artisans et les domestiques. Aucun individu de l'une de ces castes ne peut la quitter pour passer dans une autre. Les membres de chacune d'elles exercent aussi, invariablement, la profession de leurs ancêtres. De génération en génération, les mêmes familles ont suivi, et continueront toujours à suivre cette méthode uniforme. Il n'est pas même permis de se marier dans une autre caste que la sienne. Quiconque en viole les règles, ou les institutions, tombe dans la dernière abjection. Personne, de quelque caste qu'elle soit, ne peut communiquer avec lui. Un individu ainsi dégradé, est nommé *Paria* ou *Chandala*; et il est presque impossible d'exprimer l'idée de bassesse que ce mot porte à l'esprit d'un Hindou. La division du peuple en castes est supposée venir de *Brama*, qui créa le monde, sous la direction d'un être suprême. Ainsi donc cette division est non-seulement établie par l'autorité civile, mais elle est de plus confirmée et sanctionnée par la religion. Cette institution, quoiqu'elle restreigne la liberté naturelle de l'homme, et que nécessairement elle arrête quelquefois les élans du génie, a toujours maintenu le commerce de l'Inde avec les autres contrées, à peu près dans le même état. l'Inde continue à fournir les mêmes articles que du temps de Pline, et à épuiser de leur or et de leur argent les pays avec lesquels elle commerce, comme elle faisoit autrefois. Quelques auteurs parlent d'une cinquième caste, appelée *Bourroun-Sounker*, composée des individus qui proviennent d'une union illégitime entre des personnes de différentes castes. Ces individus exercent la plupart un petit trafic de détail.

Quoiqu'il soit impossible aux Indiens d'une caste inférieure de s'élever plus haut, il est cependant de certains cas où ceux d'une caste supérieure, sont libres de se livrer aux occupations de ceux qui sont au-dessous d'eux, sans perdre leurs droits par cette sorte de dérogeance. En conséquence, les bramines remplissent quelquefois les fonctions de ministres d'état, et même celles de militaires. Les auteurs anciens représentent les Indiens comme divisés en sept ordres, ou classes, erreur provenue, sans doute, de ce qu'ils auront pris quelques sous-divisions dans les castes, pour des ordres distincts. Ces mêmes auteurs remarquent qu'il n'y a point d'esclaves dans l'Inde.

On trouve dans ce pays un grand nombre

de dévots, appelés *Faquirs*, qui se soumettent volontairement à de singulières épreuves et remplissent diverses pénitences, ce qui leur attire une grande vénération de la part du peuple. Strabon les nomme *Germanes*, ou *Hylobii*. Il cite l'un d'eux qui se tint toute une journée sur une jambe, et portant une grosse pièce de bois dans les mains.

Le gouvernement dans toutes les contrées de l'Inde étoit monarchique, mais limité par les priviléges inviolables et fixes des différentes castes, et particulièrement par la sainteté et la prééminence des bramines, qui regarderoient comme une dégradation et comme une souillure de manger du même mets que leur souverain. Leur personne est sacrée, et l'on ne peut les punir de mort, pour les crimes même les plus odieux; jamais on ne doit repandre leur sang. Dans les occasions importantes, les princes doivent les consulter et se conduire selon leurs conseils. Autrefois, tous les bramines se rassembloient au commencement de l'année dans le palais du souverain. Ils y donnoient leurs avis sur l'administration des affaires publiques, sur l'état de l'agriculture et sur tout ce qu'ils jugeoient convenable de faire.

Les monarques de l'Inde étoient considérés comme propriétaires fonciers des terres, de la même manière que la chose a lieu maintenant encore dans les grands empires de l'Orient. Les cultivateurs (appelés aujourd'hui *Ryots*), payoient ordinairement une rente du quart du produit de leur ferme qui passoit, comme une propriété, du père au fils. Avant que les institutions originaires de l'Inde fussent subverties par des usurpateurs étrangers, l'industrie des agriculteurs, industrie dont chaque membre de l'empire dépendoit pour sa subsistance, étoit aussi protégée que la redevance au moyen de laquelle ils possédoient leurs terres étoit équitable. Strabon nous apprend qu'il étoit assez ordinaire que deux armées ennemies combatissent dans un champ voisin de celui où un laboureur conduisoit paisiblement sa charrue. On apportoit le plus grand soin à rendre avantageuse la condition du cultivateur. Différens officiers étoient et sont encore préposés à cet effet. Une classe d'entr'eux a l'intendance des *Tanks*, ou des réservoirs publics dans lesquels on conserve l'eau, pour en faire une distribution régulière dans les campagnes, qui, sans ce secours, ne pourroient rien produire, dans un climat aussi brûlant. Ceux qui perçoivent les rentes que doivent les *Ryots* et qui divisent les terres entre ces fermiers, sont appelés *Zemindars*. On croit que leur office fut d'abord au bon plaisir du prince et qu'ensuite il devint héréditaire. Il y a cependant plusieurs opinions à ce sujet. Du temps d'Acbar, les terres étoient estimées, et la rente de chaque habitant et de chaque village, étoit fixée. Le revenu annuel étant ainsi reglé, le mode de le percevoir continua avec peu de changement dans la province de Bengale, jusqu'en 1757 que *Jaffyr-Aly-Cawn*, créé Nabab d'Arcot, par les Anglais, après la bataille de Plassey, fut forcé de changer les sages arrangemens d'Acbar, et d'introduire une nouvelle méthode de lever les contributions, afin d'être en état de payer la somme stipulée pour prix de son élévation.

Il y avoit aussi d'autres officiers qui étoient chargés de différentes fonctions, comme principalement, de préparer des logemens pour les étrangers. Ces logemens, ou maisons sont maintenant nommés *Choultries*, et l'on en trouve beaucoup dans toutes les parties de l'Inde. On avoit attention surtout à faire de grandes routes dans ce pays ; et des pierres étoient élevées de dix stades en dix stades, pour marquer les distances et guider les voyageurs.

Les anciens Indiens vivoient principalement de riz, comme font aujourd'hui les Hindous. Ils n'avoient pas de lois écrites, et les procès étoient décidés selon les règles de l'équité. Le premier qui publia un code de jurisprudence indienne, fut Acbar, aidé de son vizir Aboul-Fazel. Ce code est nommé *Ayin-Acbery*.

Tous les bâtimens consacrés au culte de la religion dans l'Inde, de quelque forme qu'ils soient, sont appelés Pagodes. Celle qu'on regarde comme la plus ancienne, se trouve dans l'île de l'*Elephant*, à quelque distance de Bombaie. Elle a été creusée dans le roc d'une montagne élevée, et forme une aire spacieuse de cent vingt pieds carrés. Les murs intérieurs sont ornés de statues gigantesques, représentant des figures humaines, mais bisarres. Il y a différentes pagodes de cette espèce dans l'île de *Salsette*, qui est encore plus près de Bombaie. En place de cavernes qui furent probablement les lieux primitivement consacrés à la divinité, les Indiens élevèrent des temples à leurs dieux. Ils les construisirent d'abord sous la forme d'une grande pyramide dans laquelle la lumière n'entroit que par une petite porte, comme à *Doegour*, près *Tanjaor*, dans le pays de Carnate. Mais ensuite ils bâtirent de superbes édifices d'une étendue immense et magnifiquement décorés. Ils en firent quelques-uns de plusieurs milles de circonférence, et tels que celui qu'on voit dans l'île de *Seringham*, île formée par les deux branches de la grande rivière de Kauvery, sur la côte de Coromandel. La multitude des pélerins qui se rendent à cette pagode pour y obtenir l'absolution de leurs péchés, est incroyable, et aucun d'eux ne vient sans présenter son offrande en argent. Le nombre des bramines entretenus dans le temple, des fruits de la la superstition, en y comprenant leurs familles, se montoit autrefois à quarante mille. Là, comme dans toutes les pagodes de l'Inde, les bramines vivent dans une subordination qui ne connoît aucune résistance, et dans une aisance à laquelle tous les besoins sont étrangers.

Les rites religieux qu'on célèbre dans dans ces pagodes, sont nombreux, et leur pompe est éclatante. Les Indiens adorent une foule de divinités qui, par leurs attributs, ressemblent à celles des anciens Grecs et Romains. Ce qui se faisoit chez ceux-ci par la puissance de Jupiter, de Neptune, d'Eole, de Mars et de Vénus, est attribué par les premiers à des agens qui sont *Agnée*, le dieu du feu ; *Varoun*, le dieu des mers ; *Vayou*, le dieu des vents ; *Cama*, le dieu de l'amour, etc. Selon les notions des Indiens sur leurs divinités, elles se livrent aux mêmes désordres, à la même cruauté que celles des Grecs. Quelque contraire qu'il soit aux sentimens des Hindous de répandre le sang de toute créature qui a vie, plusieurs animaux, même les plus utiles, tels que le cheval et la vache, étoient sacrifiés sur les autels de quelques-uns de leurs dieux; et ce qu'il y a de plus étrange, les pagodes de l'Orient étoient souillées de sacrifices humains, tout comme les temples de l'Occident. L'attachement des Hindous aux préceptes et aux rites de leur religion, tout absurdes qu'ils peuvent paroître, est tout-à-fait inconcevable. Les cruautés que les mahométans, leurs vainqueurs employèrent pour les convertir, furent absolument sans effet. On prend les plus grandes précautions pour nourrir leur superstition. Il est défendu, sous les peines les plus sévères, aux individus des dernières castes, de lire aucun passage des livres sacrés; et même les personnes des castes les plus élevées ne peuvent recevoir d'instruction que celle que leurs prêtres veulent bien leur donner.

Quoiqu'ils aient tenu à dessein le peuple dans l'ignorance, les Bramines ont, dit-on, de justes notions de l'unité et des perfections de la divinité, ainsi que du culte qui lui est le plus agréable. Cependant, on trouve dans leurs opinions, le même mélange d'ignorance et d'erreur, que chez les anciens philosophes.

Ils croient, non-seulement, que l'Univers fût créé par la sagesse et la puissance divine mais que chaque évènement a lieu par l'interposition immédiate de la divinité, qu'ils regardent comme un esprit qui pénètre et anime toute la création. Les Bramines pensent que l'âme de l'homme est une partie séparée de ce grand esprit auquel elle se réunira, quand elle aura rempli sa destinée sur la terre, et qu'elle aura acquis un dégré convenable de pureté. Ils enseignent que, pour effacer les taches dont l'âme s'est souillée ici bas, en contentant ses appétits sensuels et corrompus, elle doit passer par de nombreuses transmigrations et à travers le corps de différens animaux, jusqu'à ce que par ses souffrances, et par la science qu'elle acquiert dans les différentes formes de son existence, elle soit purifiée de toutes souillures, quelle soit en état de se confondre dans l'essence divine, et de rentrer comme une goutte d'eau dans cet immense Océan d'où elle est originairement sortie. Les opinions des Bramines ressemblent extrêmement à celles de Pythagore, et l'on suppose que c'est d'eux que ce philosophe a tiré sa doctrine de l'Inde. Quelques sectes de ces prêtres indiens nourrissent des idées de morale, aussi exaltées que celles des anciens stoïciens. Comme eux, ils disent que l'homme n'est pas formé pour la spéculation, ou pour l'indolence, mais pour l'action ; qu'il est né non-seulement pour lui, mais encore pour ses semblables ; qu'en conséquence, le bonheur de la société dont il est membre, que celui de l'Univers, doit être son principal objet; qu'il ne doit songer qu'au motif et non pas à l'issue de ses actions; et que, soit que les événemens qui ne dépendent pas de lui, soient malheureux ou prospères, tant qu'il est content de la pureté de ses intentions, il peut jouir de sa propre approbation; qu'elle seule constitue la véritable félicité qui est indépendante du pouvoir de la fortune et de l'opinion des autres hommes.

Plusieurs ouvrages ont été depuis peu traduits du *sanscrit* en anglais. On remarque entre autres, une partie du *Mahabarat*, poëme épique, composée de plus de 400,000 vers, et le *Sacontala*, poëme dramatique. Le premier a été composé, dit-on, par *Kryshna-Douypayen-Veia*, bramine d'un mérite éminent, qui vivoit 3000 ans avant l'ère chrétienne. Le second date d'un siècle avant cette dernière époque. On a fait aussi passer dans la langue anglaise, un recueil de fables, nommé *Hyto-pades*, ou *Agréable instruction*, et communément appelé *Fables de Pilpay*. Strabon dit que ce genre d'instruction étoit employé par les anciens bramines. Selon quelques auteurs, ceux-ci ont surpassé dans l'astronomie, les savans de toutes les autres nations. Il paroît qu'ils ont connu, de même que les Chinois, et long-temps avant les Européens, le mouvement de la terre autour du soleil, l'obliquité de l'écliptique, le calcul des éclipses, l'équation du temps, la période lunaire de dix-neuf ans, que nous nommons le cycle lunaire, ou le nombre d'or.

Les manufactures de l'Inde ont été célèbres de tout temps, pour la beauté de leurs étoffes, pour la variété, l'éclat et la perfection de leurs couleurs. Les belles toiles étoient nommées *Sindou*, du nom du fleuve *Indus* ou *Sindus*, sur les bords duquel elles étoient portées au plus haut degré de finesse. On croit que le bleu foncé du même pays, et dont la couleur étoit en si haute estime parmi les Romains, qui le nommoient *indicum*, étoit le même que l'indigo des modernes. Les anciens Indiens travailloient aussi avec adresse, les métaux et l'ivoire.

On a déjà dit que, dans les temps anciens, les femmes de l'Inde se brûloient sur le corps de leur mari. Le même peintre et voyageur anglois que nous avons plusieurs fois cité, M. *Hodges*, se trouvant à Benarès, vit une cérémonie de ce genre.

« Tandis que je m'occupois d'objets re-

« latifs à mon art, dit-il, ma curiosité fut
« vivement excitée, en apprenant qu'une
« cérémonie funèbre devoit avoir lieu sur
« les bords du fleuve. J'avois lu souvent et
« j'avois souvent oui dire, que la plus
« horrible coutume existe chez le peuple
« le plus aimable et le plus doux de la terre,
« chez les Hindous ; je veux parler du sa-
« crifice d'une femme à la mort de son mari,
« sacrifice effectué par le moyen qui semble
« le plus révolter la nature, par celui du
« feu. Plusieurs voyageurs ont déja cité des
« exemples d'une telle coutume. Ceux que
« j'ai rencontrés, ou dont j'ai lu les rela-
« tions, disent seulement qu'elle n'a lieu
« que parmi les femmes des premières castes,
« et que c'est la vanité, jointe à des pré-
« jugés superstitieux, qui guide la victime
« dans cette occasion. J'avoue que je fus
« frappé de la même idée, à la vue de
« l'espèce de parade théâtrale qui sembloit
« accompagner le dévouement dont je fus
« témoin. M. *Holwel*, dans son ouvrage
« intitulé : *Evènemens historiques de l'Inde*,
« rend compte ainsi de l'origine d'une cou-
« tume si barbare : A la mort de Brahma,
« ce fameux législateur et ce prophete des

« Indiens, ses épouses inconsolables de sa
« perte, résolurent de ne pas lui survivre,
« et s'offrirent elles-mêmes, comme vic-
« times volontaires, pour honorer son bû-
« cher. Les femmes des principaux rajahs,
« qui sont les premiers officiers de l'état,
« ne voulant pas donner à croire qu'elles
« avoient moins d'affection et de fidélité
« envers leurs maris, suivirent l'exemple
« des épouses de Brama. Les Bramines,
« qui formoient une tribu nouvellement
« établie par leur grand législateur, pronon-
« cèrent et déclarèrent que l'ame de chacune
« de ces héroïnes ne subissoit plus d'autre
« transmigration, et qu'elle entroit dans le
« premier lieu de purification. Il s'ensuivit
« de cette décision, que leurs femmes ré-
« clamèrent aussi le droit de faire le sa-
« crifice de leur personne, à la divinité et
« aux mânes de leurs époux décédés. Bien-
« tôt celles de chaque Hindou, se jet-
« tèrent par esprit de religion, dans les
« flammes. Ainsi, l'action héroïque de quel-
« ques femmes, produisit une coutume gé-
« nérale. Les bramines y ont attaché le
« sceau de la religion. Ils ont en conséquence,
« institué des formalités et des cérémonies

« qui doivent accompagner le sacrifice. Ce-
« pendant, il est possible de s'y soustraire,
« ce qui en fait un acte volontaire et glo-
« rieux de courage et de piété. Le même
« auteur assure qu'il a été présent à plu-
« sieurs sacrifices, et il rapporte les parti-
« cularités de celui qui eu lieu le 4 février
« 1742, près de Cossimbouzar. Il fut con-
« sommé par une jeune veuve de dix sept
« ou dix-huit ans, qui laissoit trois enfans,
« deux garçons et une fille, dont l'aîné
« n'avoit pas encore quatre ans. On pressa
« vivement cette héroïne de consentir à
« vivre pour en prendre soin. On lui dé-
« peignit dans les termes les plus forts, les
« tourmens qu'elle alloit souffrir ; mais pour
« toute réponse, d'un air tranquille et dé-
« terminé, elle mit son doigt dans le feu,
« et l'y tint long-temps. Ensuite elle prit un
« charbon ardent d'une main, le plaça dans
« la paume de l'autre main, jeta dessus des
« parfums et encensa les bramines. Quel-
« ques-uns de ses parens lui firent alors
« entendre qu'ils ne consentiroient pas
« qu'elle achevât le sacrifice, ce qui parut
« l'affliger profondément, pendant quelques
« minutes, puis elle répondit quelle étoit
« maîtresse de ses jours, et que, si on ne

www.ingramcontent.com/pod-product-compliance
Lightning Source LLC
Chambersburg PA
CBHW051817230426
43671CB00008B/736